Lourdes Ros-El Hosni | Olga Swerlowa | Dr. Sylvia Klötzer | Dr. Sabine Jentges |
Kathrin Sokolowski | Prof. Dr. Kerstin Reinke (Phonetik) | Jørn Precht (Hörspiel) |
Angelika Lundquist-Mog (DVD) | Angelika Reicherter (DVD)

Aussichten B 1.1

Kurs- und Arbeitsbuch
mit 2 Audio-CDs und DVD

GW00691262

Ernst Klett Sprachen
Stuttgart

Die Symbole bedeuten:

KB	AB	
		Sie arbeiten mit Ihrer Lernpartnerin / Ihrem Lernpartner zusammen.
		Sie arbeiten in der Gruppe.
		Sie gestalten etwas (schreiben, zeichnen, …).
1 _1	_1	Sie hören mit der Audio-CD.
	_3	Sie hören und sehen mit der DVD.
		Sie lernen eine Strategie kennen.
		Die Aufgabe ist für Ihr Portfolio.
	P	Die Aufgabe bereitet Sie auf die Prüfung vor.
➥ AB 1		Das sind passende Aufgaben im Arbeitsbuch,
	➥ KB 1	im Kursbuch und
➥ IS 2 / 1		in Integration Spezial.

1. Auflage   1 ⁵ ⁴ ³ ² | 2015   2014   2013   2012

Autorinnen / Autor: Lourdes Ros-El Hosni, Olga Swerlowa, Dr. Sylvia Klötzer, Dr. Sabine Jentges, Kathrin Sokolowski, Prof. Dr. Kerstin Reinke (Phonetik), Jørn Precht (Hörspiel), Angelika Lundquist-Mog (DVD), Angelika Reicherter (DVD)
Beratung: Prof. Dr. Britta Hufeisen (TU Darmstadt), Alexandra von Rohr (Sprachinstitut Treffpunkt, Bamberg), Andrea Witt (VHS Bonn), Bianca Stein-Steffan (VHS Rosenheim)

Projektteam: Renate Weber, Enikő Rabl, Annette Kuppler
Redaktion: Renate Weber, Enikő Rabl, Annette Kuppler
Layoutkonzeption: Beate Franck-Gabay, Claudia Stumpfe
Herstellung: Claudia Stumpfe
Gestaltung und Satz: Eva Mokhlis, Stuttgart; Kathrin Romer, Hamburg
Illustrationen: Vera Brüggemann, Bielefeld
Umschlaggestaltung: Silke Wewoda
Druck und Bindung: LCL Sp. z o.o., Lódz, Printed in Poland

ISBN: 978-3-12-676225-0

9 783126 762250

Wie arbeiten Sie mit Aussichten?

Kursbuch

Die Einstiegsdoppelseite stellt Schauplätze und Themen
der Lektion vor.

Jede Lektion besteht aus drei thematischen Einheiten, die in
den Handlungsfeldern privat – beruflich – öffentlich spielen.

Zu jedem wichtigen sprachlichen Phänomen (Wortschatz,
Grammatik, Phonetik) gibt es eine Infobox.

Die Ausklang-Doppelseite bietet Projekte, Spiele, Lieder und Gedichte an.

Im Strategietraining werden die Fertigkeiten noch einmal Schritt
für Schritt trainiert. In den Strategierezepten sind Redemittel und Tipps
für die alltägliche Kommunikation übersichtlich zusammengestellt.

Im Anhang gibt es eine Grammatik zum Nachschlagen und
eine komplette alphabetische Wortliste.

Arbeitsbuch

Jede Lektion beginnt mit einer Übersicht über den Basiswortschatz.

Viele Übungen, Fokus-Kästen mit wichtigen Informationen zu
Grammatik, Landeskunde und Strategien sowie ein Überblick
über das neue Sprachmaterial unterstützen beim Lernen.

In Lust auf mehr gibt es weiterführende Themen, Texte und
Bilder zur Lektion.

Das kann ich schon! – Eine Wiederholung nach jeder zweiten
Lektion und ein Wiederholungsspiel nach jeder fünften Lektion
bringen Sicherheit.

DVD

Die DVD zeigt Filmporträts realer Personen in den deutsch-
sprachigen Ländern. Zu jedem Porträt gibt es eine Doppelseite
mit passenden Aufgaben im Arbeitsbuch.

Audio-CDs

Die CDs enthalten alle Texte zum Kurs- und Arbeitsbuch: Hörspiel,
Übungsdialoge, Ausspracheübungen, Lieder und Gedichte.

Integration Spezial

Jedes Modul greift passend zu den Lektionen Themen des
öffentlichen Lebens in Deutschland auf und vertieft diese.

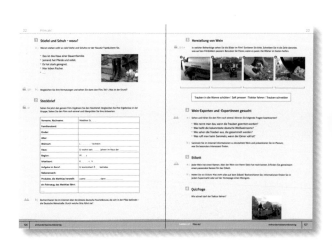

Inhaltsverzeichnis

Wortschatz und Strukturen

- wichtige persönliche Ereignisse
- *zu* + Infinitiv
- Verben mit Infinitiv
- zweiteilige Konnektoren: *entweder ... oder, nicht nur ..., sondern auch, weder ... noch, sowohl ... als auch*
- Wortbildung: Adjektive aus Nomen und Verben

- Redemittel beim Essen und Trinken
- Nahrungsmittel und Inhaltsstoffe
- Reihenfolge der Ergänzungen im Satz (Akkusativ, Dativ)
- *brauchen nicht / nur zu* + Infinitiv
- Passiv (Präsens)
- Passiv mit Modalverb

- Stationen in der Biografie
- Präteritum (Wiederholung)
- temporaler Nebensatz mit *als, während* und *bevor*
- *um zu* + Infinitiv
- Wendungen in einem Kündigungs-schreiben
- Redemittel für Diskussionen
- Redemittel für Präsentationen

Strategien

- als Merkhilfe mentale Bilder für Informationen finden
- das eigene Lernen reflektieren
- vor einem Telefongespräch Fragen notieren

- Annahmen in einem Text über-prüfen
- Verstehenslücken durch den Kon-text oder grammatisches Wissen schließen
- Redemittel der Absage kennen

- einen längeren Text in Abschnitte einteilen und dazu Stichworte notieren
- Pro- und Contra-Argumente sammeln
- das Wichtigste eines Textes in Stichwörtern notieren
- Körpersprache bewusst einsetzen

Phonetik

- emotionale Sprechweise
- phonetisch ähnliche Wörter unterscheiden
- Aussprache Ich- und Ach-Laute (Wiederholung)
- Pausen und Satzakzente in Texten

- nachdrückliche Sprechweise
- deutliche Aussprache von Konsonantenhäufungen
- Sprechweise in sozialen Rollen

- Sprechweise der Überzeugung
- reduzierte Aussprache von Wörtern im Vortrag
- nachdrückliche Sprechweise der Ablehnung

Inhaltsverzeichnis

	Handlungsfelder	Kommunikation

- Organisation und Kommunikation am Arbeitsplatz
- Verhalten in Kontrollsituationen
- persönlicher (Kultur-) Geschmack

- an einer Arbeitsbesprechung teilnehmen
- ein Protokoll verstehen / verfassen
- ein Firmen-Organigramm lesen
- sich in einer neuen Firma zurechtfinden
- mit Beamten angemessen sprechen
- formelle und informelle Sprache bei Ärger
- verschiedene Sprachregister beherrschen
- Kulturtipps geben
- ein Bild beschreiben

- Interessen- und Hobbygemeinschaften
- gesellschaftspolitisches Engagement
- schriftliche Bewerbung

- Anzeigen lesen und Kontakt mit Gleichgesinnten knüpfen
- Plakate lesen und über Möglichkeiten des politischen Engagements sprechen
- sich wehren und Hilfe anbieten
- sich über Parteien und Politik äußern
- Ausreden formulieren
- eine Statistik verstehen
- Stellenanzeigen analysieren
- eigene Kompetenzen angeben
- Gründe in einer Bewerbung angeben

Inhaltsverzeichnis Arbeitsbuch

Wortschatz und Strukturen	Strategien	Phonetik

- Funktionen und Bereiche in einem Unternehmen
- Verkehrssünden
- Kunst und Kultur
- Relativsätze mit Präpositionen
- Höfliche Sprache: Konjunktiv II
- Sätze mit *obwohl* und *trotzdem*
- Komparativ und Superlativ vor Nomen

- beim Hören die wichtigsten Punkte notieren
- unterschiedliche Sprachregister nutzen
- sich vor dem Sprechen Gedanken machen

- phonetische Mittel für höfliche Sprechweise
- Differenzierung Ö- und Ü-Laute

- Freizeitaktivitäten
- Parteien und Organisationen
- Relativsatz mit *wer / was / wo*
- irreale Bedingungen: Konjunktiv II
- Bedingungssatz mit und ohne *wenn*
- Sätze mit *denn*
- stilistische Varianten in Bewerbungen

- Geräusche für die Orientierung nutzen
- Redemittel in bedrohlichen Situationen kennen
- das Wichtigste in einem Satz zusammenfassen
- einer Statistik einen Titel geben
- textsortenspezifische Merkmale kennen
- übliche Wendungen einer bestimmten Textsorte kennen

- Wortgruppen zwischen Pausen
- ärgerliche Sprechweise
- Akzentuierung, Pausen und Sprechrhythmus

1 Anfänge und Wendepunkte

a | Sehen Sie die Fotos an. Zu welchen Situationen finden Sie passende Wörter? Wählen Sie bitte aus.

> die Geburt | der Einzug | das Examen | die Heirat | die Krankheit |
> die Scheidung | die Immatrikulation | die Rente | der erste Arbeitstag |
> der Gewinn | der Tod | die Gesundheit | der Verlust | der Auszug

b | Welche Begriffe bilden Gegensätze? Finden Sie Paare.

c | Wählen Sie eine Situation. Sammeln Sie Wörter und Wendungen.
Vergleichen und ergänzen Sie dann.

die Geburt

ein Kind bekommen

bestehen

das Examen

d | Wie fühlen Sie sich in den Situationen? Sprechen Sie darüber.

- Wenn ich …, fühle ich mich bestimmt glücklich | nervös | …
- Bei … geht es mir bestimmt gut | schlecht | …
- Ich glaube, ich bin | habe dann …
- Ich kann mir vorstellen, dass ich mich … fühle.

e | Welche Wendepunkte gab es in Ihrem Leben? Gestalten Sie das leere Feld.

↳ AB 1

Kommunikative Lernziele:

- Gefühle ausdrücken
- Veränderungen beschreiben
- einem längeren Interview folgen
- Lerntipps geben
- Lerntagebücher lesen
- Lernziele festlegen und das eigene Lernen reflektieren
- wichtige Regelungen einem Text entnehmen
- telefonisch Informationen einholen

Wortschatz und Strukturen:

- wichtige persönliche Ereignisse
- *zu* + Infinitiv
- Verben mit Infinitiv
- zweiteilige Konnektoren: *entweder … oder, nicht nur …, sondern auch, weder … noch, sowohl … als auch*
- Wortbildung: Adjektive aus Nomen und Verben
- emotionale Sprechweise
- phonetisch ähnliche Wörter unterscheiden

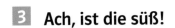

2 Ich bin da!

Lesen Sie die Geburtsmitteilung.
Was hat sich im Leben der Familie Vogel verändert?

AB 2

IS 21/1

3 Ach, ist die süß!

a | Sehen Sie das Bild an. Was glauben Sie, was sagen
die Frauen? Was denkt Max? Spekulieren Sie.
Vergleichen Sie dann mit Ihrer Lernpartnerin /
Ihrem Lernpartner.

b | Welche Gefühle passen zu den Personen?
Sammeln Sie weitere Adjektive und ordnen Sie zu.

| freundlich | verärgert | besorgt | desinteressiert | glücklich | freudig | genervt | ängstlich | begeistert | überrascht | erstaunt | stolz | eifersüchtig | neugierig | … |

Lisa

Max

Frau Montes

c | Lesen Sie den Gesprächsanfang. Was vermuten Sie, welche Gefühle haben Lisa, Frau Montes und Max? Wählen Sie zu jeder Aussage ein passendes Adjektiv.

Lisa: **Kommen Sie ruhig rein.**	*freundlich*
Frau Montes: **Hallo Max.**	
Max: **Hallo, Frau Montes.**	
Lisa: **Das ist sie. Das ist die kleine Mia.**	
Frau Montes: **Ist die süß!**	
Max: **… und laut!**	
Lisa: **Dein Film auch. Mach das jetzt mal aus. Der Fernseher ist nicht gut für das Baby.**	
Max: **Menno.**	

1 _1 d | Hören Sie den Gesprächsanfang. Achten Sie darauf, wie die Aussagen von Frau Montes, Lisa und Max wirken. Vergleichen Sie mit Ihren Vermutungen.

> **Gefühle ausdrücken mit Adjektiven**
>
> Ich bin glücklich, aber auch eifersüchtig.
> Ich bin begeistert und manchmal genervt.

1 _2 e | Hören Sie das ganze Gespräch. Warum ist Lisa am Schluss besorgt?

⮕ AB 3–6

4 Ein Brief und viele Gefühle

1 _3 a | Hören Sie, wie die Personen sprechen, und ordnen Sie die Gefühle zu.

1 ○   ○ begeistert
2 ○   ○ erstaunt
3 ○   ○ desinteressiert
4 ○   ○ besorgt
5 ○   ○ liebevoll

> Hier, guck mal!
> Ein Brief …

1 _4 b | Hören Sie nun, was die Personen noch sagen. Haben Sie die Gefühle richtig erkannt?

c | Hören Sie noch einmal und diskutieren Sie, woran Sie die Gefühle erkannt haben. Sprechen Sie besonders über betonte Wörter, Melodie, Sprechtempo, Lautstärke und Stimme.

d | Sagen Sie *Ein Brief!* mit verschiedenen Emotionen: in Ihrer Sprache und auf Deutsch. Was ist anders? Was ist gleich? Diskutieren Sie.

5 Plötzliche Veränderungen

a | Lesen Sie bitte. In welchen neuen Lebenssituationen befinden sich Kai Poschmann und Maria Groß?

Kai Poschmann, 23 Jahre

Ich bin gerade für ein Auslandsjahr in Chengdu in China. Und da habe ich Li kennen gelernt. Wir haben in derselben Abteilung gearbeitet. Ich fand sie gleich toll. Anfangs fiel es mir schwer, ihren Dialekt zu verstehen. Aber mittlerweile macht es Spaß, mich mit ihr auf Chinesisch zu unterhalten. Zuerst hatte ich Angst, Li einzuladen. Ich wusste ja nicht, wie man das in China macht. Zu Hause habe ich kein Problem, Frauen anzusprechen. Aber in einem fremden Land ist plötzlich alles anders. Ich finde, dass die Menschen hier sehr freundlich und nicht so distanziert sind. Was die Zukunft angeht: Es lohnt sich nicht, zu überlegen, was noch alles passieren kann. Wir müssen einfach ausprobieren, ob wir zusammenpassen. Ich habe jedenfalls beschlossen, jetzt hier zu bleiben.

Maria Groß, 37 Jahre

Sechs Richtige, und was jetzt? Diese Frage stellte sich mir, als ich vor zwei Jahren im Lotto gewonnen habe. Natürlich war meine Freude riesengroß. Aber es war auch schwierig, plötzlich so viel Geld zu haben. Ich bin ja nicht gewohnt, mir alles leisten zu können. Im ersten Moment habe ich überlegt, das ganze Geld zu spenden oder einfach meinen Job zu kündigen. Schließlich habe ich entschieden, ganz normal weiterzuleben. Ich wollte nicht anfangen, das Geld zum Fenster rauszuwerfen. Einen Teil des Geldes habe ich tatsächlich gespendet, einen anderen Teil habe ich angelegt, als Altersvorsorge. Aber einen Traum habe ich mir verwirklicht: Ich spiele seit meiner Kindheit Geige und habe mir von dem Gewinn eine echte Stradivari geleistet. Das war für mich einfach wichtiger, als einen Sportwagen oder eine große Villa zu kaufen.

b | Wie erleben Maria und Kai die Veränderungen? Verbinden Sie bitte.

Maria hat sich riesig gefreut, ○　　　○ in China zu bleiben.

Kai fiel es schwer, ○　　　○ normal weiterzuleben.

Für Maria war es schwierig, ○　　　○ plötzlich so viel Geld zu haben.

Maria hat entschieden, ○　　　○ Lis Dialekt zu verstehen.

Kai hat beschlossen, ○　　　○ im Lotto zu gewinnen.

c | Was fällt Ihnen an den Sätzen auf? Achten Sie auf die Infinitive.

 d | Suchen Sie alle Wendungen in den beiden Texten, nach denen *zu* + Infinitiv folgt. Erstellen Sie eine Liste.

↪ AB 7

---

zu + Infinitiv

Es war schwer, den Dialekt zu verstehen.
Ich finde es anstrengend, Chinesisch zu schreiben.
Es macht Spaß, mit ihr zusammen zu sein.
Ich habe Lust, mit ihr auszugehen.
Ich habe beschlossen, in China zu bleiben.
Ich fange an, mich an das Land zu gewöhnen.

6 Ihre Erlebnisse und Erfahrungen

a | Welche Veränderungen haben Sie in letzter Zeit erlebt? Wählen Sie einen Titel.

Plötzlich erwachsen! | Plötzlich in Deutschland! | Plötzlich Chef/in! | Plötzlich arbeitslos! |
Plötzlich Vater / Mutter / Bruder / Oma / …! | Plötzlich allein! | Plötzlich verliebt! | …

b | Wie haben Sie sich dabei gefühlt? Wählen Sie passende Satzanfänge und ergänzen Sie sie. Schreiben Sie
dann einen kurzen Text.

Am Anfang war es schwer | nicht möglich, …
Ich hatte Angst, …
Mir macht es jetzt Freude, …
Es macht mir Spaß, …
Ich war erstaunt, …
Ich bin | war es (nicht) gewohnt, …
Ich habe dann angefangen, …
Ich habe beschlossen, …
Es ist mir wichtig, …

➡ AB 8 – 9

7 Liebeserklärung an meine Stadt

a | Hören Sie das Gedicht und markieren Sie in jeder schräg gedruckten Wortgruppe das betonte Wort.

Ich mag es sehr, vom Lärm der Straße aufzuwachen.
Dann hab ich Lust, mein Fenster aufzumachen
und draußen die Autos und Menschen zu sehen,
wie sie zur Arbeit fahren und gehen.

Es ist so schön, dem Verkehr zu lauschen.
Viel besser als Stille und Meeresrauschen!
Ich freu mich darauf, den Tag zu beginnen
und auf einen Plausch mit den Nachbarinnen.

Ich liebe es, hier in der Stadt zu sein.
Mitten im Leben und niemals allein.

(K. Reinke)

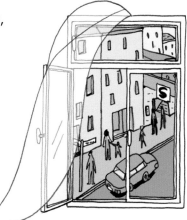

b | Markieren Sie selbst Pausen und betonte Wörter in allen anderen Wortgruppen und lesen Sie zeilenweise
vor. Experimentieren Sie mit Betonungen und Pausen.

c | Haben Sie Lust, das Gedicht vorzutragen? Oder schreiben Sie selbst eine Liebeserklärung an eine Person /
ein Land / … und tragen Sie sie vor. (Sie muss sich nicht reimen.)

8 Ich halte es nicht mehr aus!

a | Was sehen Sie auf dem Bild? Was macht Jan?
Was stört ihn dabei?

 b | Hören Sie und vergleichen Sie mit Ihren Vermutungen.
Welche Details erfahren Sie noch?

 c | Jan sagt, dass er am effektivsten lernt, wenn er erst zwei Tage vor der
Prüfung beginnt. Wie ist das bei Ihnen? Wann und wie lernen Sie?
Notieren Sie in Stichpunkten.

Wie lerne ich am besten?	Was stört mich beim Lernen?

 d | Tauschen Sie sich über Ihre Lerngewohnheiten und mögliche Störfaktoren aus.

> Ich lerne am besten in einer Arbeitsgruppe. Alleine macht es keinen Spaß.

> Ich brauche öfter eine Pause. Dann belohne ich mich mit einem Stückchen Schokolade.

> Wenn ich lerne, mache ich das Handy aus. Ich bin sonst zu abgelenkt und kann mich nicht konzentrieren.

9   Mit Salamitechnik lernen

a | Lesen Sie die Ankündigung eines Interviews mit einer Lernberaterin. Was glauben Sie: Was ist die Salamitechnik? Zeichnen Sie Ihre Ideen in das leere Feld.

> Lernberaterin empfiehlt Salamitechnik beim Lernen
> ### Beim Lernen ist Abwechslung wichtig
> Jutta Hennig ist Sprachlernberaterin. Circa 500 Schüler und Studenten kommen jährlich zu ihr, um sich beraten zu lassen, wie sie das Lernen optimieren können. Sie hat für jeden ganz individuelle Tipps. [mehr]
>
> Unser Reporter Martin Weiß im Gespräch mit Jutta Hennig

1 _7   b | Hören Sie den Anfang des Gesprächs: Was ist die Salamitechnik wirklich?

1 _8   c | Hören Sie das ganze Gespräch. Zu welchen Kategorien gibt die Lernberaterin Tipps? Sortieren Sie bitte.

Motivation | Lerntyp | Lernziel | Lernort | Lernstoff

d | Hören Sie noch einmal. Welche Lerntipps passen zu den Bildern? Notieren Sie Stichworte.

➡ AB 10

10   Fangen Sie rechtzeitig an!

Geben Sie sich gegenseitig Tipps zum Lernen. Nutzen Sie Ihre Notizen aus den Aufgaben 8 und 9.

- Versuchen Sie / Versuche, … zu …
- Planen Sie / Plane, …zu …
- Vergessen Sie / Vergiss nicht, … zu …
- Bleiben Sie / Bleib …
- Gehen Sie / Geh …
- Lassen Sie / Lass …   ➡ AB 11–12

> **Verben mit Infinitiv**
>
> Bleiben Sie nicht die ganze Zeit sitzen.
> Gehen Sie zwischendurch schwimmen.
> Lassen Sie sich nicht ablenken.

Deutschlernen: Was kann ich? Was will ich?

a | Was möchten Sie mit der deutschen Sprache erreichen? Wo liegen Ihre persönlichen Schwerpunkte? Sehen Sie die Bilder an und tauschen Sie sich mit Ihrer Lernpartnerin / Ihrem Lernpartner aus.

- ▪ Ich brauche Deutsch vor allem im Beruf: Ich möchte …
- ▪ Ich bin mit einer deutschen Frau verheiratet. Wir leben …
- ▪ Ich möchte deutsche Literatur lesen. Mich interessiert …

b | Was verstehen Sie schon auf Deutsch? Was können Sie sagen und schreiben? Sammeln Sie in Stichpunkten, was für Ihre Ziele besonders wichtig ist.

Hören
- Verkehrsmeldung
  im Radio
-

Sprechen
- Smalltalk mit
  Kollegen
-

Lesen
- Einträge auf
  Facebook
-

Schreiben
- eine Postkarte
  an …
-

c | Was können Sie noch nicht so gut? Fassen Sie Ihre wichtigsten Lernziele zusammen. Formulieren Sie drei Aspekte, die Sie beim Deutschlernen in Zukunft verbessern wollen.

1. _____

2. _____

3. _____

➜ IS 21/2

Die Lehrveranstaltung „Medientheorie" habe ich ausgewählt, weil es etwas ganz anderes war als das, was wir in Finnland an der Uni bekommen. Das Niveau war hoch, die deutschen Studenten waren sehr gut vorbereitet. Neu für mich war, dass wir in der Vorlesung keine Fragen stellen sollten. Der Dozent sprach kompliziertes Deutsch und auch noch ganz schnell. Die ersten paar Wochen war es sehr schwer, ihn sprachlich zu verstehen. Ich hatte Panik: Wie soll ich die Prüfung ablegen? Ich habe dann die Fachliteratur besorgt, damit ich mich zu Hause etwas vorbereiten kann. Nach einigen Wochen hatte ich fast keine Probleme mehr, zuzuhören und Notizen zu machen.

Meine Ausbildung zum Krankenpfleger
Ich bin im ersten Lehrjahr und hatte jetzt drei Monate Berufsschule. Bin nun seit Montag das erste Mal in der Praxis in der ambulanten Pflege. Wir sollen zu jedem Praxiseinsatz ein Lerntagebuch mit drei Lernzielen anfertigen. Das kommt dann ins Ausbildungsportfolio. Ich habe mir schon mal zwei Ziele überlegt: Essen und Trinken reichen und Körperpflege lernen. Mal sehen, was mir noch als Drittes einfällt.

Erster Eintrag

Liebes Tagebuch,
das ist mein erster Tagebucheintrag über „Das Marsmädchen" von Tamara Bach. Ich muss zuerst sagen, dass ich das Buch zu spät angefangen habe. Obwohl wir schon 10 Tage Zeit hatten, schreibe ich erst heute. Dabei liest es sich ganz einfach: „Name, Adresse, Geburtstag, Geburtsort, Größe, Gewicht, …" — es beginnt mit einem Steckbrief. Auch danach sind die Sätze klar und gut zu verstehen. Ich habe mir vorgenommen, in den nächsten Tagen mehr zu lesen.

Lernen im Förderunterricht

Dies ist dein persönliches Lerntagebuch. Es soll dir helfen, herauszufinden, wie du am besten lernst. Denn jeder Mensch lernt auf seine eigene Weise am besten.
Nachmittags im Förderunterricht hast du die Gelegenheit, hier einzutragen, was du neu gelernt hast.
In dieses Tagebuch kannst du auch deine persönlichen Wünsche und Ziele für die nächsten Wochen aufschreiben.
Deine Förderlehrerin oder dein Förderlehrer hilft dir gern, wenn du Fragen dazu hast.

Ich besuche den Förderunterricht, weil ich Deutschunterricht eine gute Note Lust habe und in haben will.

Was ich im Förderunterricht lernen möchte: alles über Deutsch und Erdkunde und Mathe.

Für den ersten Monat (November) nehme ich mir vor das ich viel lese gute Noten schreiben und besser Deutsch sprechen.

Mein Lerntagebuch · Seite 1

© 2007 Kathrin Plautz, Kai Martiny

12 Lerntagebücher

a | Wählen Sie ein Lerntagebuch aus. Was glauben Sie, wer hat dieses Tagebuch geschrieben? Worüber?

b | Finden Sie im Text etwas zu den Punkten Lernziele, positive Erlebnisse beim Lernen oder Probleme und Lösungen? Markieren Sie bitte und sammeln Sie dann im Kurs.

c | Was denken Sie, in welchen Lernsituationen kann / muss man Lerntagebücher schreiben? Schreiben Sie eine kurze Reflexion über einen Lernbereich für sich selbst, z.B. *Die Deutschstunde heute, Mein erster Ausbildungstag, Mein Lauftraining, …*

↪ AB 13

13 Wählen Sie eine Aufgabe.

- Zeichenwettbewerb: Wie sieht für Sie der ideale Lerner aus? Zeichnen Sie und beschreiben Sie ihn.

- So viel können Sie schon auf Deutsch: Schlagen Sie auf den Seiten *Das kann ich schon!* in Aussichten A1 und A2 nach oder füllen Sie die Checklisten im Portfolio auf www.klett.de/aussichten aus.

14 Entweder gehen wir jetzt oder ...

a | Sehen Sie die Bilder an. Beschreiben Sie die Situationen.

1 _9   b | Hören Sie. Welches Bild passt?

c | Welche Wörter hören Sie? Hören Sie noch einmal und verbinden Sie bitte. Was bedeuten die Wörter?

Baby ○	○ platz
Götter ○	○ baby
Kita ○	○ fon
Giraffen ○	○ gatte
Warte ○	○ mutter
Tages ○	○ liste

d | Wie haben die Personen den Nachmittag erlebt? Wählen Sie eine Person und berichten Sie aus ihrer Perspektive. Benutzen Sie möglichst viele emotionale Adjektive.

> wunderbar | niedlich | großartig | fantastisch | aufregend |
> todlangweilig | anstrengend | ...

- Es war wunderbar! Die Kleine ist so ... | Es war todlangweilig! Die Kleine hat nur ...
- Es war so toll! Die Giraffenbabys sind ...
- Es war ein schöner Nachmittag. Endlich hatte ich mal wieder ... Max war richtig ...

15 Auf der Suche nach . . .

a | Lesen Sie den Zeitungsartikel. Welche Betreuungsmöglichkeiten für Kinder gibt es? Markieren Sie bitte.

Willkommen in der Wirklichkeit

Weder Oma und Opa können einspringen noch ist ein öffentlicher Betreuungsplatz zu bekommen. Was dann? Eltern, die eine Betreuungsmöglichkeit für ihre Kinder brauchen, sind bei der Suche auf sich selbst gestellt. Am glücklichsten sind wohl diejenigen, die entweder über Empfehlungen von Freunden oder durch monate- / jahrelange Wartelisten rechtzeitig eine Tagesmutter oder Kita finden.

Allen anderen Eltern kann zunächst eine kleine Odyssee bevorstehen. Wer, wann, wo und wie?

Eltern fragen sich nicht nur, wie man einen Betreuungsplatz findet, sondern auch, welche Betreuungsform die richtige ist. Die Möglichkeiten sind vielfältig: Soll man eine Tagesmutter oder ein Au-pair engagieren? Oder ist eine Kita die bessere Wahl?

Darüber hinaus muss man überlegen, wann der beste Zeitpunkt für die Rückkehr in den Job ist und wie man die Betreuung finanziert. Da Regelungen, wie das einjährige Elterngeld, immer mehr Eltern „auffordern", früh in ihren Beruf zurückzugehen, ist die Situation momentan schwierig. Gerade für Kleinkinder stehen weder genügend Ganztags- noch Halbtagsplätze zur Verfügung.

Leider bieten bisher nur wenige Unternehmen Betriebskindergärten an. Für viele Eltern wären gerade solche Betriebskindergärten wichtig, um die Rückkehr in den Beruf und die Organisation des Familienalltags zu erleichtern. Daher werden vorerst sowohl die Wartelisten länger werden als auch Oma und Opa weiter eine wichtige Rolle in der Kinderbetreuung übernehmen.

b | Finden Sie passende Sätze.

1. Kinderbetreuung ist sowohl bei einer Tagesmutter ○

○ sondern auch privat, z.B. durch die Großeltern.

2. Entweder findet man eine Betreuungsmöglichkeit ○

○ noch stehen genügend Betreuungsplätze zur Verfügung.

3. Kinderbetreuung wird nicht nur öffentlich organisiert, ○

○ als auch in einer Kita möglich.

4. Eltern bekommen weder Hilfe bei der Suche nach ○ einem Betreuungsplatz

○ oder ein Elternteil muss zu Hause bleiben.

Satzteile und Sätze verbinden

Entweder finden wir eine Tagesmutter oder wir engagieren ein Au-pair.

Sowohl die Tagesmutter als auch ein Au-pair kosten mehr Geld als die Kita.

Weder die Schwiegereltern noch die eigenen Eltern wohnen in der Nähe.

Wir suchen nicht nur einen Betreuungsplatz, sondern wir möchten auch eine liebevolle Betreuung.

c | Haben Sie oder jemand in Ihrem Familien- oder Freundeskreis kleine Kinder? Wählen Sie eine Frage und diskutieren Sie:

- Wie organisieren Sie / sie die Betreuung?
- Wie ist die Kinderbetreuung in Ihrem Land geregelt?
- Welche Vor- und Nachteile haben öffentliche Kinderbetreuungseinrichtungen?

➥ AB 14 – 17
➥ IS 21 / 3

16 Viele Informationen

a | Wählen Sie eine Internetseite. Lesen Sie sie und markieren Sie die wichtigsten Informationen.

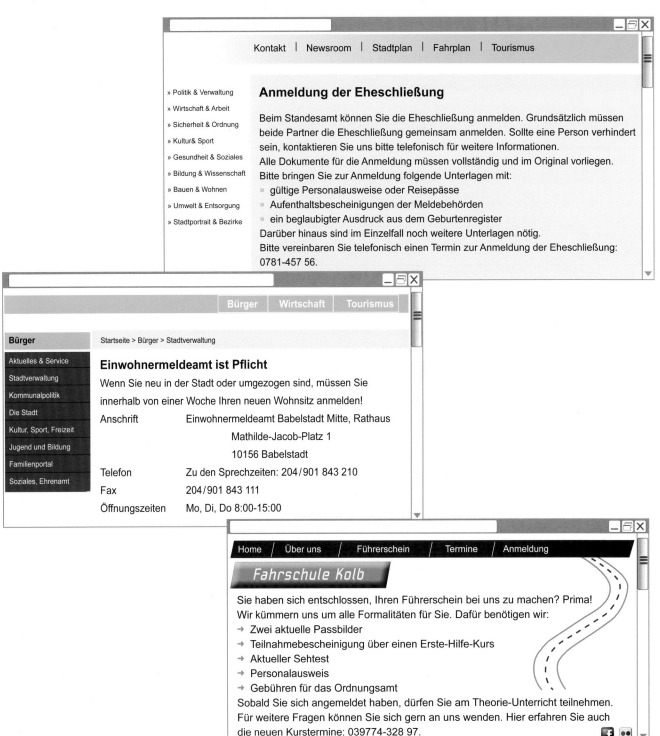

Kontakt | Newsroom | Stadtplan | Fahrplan | Tourismus

» Politik & Verwaltung
» Wirtschaft & Arbeit
» Sicherheit & Ordnung
» Kultur& Sport
» Gesundheit & Soziales
» Bildung & Wissenschaft
» Bauen & Wohnen
» Umwelt & Entsorgung
» Stadtportrait & Bezirke

Anmeldung der Eheschließung

Beim Standesamt können Sie die Eheschließung anmelden. Grundsätzlich müssen beide Partner die Eheschließung gemeinsam anmelden. Sollte eine Person verhindert sein, kontaktieren Sie uns bitte telefonisch für weitere Informationen.
Alle Dokumente für die Anmeldung müssen vollständig und im Original vorliegen.
Bitte bringen Sie zur Anmeldung folgende Unterlagen mit:
- gültige Personalausweise oder Reisepässe
- Aufenthaltsbescheinigungen der Meldebehörden
- ein beglaubigter Ausdruck aus dem Geburtenregister
Darüber hinaus sind im Einzelfall noch weitere Unterlagen nötig.
Bitte vereinbaren Sie telefonisch einen Termin zur Anmeldung der Eheschließung: 0781-457 56.

Bürger | Wirtschaft | Tourismus

Bürger

Aktuelles & Service
Stadtverwaltung
Kommunalpolitik
Die Stadt
Kultur, Sport, Freizeit
Jugend und Bildung
Familienportal
Soziales, Ehrenamt

Startseite > Bürger > Stadtverwaltung

Einwohnermeldeamt ist Pflicht

Wenn Sie neu in der Stadt oder umgezogen sind, müssen Sie innerhalb von einer Woche Ihren neuen Wohnsitz anmelden!

Anschrift	Einwohnermeldeamt Babelstadt Mitte, Rathaus
	Mathilde-Jacob-Platz 1
	10156 Babelstadt
Telefon	Zu den Sprechzeiten: 204 / 901 843 210
Fax	204 / 901 843 111
Öffnungszeiten	Mo, Di, Do 8:00-15:00

Home / Über uns / Führerschein / Termine / Anmeldung

Fahrschule Kolb

Sie haben sich entschlossen, Ihren Führerschein bei uns zu machen? Prima!
Wir kümmern uns um alle Formalitäten für Sie. Dafür benötigen wir:
→ Zwei aktuelle Passbilder
→ Teilnahmebescheinigung über einen Erste-Hilfe-Kurs
→ Aktueller Sehtest
→ Personalausweis
→ Gebühren für das Ordnungsamt
Sobald Sie sich angemeldet haben, dürfen Sie am Theorie-Unterricht teilnehmen.
Für weitere Fragen können Sie sich gern an uns wenden. Hier erfahren Sie auch die neuen Kurstermine: 039774-328 97.

b | Überlegen Sie, welche Informationen Ihnen noch fehlen. Formulieren Sie Fragen.

- Wann öffnet …? | Wie sind die Öffnungszeiten?
- Wann findet/n … statt?
- Wie viel kostet …?

17 Ich habe noch ein paar Fragen.

1 _10 a | Lesen Sie die Redemittel zum Erfragen von Informationen. Hören Sie dann das Gespräch. Welche Redemittel hören Sie? Kreuzen Sie bitte an.

Einstieg:

☐ Ich habe die Broschüre | den Prospekt gelesen und habe noch ein paar Fragen.

☐ Ich habe auf Ihrer Internetseite gelesen, dass …

☐ Können Sie mir bitte sagen, …?

☐ Ich möchte | hätte gern Informationen zu …

☐ Können Sie mir da bitte helfen?

☐ Bin ich da bei Ihnen richtig?

Gezielt nach Informationen fragen:

☐ Ich möchte gern wissen, wann | wo | wer …

☐ Muss ich Mitglied bei Ihnen sein?

☐ Wo kann ich mich anmelden?

Nachfragen:

☐ Entschuldigung, so schnell habe ich das nicht verstanden. Um wie viel Uhr?

☐ Wie bitte, können Sie das wiederholen? Wie war die Telefonnummer?

☐ Was haben Sie gesagt, wo findet das statt?

☐ Sagen Sie mir bitte Ihren Namen noch einmal?

Abschluss:

☐ Okay, jetzt habe ich es. Danke schön.

☐ Gut, jetzt ist es klar. Ich melde mich noch einmal.

☐ Auf Wiederhören.

b | Spielen Sie ein Telefongespräch zu einem der Informationstexte in Aufgabe 16: Rufen Sie die Einrichtung an und klären Sie alle wichtigen Fragen. Verwenden Sie Ihre Notizen aus Aufgabe 16 und die Redemittel oben.

➥ AB 18

18 Ein Gespräch mit Missverständnissen

1 _11 a | Hören Sie das Gespräch mehrmals. Notieren Sie die Wortpaare, die die Personen missverstehen.

hier – Tier,

b | Überlegen Sie und sprechen Sie darüber, warum man diese Wörter verwechseln kann.

c | Schreiben Sie mindestens drei Wortpaare mit ähnlichen Wörtern auf, die man leicht verwechseln kann.

d | Haben Sie schon einmal ein Wort falsch verstanden? Berichten Sie darüber.

◼ Traditionen zur Geburt

Sehen Sie die Fotos an. Welche Tradition zur Geburt kennen Sie?
Kennen Sie noch weitere? Tauschen Sie sich über die verschiedenen
Traditionen aus.

◼ Was kann ich? Was will ich?

1 🔊 _12   a | Was lernen die Personen? Hören Sie und notieren Sie Ihre Vermutungen.
Vergleichen Sie dann.

1. |_____| 2. |_____|

3. |_____| 4. |_____|

5. |_____|

b | Was lernen Sie zurzeit? Was möchten Sie gern noch lernen? Tauschen Sie sich
mit Ihren Lernpartnerinnen / Lernpartnern aus.

Bürgerservice in meiner Stadt

Welche Fragen mussten Sie schon einmal oder müssen
Sie demnächst auf dem Amt klären? Und wo bekommen
Sie Antworten? Sammeln und recherchieren Sie.
Erstellen Sie eine Liste mit allen wichtigen Kontaktstellen
und Telefonnummern.

 FOKUS LANDESKUNDE

Ob die Anmeldung des neuen Wohnsitzes,
der Führerschein oder das Wohngeld –
der Bürgerservice einer Stadt bietet eine
Vielzahl an Dienstleistungen. Man erhält
dort Informationen, Beratung, Formulare,
Dokumente, Urkunden, Beglaubigungen.
Das Dienstleistungsangebot findet sich auch
im Internet und vieles lässt sich schon online
von zu Hause erledigen.

Die Sehnsucht nach dem Neuanfang

a | Lesen Sie den Auszug aus einem Zeitungsartikel. Welche Gründe nennt der Text für und gegen einen
Neuanfang?

Aussteigen, ein neues Leben beginnen, von vorn anfangen. Laut einer
Forsa-Umfrage spielt jeder fünfte Bundesbürger mit dem Gedanken, das
Alte hinter sich zu lassen.

Doch für die meisten bleibt der Wunsch
nach dem großen Wandel eine Illusion.
Zu groß sind die Beharrungskräfte, zu
mächtig die Angst vor dem Scheitern.
„Viele träumen von einer Veränderung,
aber nur wenige wagen diesen Schritt",
sagt der Persönlichkeitspsychologe Peter Borkenau von der Universität Hal-
le. „Wir sind es gewohnt, ein sicheres
Einkommen zu haben und unseren Ver-
pflichtungen nachzukommen", betont er.

„Wenn man all das aufgibt, ist man sehr
gefährdet und geht ein großes Risiko ein,
weil niemand weiß, was die Zukunft bringen wird."
Dabei gibt es oft gute Gründe, sich neu zu
orientieren: Verlust des Jobs, Ende der
Partnerschaft, Unzufriedenheit mit dem
bisherigen Leben. Psychologen sprechen
vom Wendepunkt, an dem man – gewollt
oder aufgrund äußerer Umstände – sein
Leben in eine andere Richtung lenkt.

aus: Stuttgarter Nachrichten

b | Kennen Sie Menschen, die einen radikalen Neuanfang gewagt haben? Was glauben Sie, was hat sie zu
diesem Schritt bewegt? Berichten Sie.

c | Recherchieren Sie nach Beispielen für radikale Neuanfänge im Internet. Stellen Sie Ihre Ergebnisse vor.

1 Entspannungsmomente

1 🔊 _13 **a** | Hören Sie bitte die Geräusche. Was verbinden Sie damit? Sprechen Sie im Kurs darüber.

- Bei diesem Geräusch denke ich an …
- Das bedeutet für mich Arbeit | Freizeit | Entspannung | Wochenende | …
- Das verbinde ich mit …

am Computer
1

in der Sauna
2

im Konzert
3

am See
4

5

beim Abendessen

b | Sehen Sie die Fotos an. Haben Sie sich zu den Geräuschen ähnliche Situationen vorgestellt? Was empfinden Sie in den abgebildeten Situationen? Tauschen Sie sich mit Ihrer Lernpartnerin / Ihrem Lernpartner aus.

- … fühle ich mich wohl | nicht wohl | langweile ich mich | …
- … finde ich zu laut | zu voll | …
- … genieße ich die Atmosphäre | die Ruhe | die Landschaft | …

c | Was bedeutet für Sie Entspannung? Wie und wo entspannen Sie sich? Gestalten Sie das leere Feld und erzählen Sie.

⮑ AB 1

6 in der Disco **7** auf dem Balkon **8** im Wald **9** im Fitnessstudio

Kommunikative Lernziele:

- sich bei einer Essenseinladung angemessen verhalten
- Inhaltsstoffe von Lebensmitteln verstehen
- Allergien angeben
- sich über Reisemöglichkeiten informieren
- Reiseangebote verstehen
- ein Hotelzimmer buchen
- Arbeitsaufträge verstehen
- auf Dringlichkeit angemessen reagieren

Wortschatz und Strukturen:

- Redemittel beim Essen und Trinken
- Nahrungsmittel und Inhaltsstoffe
- Reihenfolge der Ergänzungen im Satz (Akkusativ, Dativ)
- *brauchen nicht / nur zu* + Infinitiv
- Passiv (Präsens)
- Passiv mit Modalverb
- nachdrückliche Sprechweise

2   Eine Einladung zum Essen

Liebe Umzugshelfer,

unsere Wohnung ist fertig, die Schränke sind eingeräumt. Nun möchten wir uns gern mit einem leckeren Essen für eure Hilfe bedanken. Wir machen eine Einweihungsfeier und möchten dabei unsere neue Küche testen.

Wir kochen – und ihr genießt!

Freut euch also auf ein 4-Gänge-Menü am Freitag, den 4.2., 19.30 Uhr.

Herzlich grüßen

Laura & Karim

P.S. Die Adresse kennt ihr ja ... Bitte sagt uns Bescheid, ob ihr kommen könnt.

a | Lesen Sie die Einladung und sprechen Sie über folgende Fragen: An wen richtet sich die Einladung? Was ist der Anlass? Muss man darauf reagieren? Wann kommt man frühestens / spätestens? Was bringt man mit?

b | Wie ist es in Ihrem Land? Wozu lädt man ein? Wie lädt man ein? Wie sagt man ab? Wann kommt man? Wie lange bleibt man? Was bringt man mit? Wie bedankt man sich? Tauschen Sie sich über diese Fragen aus.

- Bei uns ist es üblich, ... mitzubringen.
- Zu einer Essenseinladung würde ich ...

➥ AB 2

3   Die Nachbarn haben Besuch.

1 __14   a | Ihre Nachbarn haben Gäste und es ist ziemlich laut. Verstehen Sie, was sie sprechen? Hören Sie und nummerieren Sie bitte.

☐ Willkommen!
☐ Schön, dass ihr da seid!
☐ Danke für die Einladung!
☐ Guten Appetit!

☐ Prost!
☐ Zum Wohl!
☐ Kommt gut nach Hause!
☐ Gute Nacht!

1 __15   b | Alles richtig verstanden? Hören Sie die Szenen und vergleichen Sie bitte.

c | Sortieren Sie die Wendungen und sammeln Sie weitere.

Prost!

| Ankunft | Essen | Trinken | Abschied |

d | Flüstern Sie ein Beispiel aus a und bewegen Sie die Lippen deutlich. Erkennen die anderen, was Sie gesagt haben?

➥ AB 3

4 Geben Sie mir mal bitte ...

der Korkenzieher   die Pfeffermühle   die Klöße   die Schüssel   der Brotkorb

die Nudeln   die Soße   der Braten   der Salzstreuer   die Serviette

a | Frage auf Frage – finden Sie zu den Fragen links die Anschlussfragen.

Geben Sie mir mal bitte den Brotkorb? ○   ○ Ja. Möchten Sie sie probieren?

Könnte ich nachher das Rezept haben? ○   ○ Kann ich ihn dann auch haben?

Ist das Wasser da ohne Kohlensäure? ○   ○ Noch nicht. Können Sie sie empfehlen?

Ist das die Soße ohne Mehl? ○   ○ Ja, können Sie ihn mir bitte geben?

Haben Sie die Klöße schon probiert? ○   ○ Natürlich. Soll ich es Ihnen per Mail schicken?

Braucht jemand den Korkenzieher? ○   ○ Ja, soll ich es Ihnen reichen?

b | Was hat Ihnen bei der Zuordnung geholfen? Markieren Sie Wörter, die zusammengehören.

c | Spielen Sie kleine Dialoge.

- Ich hätte gern ...

- Könnten Sie / Kannst du mir bitte mal ...

➥ AB 4–5

> **Akkusativ- und Dativ-Ergänzung im Satz**
>
> Geben Sie mir den Wein bitte.
> Geben Sie ihn mir bitte.
>
> Soll ich dir das Rezept geben?
> Soll ich es dir geben?

5 Wählen Sie eine Aufgabe.

- Bekannte haben Sie zu einem Abendessen eingeladen. Bedanken Sie sich am nächsten Tag mit einer SMS.

- Wählen Sie eine Szene bei einer Einladung und spielen Sie sie.

- *Willkommen! Guten Appetit! Prost!* ... Wie sagt man die wichtigsten Redemittel in anderen Sprachen? Sammeln Sie und machen Sie eine Kursliste.

6 Tischsitten

a | Lesen Sie die Regeln für Tischsitten. Welche gelten für den deutschsprachigen Raum, welche nicht? Diskutieren Sie, wählen Sie aus.

> **Die Regeln für „gutes Benehmen" bei Tisch können von Land zu Land ganz unterschiedlich sein. Hier haben wir für Sie einige Regeln zusammengestellt. Was gilt in den deutschsprachigen Ländern? Stellen Sie fest, wie gut Sie sich auskennen.**
>
> - Man beginnt nicht einfach zu essen, sondern wünscht sich erst „Guten Appetit!".
> - Die linke Hand darf keine Speisen berühren.
> - Laute Geräusche am Tisch wie Schlürfen und Schmatzen sind ein Zeichen dafür, dass das Essen besonders gut schmeckt.
> - Beide Hände gehören beim Essen auf den Tisch.
> - Es ist erlaubt, mit vollem Mund zu reden oder beim Essen zu rauchen.
> - Suppe darf man auch trinken.
> - Der Gast sollte das Weinglas nicht als Erster heben oder den Wein antrinken.
> - Man wartet, bis alle etwas auf dem Teller haben. Alle fangen gleichzeitig an zu essen.
>
> - Man kann erst die gesamte Mahlzeit in Stücke schneiden, dann das Messer beiseite legen und nur noch mit der Gabel weiteressen.
> - Das Überkreuzen von Messer und Gabel signalisiert, dass man noch nicht fertig ist.
> - Die Gäste sitzen immer am weitesten von der Tür entfernt.
> - Die Gastgeber essen jeweils am wenigsten und immer als Letzte.
> - Wer fertig ist, legt das Besteck parallel nebeneinander rechts auf den Teller.
> - Der Gast sollte alle Gerichte probieren. Wer das Essen aber nicht mag, der muss es auch nicht essen.

b | Wissen Sie, aus welchen Ländern die Tischregeln stammen, die für den deutschsprachigen Raum nicht gelten? Kennen Sie noch andere?

c | Muss man heute überhaupt noch Tischsitten kennen? Wann und wo muss man sie anwenden? Was ist Ihre Meinung? Diskutieren Sie.

- Tischsitten sind nicht (mehr) wichtig. Hauptsache, man ist freundlich | es schmeckt | ...
- Das finde ich nicht. In eleganten Restaurants | Bei offiziellen Einladungen | ... muss man ...
- Bei guten Freunden | In der Familie | In der Kantine | ... darf man auch ...

d | Wählen Sie Länder aus, in denen sich die Tischsitten von den deutschen unterscheiden. Bilden Sie Ländergruppen mit mindestens einem Länderexperten und verfassen Sie einen kleinen Ratgeber. Die Fragen helfen.

- Woraus besteht eine Mahlzeit? Was trinkt man dazu?
- Wo und womit isst man?
- Welche Geräusche sind beim Essen erlaubt?
- Wohin mit den Händen / mit dem Besteck / mit den Stäbchen / ...?

↪ IS 22 / 1

7 Du siehst ja aus wie eine Pizza!

a | Warum ist Markus ganz rot im Gesicht? Spekulieren Sie.

Fieber haben | Sonnenbrand haben | eine Allergie haben | aufgeregt sein | …

- Ich vermute, …
- Meiner Meinung nach ist / hat Markus …, weil …
- Keine Ahnung, was … Vielleicht …

1 ⊙_16 b | Welches Problem hat Markus? Hören Sie und vergleichen Sie mit Ihren Ideen.

c | Hören Sie noch einmal. Fassen Sie mit Ihrer Lernpartnerin / Ihrem Lernpartner die Situation zusammen: Wer sind die Personen? Wo sind sie? Was machen sie? Warum?

d | Wie geht die Geschichte weiter? Schreiben Sie oder erzählen Sie die Fortsetzung der Geschichte.

Claudia klingelt pünktlich um … an der Tür.

8 Nicht für jeden ein Genuss

a | Wie heißen die Lebensmittel? Lösen Sie das Rätsel, ersetzen Sie die fehlenden Vokale.

die ♦rdb♦♦r♦

die K✦hm★lch

das ♦★

der W♦★z♦n

die H◇s♦ln✦ss

der S♦ll♦r★♦

die ♦rdn✦ss

die S✦j◇b✦hn♦

der ◇pf♦l

die K★w★

die K◇r♦tt♦

die T✦m◇t♦

die M✦sch♦l

b | Was ist allen Lebensmitteln gemeinsam? Raten Sie.

↪ AB 6

9 Kuhmilch & Co.

a | Lesen Sie die Aussagen. Überprüfen Sie dann im Text, welche Aussage richtig ist.

1. a. Allergien gegen Nahrungsmittel kommen in Deutschland sehr selten vor.
   b. Von 100 Personen leiden mindestens fünf unter einer Nahrungsmittelallergie.
2. a. Allergien gegen Grundnahrungsmittel kommen bei Jugendlichen besonders oft vor.
   b. Vor allem Kleinkinder sind allergisch gegen Basis-Nahrungsmittel wie Weizen, Milch und Ei.
3. a. Jedes Lebensmittel kann eine Allergie auslösen.
   b. Nur Soja, Nüsse, Ei und Milch lösen bei einigen Leuten Allergien aus.

---

www.allergiehilfe.com/Genuss/0.1518.75369400.html ▭▭▭✕

Genuss oder Qual?

Was für die einen Genuss bedeutet, wird für andere zur Qual: Etwa fünf bis sieben Prozent der Bevölkerung in Deutschland reagiert auf Nahrungsmittel allergisch. Säuglinge leiden eher unter Allergien gegen Grundnahrungsmittel; bei Jugendlichen und Erwachsenen sind es meist Obst, Gemüse oder Nüsse. Etwa drei Viertel der betroffenen Kleinkinder verlieren ihre Nahrungsmittelallergie bald wieder. Im Grunde können alle Lebensmittel eine allergische Reaktion auslösen. Am häufigsten sind jedoch Allergien gegen folgende Nahrungsmittel:

→ Kuhmilch: Die Betroffenen reagieren allergisch auf Eiweiße in Milch und in Milchprodukten. Diese sind in Pudding oder Nougatcreme und häufig in Wurstwaren, Fertiggerichten und Backwaren enthalten. Achten Sie auf Zutaten wie Molke, Molkeprotein und Casein.

→ Hühnerei: Allergieauslösende Hühnereiweiße gibt es z.B. in Eier- und Süßspeisen, Fertiggerichten, Teig- und Backwaren sowie in Mehl- und Kartoffelklößchen. Suchen Sie im Zutatenverzeichnis nach Begriffen mit Ei oder nach Zusätzen wie „Ovo".

→ Soja und Erdnüsse: Sie sind häufig in Fertiggerichten enthalten und können starke allergische Reaktionen provozieren. Auf den Verpackungen findet man oft den Hinweis „kann Spuren von Soja und Erdnüssen enthalten" oder aber „frei von Soja und Nüssen".

---

b | Auf welche Hinweise auf Produkten muss man als Allergiker achten? Unterstreichen Sie die Informationen.

 c | Machen Sie eine Umfrage in Gruppen: Welche Allergien gibt es in Ihrem Kurs?

▪ Haben Sie / Hast du eine Lebensmittelallergie?

▫ Ich habe eine Nussallergie. | Ich vertrage kein/e/n … |
  Ich leide unter einer Sojaallergie. | …

▪ Worauf reagieren Sie / reagierst du allergisch?

▫ Ich reagiere allergisch auf Tierhaare | Staub | meinen Chef | einige Politiker | …

▪ Ich bekomme dann Schnupfen | Husten | Hautausschlag | …

➥ AB 7

10 Die Belohnung

a | Sehen Sie die Bilder an. Spekulieren Sie: Wer bekommt eine Belohnung? Warum gibt es eine Belohnung? Was ist die Belohnung?

1 _17   b | Hören Sie und vergleichen Sie mit Ihren Ideen.

11 Rauchen erlaubt?

Wo darf man noch rauchen?

Die Nichtraucherschutzgesetze greifen weiter um sich und Raucher werden immer mehr aus dem öffentlichen Leben verdrängt. Sogar das Rauchen in Bars, Kneipen und anderen Gaststätten ist inzwischen in allen Bundesländern verboten bzw. nur noch mit starken Einschränkungen gestattet.

a | Sind Sie Raucher oder Nichtraucher? Wo ist Rauchen erlaubt, wo ist es verboten? Wie ist Ihre Einstellung zu diesem Thema? Nehmen Sie Stellung.

- Als Raucher / Nichtraucher …
- Mich stört es (nicht), wenn jemand …
- Ich fühle mich …
- … schränkt die persönliche Freiheit zu sehr ein.
- Ich finde es (nicht) fair | richtig | …, dass …

b | Wie sind die aktuellen Regelungen in Ihrem Bundesland? Informieren Sie sich auf www.wo-darf-man-noch-rauchen.de.

⮕ AB 8 ⮕ IS 22/2

12 Eine kleine, aber feine Pension

www.walfischhaus.de

WALFISCHHAUS
Café · Restaurant · Pension

WILLKOMMEN   CAFE & RESTAURANT   PENSION   ANGEBOTE   BORN AUF DEM DARSS

Born a. Darß, Nationalpark Vorpommersche Boddenlandschaft

Familiäres BIO-Hotel mit Restaurant

Herzlich .... im Walfischhaus in Born

In unserem mit viel Liebe zum Detail restaurierten Kapitänshaus
werden Sie mit familiärer und gepflegter Gastlichkeit verwöhnt.
Der Duft von Blumen und Kräutern, die Farben der Natur und
der Blick auf den Hafen mit seinen Booten lassen Sie zur ....
kommen. Leckeres und gesundes .... ist uns wichtig, und ein
Haus, ... nachhaltig und ökologisch wirtschaftet.

Freuen Sie sich auf einen besonderen Aufenthalt!

WILLKOMMEN   CAFE & RESTAURANT   PENSION   ANGEBOTE   BORN AUF DEM DARSS

Die Pension

Lassen Sie sich von nordisch natürlicher Wohnlichkeit begeistern.
In .... komfortabel eingerichteten Zimmern sind Sie von frischen
Farben und dekorativen Mustern umgeben.
Die fünf Doppelzimmer sind sehr geräumig und haben ein Bad
.... Dusche und WC, eine gemütliche Couchecke, Fernseher
und ein Radio mit CD-Spieler.
Vier von den .... verfügen über eine Terrasse oder einen
Balkon mit .... auf den Borner Hafen. Zusätzlich stehen für Sie
zwei Einzelzimmer sowie ein Doppelzimmer mit gleicher Innenaus-
stattung im Haupthaus zur Verfügung.
Hier geht es zu den Preisen

WILLKOMMEN   CAFE & RESTAURANT   PENSION   ANGEBOTE   BORN AUF DEM DARSS

Das Restaurant

Erleben Sie unsere feine Bioküche. Unsere Speisen werden ausschließlich mit Produkten aus biologischem Anbau
zubereitet, die größtenteils aus der Region stammen.

.... werden Sie von unseren freundlichen Mitarbeitern
bei einem leckeren und gesunden Frühstücksbuffet erwartet. .... Sie aus einem reichhaltigen Angebot von Obst
und Müsli, duftenden Brötchen und Brot, leckeren Käse-
und Wurstsorten, Säften und vielem mehr. Bei schönem
Wetter wird das Frühstück auch auf der Terrasse serviert.

.... dann am Nachmittag der frische Kaffeeduft lockt,
können Sie von unseren hausgemachten .... und
Torten probieren. Je nach Jahreszeit mit viel Obst oder
auch mal ganz sahnig.

Auf unserer kleinen Speisekarte finden Sie viele Köstlich-
keiten, die alle .... zubereitet werden. Knackige

Salate, cremige Suppen und eine Auswahl von verschiedenen Hauptgerichten.

Genießen Sie die große Vielfalt der Bioküche!

Auf Wunsch werden für Allergiker auch tiereiweißfreie,
fettarme oder glutenfreie Gerichte gekocht.

Das rauchfreie Café & Restaurant hat täglich von
12 Uhr – 22 Uhr für Sie .... – außer am Mittwoch
(Ruhetag).

a | Lesen Sie die Texte. Welche Wörter fehlen? Überlegen Sie: Was passt inhaltlich? Was passt grammatisch?
Untersuchen Sie die Textstellen genau und ergänzen Sie das passende Wort.

b | Was für eine Pension ist das? Wo liegt sie? Was ist das Besondere? Sammeln Sie Stichworte.

➥ AB 9

13 Einmal verwöhnt werden!

a | Was wird im Hotel alles für Sie gemacht? Ordnen Sie die Tätigkeiten den Bildern zu.

das Bett machen | putzen | kochen | das Essen servieren |
den Koffer tragen | massieren | wecken

b | Was bedeutet „verwöhnen" für Sie? Kreuzen Sie an und ergänzen Sie, was für Sie zutrifft. Tauschen Sie sich
dann mit Ihrer Lernpartnerin / Ihrem Lernpartner aus.

☐ Das Gepäck wird auf das Zimmer gebracht.
☐ Das Auto wird geparkt.
☐ Das Frühstück wird auf das Zimmer gebracht.
☐ Die Handtücher werden gewaschen.
☐ Die Betten werden jeden Tag gemacht.
☐ Der Anzug wird gereinigt.
☐ Die Schuhe werden geputzt.
☐ Abends wird ein 3-Gänge-Menü serviert.

☐ _____
☐ _____

Die Handlung betonen: Passiv

Wir werden hier sehr verwöhnt.
Das Gepäck wird auf das Zimmer gebracht.
Jeden Tag werden die Betten gemacht.
Wann wird das Essen serviert?

c | Wie viele Passivstrukturen finden Sie auf der Internetseite in Aufgabe 12? Suchen Sie und
markieren Sie bitte.
➥ AB 10 – 12

14 Vielen Dank für Ihre Anfrage!

www.walfischhaus.de/preise/html/

WALFISCHHAUS
Café • Restaurant • Pension

Preise pro Person inklusive Frühstücksbuffet.

Reisezeit	01.05. - 31.10. Ostern / Pfingsten / Silvester	01.11. - 30.04.
Einzelzimmer *Haupthaus*	65 €	53 €
Doppelzimmer *Haupthaus*	58 €	48 €
Doppelzimmer *mit Terrasse oder Balkon*	62 €	50 €

Die Zimmerpreise sind zuzüglich Kurtaxe.
Auf Anfrage auch mit Halbpension buchbar.

a | Lesen Sie die E-Mail der Pension. Überlegen Sie: Welche Fragen hat der Gast zuvor in seiner Buchungs-anfrage gestellt?

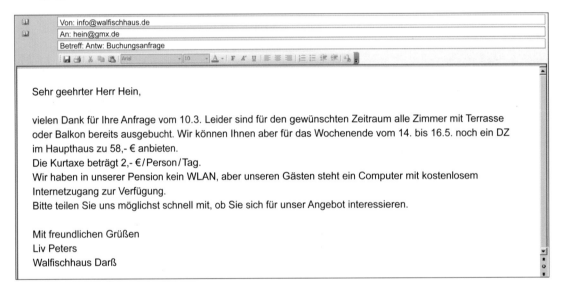

Von: info@walfischhaus.de
An: hein@gmx.de
Betreff: Antw: Buchungsanfrage

Sehr geehrter Herr Hein,

vielen Dank für Ihre Anfrage vom 10.3. Leider sind für den gewünschten Zeitraum alle Zimmer mit Terrasse oder Balkon bereits ausgebucht. Wir können Ihnen aber für das Wochenende vom 14. bis 16.5. noch ein DZ im Haupthaus zu 58,- € anbieten.
Die Kurtaxe beträgt 2,- € / Person / Tag.
Wir haben in unserer Pension kein WLAN, aber unseren Gästen steht ein Computer mit kostenlosem Internetzugang zur Verfügung.
Bitte teilen Sie uns möglichst schnell mit, ob Sie sich für unser Angebot interessieren.

Mit freundlichen Grüßen
Liv Peters
Walfischhaus Darß

b | Rekonstruieren Sie bitte die erste E-Mail des Gastes.

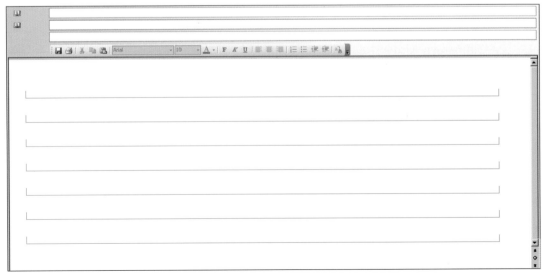

AB 13

15 Ein Anruf im Hotel

1 🔘_18 a | Hören Sie das Telefongespräch. Was bucht die Anruferin? Kreuzen Sie bitte an.

☐ 2 Übernachtungen   ☐ Einzelzimmer   ☐ Halbpension   ☐ Garagenstellplatz
☐ 3 Übernachtungen   ☐ Doppelzimmer   ☐ Vollpension   ☐ Hotelparkplatz

b | Bereiten Sie ein Telefongespräch mit dem Hotel vor: Schreiben Sie die Stichwörter auf Kärtchen.
Formulieren Sie Fragen und Antworten. Spielen Sie dann das Gespräch.

Fragen an das Hotel:

- Freies Doppelzimmer von … bis …?
- mit Frühstück?
- Kosten für Vollpension pro Person?
- Anzahlung leisten?
- Parkmöglichkeiten?
- Sportangebote?
- …

Antworten:

- DZ mit Seeblick ausgebucht, noch 1 DZ zum Hof
- reiches Frühstücksbuffet im Preis inbegriffen
- Vollpension für 25 € p. P.
- Anzahlung nicht nötig, Kreditkartennummer angeben
- einige Parkplätze vor dem Gebäude, Parkhaus in 3 Min. Laufentfernung
- Fitnessraum und Sauna für Hotelgäste von 6–23 Uhr
- …

↪ AB 14

16 Fragen an der Rezeption

1 🔘_19 a | Hören Sie die Dialoge und ergänzen Sie die fehlenden Wörter.

- Ich möchte ins └─────────┘. Muss ich dafür extra zahlen?
- Nein, dafür brauchen Sie nicht extra zu zahlen. Die Benutzung ist im Preis └─────────┘.

- Ich würde gern an dem morgigen └─────────┘ teilnehmen. Wie kann ich mich anmelden?
- Ganz einfach. Sie brauchen sich nur in diese └─────────┘ einzutragen.

- Bekommen wir noch einen └─────────┘ für das Zimmer?
- Nein, Sie kommen mit dieser Magnetkarte rein. Sie brauchen sie nur an das Schloss zu halten, dann └─────────┘ sich die Tür und das └─────────┘ geht automatisch an.

b | Markieren Sie die Struktur *brauchen zu* in den Sätzen. Was bedeutet sie?

☐ können   ☐ müssen   ☐ sollen

↪ AB 15

> **brauchen nicht / nur … zu + Infinitiv**
>
> Sie brauchen nicht extra zu zahlen.
> Sie brauchen nur zu klingeln.

17   Kurz vor Feierabend

Denken Sie an die
Buchbestellung ?
Bis zum 30. wäre super.
Danke , BK

iCal-Erinnerung

Heute um 16:50

Herrn Acimi an der Pforte abholen

Darf ich Sie noch heute um einen Gefallen bitten?
Wir brauchen unbedingt ein Hotelzimmer für
Fr. Dr. Reichert (20. bis 22.9.). Und sagen Sie ihr
bitte auch noch die Hoteladresse? (unter Tel. priv.)
Danke und schönen Feierabend, JPL

Guten Abend, liebe Mitarbeiterinnen und
Mitarbeiter, ich habe gerade den 20-Uhr-Termin
für alle aufgehoben. Danke noch mal für Ihre
Bereitschaft! Sie können jetzt ganz entspannt ins
Wochenende gehen!
Bis Montag, BCG

Für morgen 8 Uhr
Kurierdienst bestellen —
bitte sofort,
allerspätestens bis 17 Uhr!
Danke!

a | Worum geht es in den Arbeitsaufträgen? Verbinden Sie bitte.

Ein Hotelzimmer ○
Der Kurierdienst ○   ○ bestellt werden.
Ein Buch ○   ○ muss ○   ○ gebucht werden.
Herr Acimi ○   ○ kann ○   ○ aufgehoben werden.
Der Termin ○   ○ an der Pforte abgeholt werden.

b | Welche dringenden Aufgaben haben Sie gerade?

- Mein Computer muss dringend repariert werden.
- Ich muss spätestens bis Freitag zwei Bücher in die
  Bibliothek zurückbringen.

⇨ AB 16
⇨ IS 22/3

> **Passiv mit Modalverb**
>
> Der Termin muss auf nächste Woche
> verschoben werden.
> Die Kollegen müssen unbedingt
> benachrichtigt werden.
> Die Besprechung kann nicht
> abgesagt werden.

18   Wie sieht's denn hier aus?

1 ○_20   a | Hören Sie, wie zwei Mitarbeiterinnen auf das Chaos reagieren.
Welche spricht nachdrücklicher? Woran erkennen Sie das?

b | Hören Sie noch einmal beide Varianten. Welche Variante gefällt
Ihnen besser?

c | Was muss im Büro gemacht werden? Sehen Sie das Bild
an und sprechen Sie sehr nachdrücklich.

- Wie sieht's denn hier aus? Das darf doch
  nicht wahr sein. Hier muss …

⇨ AB 17

19 Heute kommt nichts dazwischen!

a | Sehen Sie das Bild an.
Was glauben Sie, was hat Jan,
was hat Markus vor? Wer ruft an?
Beschreiben Sie die Situation.

1 _21 b | Hören Sie und achten Sie auf Markus' Laune.
Wie verändern sich seine Gefühle? Wählen Sie passende
Adjektive aus und bringen Sie sie in eine Reihenfolge.

verliebt | gut / schlecht gelaunt | überrascht | nervös | eifersüchtig | frustriert | fröhlich |
aufgeregt | stolz | besorgt | …

c | Wie reagiert Markus auf den Anruf seiner Chefin? Hören Sie noch einmal und ergänzen Sie bitte die Sätze.

Eigentlich …   Verstehe, …   Ich bin …

d | Wie finden Sie seine Reaktion?

- Ich finde, Markus lässt sich zu schnell überreden | willigt zu schnell ein.
- Ich denke, er macht es genau richtig | er muss so handeln.

e | Wie könnte Markus den Abend retten? Was könnte er sagen? Schreiben Sie das Gespräch zwischen
Dr. Serasinghe und Markus. Die Bausteine helfen.

- Es ist mir sehr unangenehm, dass …
- … zu Hause anrufe …
- … zum Feierabend störe …
- Sie sind der Einzige, den ich …
- Nur Sie …
- Wäre es möglich, dass …?
- Könnten Sie vielleicht …?
- Das kann ich versuchen.

- Entschuldigen Sie bitte, aber …
- … habe einen ganz wichtigen Termin.
- … kann ich auf keinen Fall absagen.
- … bin gar nicht in der Stadt.
- … heute geht es wirklich nicht.
- Es tut mir leid, dass …
- Das nächste Mal gern, aber dieses Mal …
- Haben Sie es schon bei … versucht?

➡ AB 18   ➡ IS 22/4

◼ Umweltsiegel

a | Die Pension *Walfischhaus* ist mit dem Umweltsiegel *Blaue Schwalbe* ausgezeich-
net. Recherchieren Sie im Internet: Wofür bekommt man dieses Siegel? Wie viele
Hotels haben es in Deutschland?

Blaue Schwalbe

b | Welche anderen Umweltsiegel kennen Sie? Wo findet man sie?

◼ Die Nudel

Kennen Sie Loriot? Sehen Sie die Bilder aus einem seiner berühmten Sketche an.
Was könnte man in dieser Situation sagen?

Kurzurlaub in Ihrer Region

Wählen Sie ein Reiseziel für ein Wochenende in Ihrer Region.
Recherchieren Sie und stellen Sie das Reiseziel vor:

- Wo liegt es?
- Wie kommt man dorthin?
- Was kann man dort machen?
- Wo kann man essen und übernachten?
- …

Post von Lukas

a | Lesen Sie die Postkarte. Wo ist Lukas gerade und
was macht er dort?

Hallo, ihr Vögelchen,
ich vermisse euch, ihr mich auch? Ich tröste
mich mit der thailändischen Küche, die nicht
nur gut schmeckt, sondern auch sooo gesund
ist. Und essen kann man hier überall, auch
auf der Straße in kleinen Buden oder
Campingküchen auf Fahrrädern. Da gibt's
die tollsten Reis- und Nudelgerichte ganz
günstig, frisch und unwiderstehlich
lecker. Aber leider nur mit Stäbchen ;-)
Und ganz scharf!!!
Wenn ich wieder da bin, koche ich
euch was Tolles im Wok!
Ich drücke euch ganz fest, Lukas

b | Wie ist es in Ihrem Land: Was kann man wo essen? Wird auch auf der Straße gegessen?
Was wird angeboten? Tauschen Sie sich darüber aus.

23 Überzeugen Sie sich!

1 Was wird hier präsentiert?

a | Sehen Sie die Fotos an. Wo finden häufig Präsentationen statt? Sammeln Sie, ergänzen Sie.

auf einer Modenschau | auf einer Lesung | im Parlament | auf einer Messe | …

1 ⊙_22   b | Welche Präsentation hören Sie? Nummerieren Sie bitte.

c | Hören Sie noch einmal. Welche Dinge und Ideen werden präsentiert?

- ... wird die neue Mode | ein neues Konzept | ein neues Modell | ...
  präsentiert | gezeigt | vorgestellt | ...

d | Haben Sie schon einmal etwas präsentiert oder an einer Präsentation teilgenommen?
Gestalten Sie das leere Feld.

Kommunikative Lernziele:	Wortschatz und Strukturen:
▪ über Lebensabschnitte sprechen	▪ Stationen in der Biografie
▪ Vor- und Nachteile vergleichen, argumentieren	▪ Präteritum (Wiederholung)
▪ ein Gespräch beenden oder abwehren	▪ temporaler Nebensatz mit *als*, *während* und *bevor*
▪ einen Vertrag widerrufen, kündigen	▪ *um zu* + Infinitiv
▪ einen Ratgeber lesen	▪ Wendungen in einem Kündigungsschreiben
▪ Ziele angeben	▪ Redemittel für Diskussionen
▪ eine Präsentation vorbereiten	▪ Redemittel für Präsentationen
▪ etwas überzeugend vorstellen	▪ Sprechweise der Überzeugung
▪ ein Gedicht ausdrucksvoll vortragen	

2 Grau ist bunt – Was im Alter möglich ist

a | Henning Scherf, ehemaliger Bürgermeister von Bremen, stellt sein
neues Buch vor. Was assoziieren Sie mit dem Titel des Buches?

viel Freizeit

Grau ist bunt

b | Was erfahren Sie aus dem folgenden Zeitungsartikel über das „neue" Leben von Henning Scherf?

Der Privatier
Von Verena Mayer

Frisch pensioniert, hat der am längsten re-
gierende Politiker Deutschlands erst einmal das gemacht, was vermutlich alle Rentner
tun: Er hat bei sich zu Hause umgeräumt.

5   So weit, so normal. Die Lebensumstände unterscheiden sich allerdings von denen anderer
Polit-Pensionäre. Der Bürgermeister a. D.[1] lebt
in einer Wohngemeinschaft.

Acht Leute unter einem Dach: Scherfs Frau
10 spricht von einer „Hausgemeinschaft", Scherf
selbst nennt sie „WG". Die meisten von ihnen
wohnen seit fast zwei Jahrzehnten unter einem
Dach, sie sind über 60 Jahre alt und aus ihren
Berufen „schon raus", wie Henning Scherf
15 sagt. Räumlich sieht das so aus, dass alle Bewohner ihren abgetrennten Bereich haben,
kleine Wohnungen, die separat begehbar sind.
Ansonsten ist man einander ausgesetzt wie in
jeder anderen WG auch. Es werden Rituale
20 praktiziert, jedes Wochenende etwa trifft man

sich zum gemeinsamen Frühstück, die Verantwortung dafür geht reihum. Und es gibt einen
strengen Plan, wer wofür zuständig ist. Henning Scherf hat den Garten übernommen.

25 Und warum tut man sich so etwas mit Mitte
60 an?

Scherf ist in einer kleinbürgerlichen Familie
in Bremen groß geworden, mit fünf Geschwis-
tern und einem in der Bekennenden Kirche[2]
30 engagierten Vater, der während der NS[3]-Zeit jü-
dischen Freunden Unterschlupf bot. Die Großmutter hat ebenfalls bei ihnen gelebt, er sei
es gewohnt gewesen, Leute um sich zu haben,
sagt Henning Scherf.

35 Mit 25, nach einem Jura-Studium, begann
sein schneller Aufstieg bei der SPD[4]. 1978 wurde Scherf als Finanzsenator erstmals Regie-
rungsmitglied – und blieb seitdem ununterbro-

1 außer Dienst
2 1934 gegen nationalsozialistische Tendenzen in der Kirche
   entstandene Bewegung
3 Nationalsozialismus
4 Sozialdemokratische Partei Deutschlands

c | Teilen Sie den Zeitungsartikel in Abschnitte. Geben Sie jedem Abschnitt einen Titel.

d | Wählen Sie eine Frage und suchen Sie nach Antworten im Text. Notieren Sie Stichworte und stellen Sie Ihre Ergebnisse in der Gruppe vor.

- Was erfahren Sie über die Person Henning Scherf?
- Warum hat er sich entschieden, in einer WG zu leben?
- Wie haben sich die WG-Bewohner darauf vorbereitet?
- Wie organisieren sie das Zusammenleben?

Präteritum

Er heiratete und gründete eine Familie.
Mit 25 begann sein Aufstieg.
Es gab sehr schlechte Zeiten.
Die WG-Mitglieder mussten miteinander auskommen.

---

e | Was hat Sie überrascht / beeindruckt? Berichten Sie im Kurs.

↪ AB 1–3
↪ IS 23/1

---

40 chen am Ball. In allen möglichen Funktionen, seit 1995 schließlich als Präsident des Senats, also Bürgermeister. Scherf heiratete, gründete eine Familie, und dann kam der Tag, an dem die Kinder aus dem Haus waren, obwohl Scherf am liebsten mit ihnen zusammengelebt hätte,
45 so wie er es von zu Hause kannte. Er und seine Frau fragten sich, wie es weitergehen soll. Im Freundeskreis kam man schließlich auf die Idee, dass man doch zusammenziehen könne. […] Es fand sich eine alte Villa im Bahnhofsvier-
50 tel, eigentlich ein Spekulationsobjekt. Scherf und seine Mitbewohner kauften sie und bauten sie um.

Bevor die Bewohner zusammenzogen, verwendeten sie erst einmal sehr viel Zeit darauf,
55 sich richtig kennen zu lernen. Man ging wandern und verbrachte ausgedehnte Urlaube in Ferienwohnungen, wo man miteinander auskommen musste.

60 Es gab lange Diskussionen, wie viel Nähe sein sollte, dann kam die Phase der Planung, in der alle Mitbewohner einem Architekten ihre Wünsche mitteilen konnten. Das Haus wurde rollstuhlgerecht geplant und eine Fahrstuhlvorrichtung wurde eingebaut, für das
65 Alter. Es gibt sehr gute Zeiten, die Bewohner unternehmen viel gemeinsam, gehen ins Kino oder in die Kirche, machen Ausflüge, „das füllt uns inhaltlich, wir denken nicht nur, wie kriegen wir unsere Tage rum". Und es gab sehr
70 schlechte Zeiten. Zwei Bewohner sind gestorben, eine Mitbewohnerin hatte Knochenkrebs, die Wohngemeinschaft hat sie bis zum Schluss gepflegt.

Und was ist sein Patentrezept für eine gute
75 WG? „Arbeit, Arbeit und nochmals Arbeit", sagt Scherf. „Und die richtigen Leute zu finden. Das ist fast so schwierig, wie den richtigen Partner zu finden."

aus: Tagesspiegel

3 Ein Politikerleben

a | Lesen Sie die Kurzbiografie von Henning Scherf. Was sind die wichtigsten Stationen seines Lebens? Markieren Sie die Schlüsselwörter.

> Henning Scherf wurde am 31. Oktober 1938 in Bremen geboren. Nach dem Abitur nahm Scherf 1958 ein Studium der Rechtswissenschaft und Soziologie an der Universität Freiburg auf. Er studierte auch an den Universitäten Hamburg und Berlin. Bereits während des Studiums engagierte sich Scherf politisch. 1963 trat er in die SPD ein. Er zog nach Bremen und begann dort seine Tätigkeit als Rechtsanwalt. Für die SPD arbeitete er in verschiedenen Funktionen: Von 1972 bis 1978 war er Landesvorsitzender der SPD in Bremen. 1984 trat er außerdem in den Bundesvorstand der SPD ein. Von 1990 bis 1995 war Scherf dann Senator für Bildung und Wissenschaft sowie von 1991 bis 1995 Senator für Justiz in Bremen. Danach wurde er Regierungschef des Landes Bremen. Von 1995 bis 2005 war er Bürgermeister und Präsident des Senats der Freien Hansestadt Bremen. Mit 67 Jahren zog er sich aus der Politik zurück.

b | Ergänzen Sie bitte die Fakten aus der Biografie von Henning Scherf. Benutzen Sie das Präteritum.

> in die SPD eintreten | mit dem Studium beginnen | sich aus der Politik zurückziehen | verschiedene Funktionen haben | sich politisch engagieren

_____, als er 20 Jahre alt war.

Schon während er studierte, _____.

Als er 25 Jahre alt war, _____.

Während er in der Bremer SPD aktiv war, _____.

Als er 67 Jahre alt wurde, _____.

c | Welche biografischen Aspekte seines privaten Lebens können Sie aus dem Zeitungsartikel in Aufgabe 2 ergänzen?

d | Was war in Ihrem bisherigen Leben wichtig? Notieren Sie bitte biografische Stationen.

- Während ich studierte, lernte ich meinen Mann kennen.
- Als ich nach Deutschland kam, begann für mich ein neues Leben.

Temporaler Nebensatz mit _als_ und _während_

Als er 25 war, trat er in die SPD ein.
Während er studierte, engagierte er sich politisch.

➥ AB 4–7
➥ IS 23/3

4 Mehrere Generationen unter einem Dach

a | Was halten Sie davon, wenn Alt und Jung zusammenleben? Sammeln Sie Argumente pro und contra.

pro	contra

1 _23 b | Hören Sie die Radiodiskussion. Wie finden die Personen das gemeinsame Leben von mehreren Generationen? Wer ist eher dafür, wer ist eher dagegen?

Frau Andres

Frau Büttner

Herr Kienzle

c | Hören Sie bitte noch einmal. Notieren Sie die Argumente pro und contra.

pro	contra
- es ist immer viel los	- man ist nie allein

➡ AB 8

d | Mit welchen Aussagen sind Sie einverstanden? Mit welchen nicht? Warum? Vergleichen Sie die Argumente.

e | Wählen Sie ein Thema, sammeln Sie Vor- und Nachteile, bringen Sie Beispiele aus Ihrem Land. Vergleichen Sie dann in Gruppen und diskutieren Sie.

- Jung und Alt unter einem Dach – geht das gut?
- Seniorenheime – die optimale Lösung fürs Alter?
- Alters-WGs – das Wohnmodell der Zukunft?

➡ IS 23/2

Vor- und Nachteile vergleichen

Ich finde es besser / schlechter, … zu …
Ich denke, dass … besser / nicht so gut ist, weil …
Besonders gut bei / an … ist, dass …
Ein großer Vorteil / Nachteil ist, dass …
Ich bin für / gegen …, weil …

5 Wählen Sie eine Aufgabe.

- Kennen Sie eine interessante Person? Wo und wann ist sie geboren? Wie verlief ihr Leben? Was war besonders spannend daran? Machen Sie Notizen und schreiben Sie die Lebensgeschichte der Person auf.
- Machen Sie im Kurs eine Umfrage: Wie stellen Sie sich das Leben im Alter vor? Wo und wie möchten Sie wohnen?
- Formulieren Sie *als*- oder *während*-Sätze und schreiben Sie sie auf. Schneiden Sie die Sätze auseinander und lassen Sie Ihre Lernpartnerin / Ihren Lernpartner die Sätze wieder zusammenlegen.

als | ich | nach Deutschland | kam | hatte | ich | schreckliches | Heimweh

mein Freund | ging | nach Italien | als | er | mit der Schule | fertig | war

6 Wollt ihr wirklich umziehen?

1 🔊_24   a | Hören Sie das Telefongespräch. Wer ruft wen an? Welche Themen werden angesprochen? Markieren Sie bitte.

Lisas Arbeit im Krankenhaus
Max und seine Hausaufgaben
Lukas' Präsentation
Probleme mit den Nachbarn wegen Mia
Planung einer altersgerechten Wohnanlage
gesundheitliche Probleme von Lisas Eltern

b | Hören Sie noch einmal. Was ist richtig? Kreuzen Sie bitte an.

1. Wohin möchten Lisas Eltern umziehen?
☐ in ein Seniorenheim   ☐ in eine betreute Wohnanlage   ☐ zu Lisa und Lukas

2. Wann möchten sie umziehen?
☐ jetzt sofort   ☐ später, wenn sie älter sind   ☐ wenn Mia älter ist

3. Warum möchten sie umziehen?
☐ Lisas Mutter hat Probleme mit dem Knie   ☐ Lisas Mutter hat Probleme mit der Treppe

7 Das ist die Zukunft!

a | Sehen Sie das Bild an und spekulieren Sie:
Wer ist das? Was will die Person?
Wie ist die Situation?

 _25   b | Hören Sie und vergleichen Sie mit Ihren Vermutungen.

8 Vertreter vor der Tür

a | Haben Sie schon Erfahrungen mit Vertretern an der
Haustür gemacht? Gute oder schlechte? Welche Produkte
haben Sie gekauft bzw. wurden Ihnen angeboten?
Erzählen Sie bitte.

b | Lesen Sie die Statistik über Reaktionen an der Haustür. Wie verhalten sich die meisten?

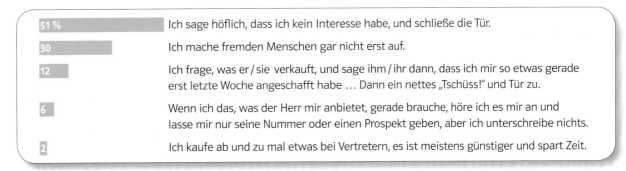

51 %	Ich sage höflich, dass ich kein Interesse habe, und schließe die Tür.
30	Ich mache fremden Menschen gar nicht erst auf.
12	Ich frage, was er / sie verkauft, und sage ihm / ihr dann, dass ich mir so etwas gerade erst letzte Woche angeschafft habe … Dann ein nettes „Tschüss!" und Tür zu.
6	Wenn ich das, was der Herr mir anbietet, gerade brauche, höre ich es mir an und lasse mir nur seine Nummer oder einen Prospekt geben, aber ich unterschreibe nichts.
2	Ich kaufe ab und zu mal etwas bei Vertretern, es ist meistens günstiger und spart Zeit.

c | Wie kann man reagieren, wenn man an dem Kauf nicht interessiert ist? Was ist höflich, was ist unhöflich?
Diskutieren Sie.

- Oh nee. Sie haben mir gerade noch gefehlt.

- Der Zeitpunkt ist leider ganz unpassend. Ich muss gleich weg.

- Vielen Dank. Ich brauche nichts.

- Keine Zeit. Wiedersehen.

- Tut mir leid, ich kaufe nie etwas an der Haustür.

- Ich habe schon ein/e/n …

- Ich habe kein Interesse. Danke.

- Lassen Sie mich in Ruhe.

- Ich habe mir erst … gekauft und bin an Ihrem Angebot nicht interessiert.

↪ AB 9

9 Zum Umgang mit Haustürgeschäften

a | Überfliegen Sie den Text. Was für eine Textsorte ist das?

☐ ein Rezept ☐ ein Ratgeber ☐ eine Gebrauchsanleitung

Jeder kennt die Situation: Es klingelt an der Tür und jemand möchte das neueste Reinigungsgerät oder ein Zeitschriftenabonnement verkaufen, etwas reparieren oder prüfen.

Zu diesen unangemeldeten Besuchen einige Tipps:

→ Verlangen Sie von Amtspersonen grundsätzlich den Dienstausweis und prüfen Sie ihn sorgfältig auf Druck, Foto und Stempel.

→ Lassen Sie nur Handwerker in Ihre Wohnung, die Sie selbst bestellt haben oder die von der Hausverwaltung angekündigt worden sind.

→ Unterschreiben Sie nichts unter Zeitdruck und lassen Sie sich weder beeindrucken noch verwirren.

→ Lesen Sie Vertragsbedingungen gründlich durch und lassen Sie sie sich bei Bedarf erklären.

→ Achten Sie bei der Unterschrift immer auch auf die Datumsangabe.

→ Der Hinweis auf das Widerrufsrecht muss stets extra unterschrieben sein. Achten Sie auch auf ein korrektes Datum.

→ Verlangen Sie immer eine Kopie des Vertrags mit deutlich lesbarer Adresse und ebenso gut erkennbarem Namen des Vertragspartners.

→ Prüfen und vergleichen Sie Angebote genau. Lassen Sie sich nicht durch „Hinweise", wie *Dieses Angebot gilt nur noch heute!* unter Druck setzen.

b | Lesen Sie die Tipps jetzt genau. Notieren Sie wichtige Stichworte.

- Dienstausweis verlangen und prüfen

c | Ergänzen Sie bitte die Sätze. Finden Sie so viele Variationen wie möglich.

Bevor Sie jemanden in die Wohnung lassen, sollten Sie

_____

_____

Bevor Sie einen Vertrag unterschreiben, sollten Sie

_____

_____

Temporaler Nebensatz mit *bevor*

Bevor man ein Angebot annimmt, sollte man es genau prüfen.
Man sollte auf das Datum achten, bevor man etwas unterschreibt.

d | Gibt es in Ihrem Land auch Haustürgeschäfte? Was machen Sie, wenn sie den Kauf rückgängig machen möchten?

⮕ AB 10

10 Einen Widerruf schreiben

a | Kann man einen Kaufvertrag rückgängig machen?
Lesen Sie den Paragrafen Wort für Wort und versuchen
Sie, den Inhalt mit Ihren Worten wiederzugeben.

§ 1 Widerrufsrecht
(1) Sie haben das Recht, den Kaufvertrag innerhalb von einem Monat ab Erhalt der Ware zu
widerrufen. Der Widerruf muss keine Begründung
enthalten. Zur Wahrung dieser Frist genügt die
rechtzeitige Absendung des Widerrufs.

Inge Fredman, Geröderweg 22, 34130 Kassel

Kundenservice
Elektrohaus
Zentgrafenstr. 104
34137 Kassel

18.01.2011

Sehr geehrte Damen und Herren,

am 12. Januar habe ich bei Ihnen die Espressomaschine
Typ Xenia 248 gekauft. Leider muss ich jetzt feststellen,
dass die Maschine stark von den Beschreibungen ab-
weicht und nicht meinen Erwartungen entspricht.
Deshalb mache ich hiermit von meinem Widerrufs- und
Rückgaberecht Gebrauch. Die Espressomaschine habe
ich am 16.1. an Sie zurückgeschickt. Ich bitte Sie, den
Kaufpreis in Höhe von 299,00 Euro bis zum 01.02.2011
auf das u. g. Konto zu überweisen.

Mit freundlichen Grüßen

Inge Fredman

Kontoinhaber: Inge Fredman
Name der Bank: Commerzbank
Kontonummer: 2 345 774 321
Bankleitzahl: 200 769 90

b | Lesen Sie den Widerruf. Was möchte die Briefschreiberin
erreichen? Warum?

c | Mit welchen Redemitteln kann man etwas widerrufen oder kündigen? Mit welchen Redemitteln kann man
seine Forderungen beschreiben? Markieren Sie bitte mit zwei Farben.

Hiermit mache ich von meinem Widerrufsrecht Gebrauch.
Bitte überweisen Sie den Rechnungsbetrag von … EUR bis zum … auf mein Konto.
Hiermit widerrufe ich meine Bestellung vom … mit sofortiger Wirkung.
Bitte senden Sie mir in den nächsten Tagen eine schriftliche Bestätigung.
Die bisherigen Zahlungen erstatten Sie mir bitte umgehend zurück.
Ich möchte den Vertrag vom … widerrufen.
Eine Bestätigung erwarte ich von Ihnen in den nächsten 14 Tagen.

d | Wählen Sie eine Situation und schreiben Sie einen Widerruf: Schreiben Sie, welchen Kauf Sie widerrufen
und warum. Formulieren Sie kurz und klar Ihre Forderungen. Überprüfen Sie alle Angaben.

- Sie haben einen Staubsauger bestellt. Doch als die Ware geliefert wurde, stellten Sie fest,
dass die Saugleistung nicht gut genug ist. Widerrufen Sie Ihren Kaufvertrag.
- Ihr Partner und Sie haben aus Versehen das gleiche Produkt im Katalog bestellt. Widerrufen Sie Ihre Bestellung und verlangen Sie Ihr Geld zurück.

↪ AB 11

11 Ich bereite eine Präsentation vor.

1 🔘_26   **a |** Sehen Sie die Bilder an und hören Sie. Was passiert wann? Ordnen Sie bitte die Bilder.

b | Hören Sie noch einmal. Verbinden Sie bitte.

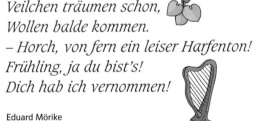

Herr Glock ○	○ bereitet eine Präsentation vor.
Lisa ○	○ lernt ein Gedicht auswendig.
Lukas ○	○ fragt das Gedicht ab.
Max ○	○ schläft.
Mia ○	○ saugt.

12 Ein Frühlingsgedicht

a | Was assoziieren Sie mit Frühling? Sammeln Sie.

1 🔘_27   **b |** Hören Sie das Gedicht und lesen Sie mit. Wie gefällt Ihnen das Gedicht?

Er ists

Frühling läßt sein blaues Band
Wieder flattern durch die Lüfte;
Süße, wohlbekannte Düfte
Streifen ahnungsvoll das Land.

Veilchen träumen schon,
Wollen balde kommen.
– Horch, von fern ein leiser Harfenton!
Frühling, ja du bist's!
Dich hab ich vernommen!

Eduard Mörike

c | Lernen Sie das Gedicht auswendig. Experimentieren Sie mit Betonung, Pausen und Melodie und tragen Sie
es dann sehr ausdrucksvoll vor. Diskutieren Sie über die Wirkung.

13 Produkte präsentieren, Kunden beraten

a | Lesen Sie den Artikel über Präsentationserfahrungen in verschiedenen Berufen. Markieren Sie: Wo und was müssen die Personen präsentieren?

Ann-Kristin Hötte, 29, ist seit anderthalb Jahren für den Ernst Klett Verlag unterwegs.

[…] Um in meinem neuen Job arbeiten zu können, musste ich nach Schleswig-Holstein ziehen. Dort betreue ich alle weiterführenden Schulen. Das heißt, nachmittags präsentiere ich unsere Lehrwerke und Begleitmaterialien in Fachkonferenzen. Und am Wochenende auch auf Messen oder Landesfachtagen. Vormittags besuche ich einzelne Schulen, durchschnittlich drei pro Tag.

Um meinen Beruf auszuüben, muss ich viel reisen. Dadurch komme ich aber auch viel rum: Neulich habe ich zum Beispiel die Schulen auf Fehmarn besucht. Außerdem bin ich natürlich Ansprechpartnerin vor Ort für alle Lehrer, egal, ob sie Fragen zum Inhalt der Bücher haben, Hilfe bei der Software brauchen oder Anregungen haben.

Sandra Conrads, 30, ist seit anderthalb Jahren für die Kundengruppe VW / Audi bei Pierburg Pump Technology GmbH zuständig. Sie verkauft Kühlmittelpumpen, Vakuumpumpen und Ölpumpen.

Im Industrievertrieb ist technisches Wissen unerlässlich, denn bei meinen Kunden habe ich es mit Fachleuten zu tun. Um mit ihnen reden zu können, muss ich meine Produkte in- und auswendig kennen. Deshalb stehe ich intern in engem Kontakt zur Entwicklung sowie zu Einkauf, Fertigung und Logistik. So bin ich immer auf dem neuesten

Stand. Sobald wir Produktideen und Innovationen haben, stelle ich die unseren Ansprechpartnern bei den Kunden in Präsentationen vor. […]

Kristian Koch, 30, ist seit Anfang 2008 im Außendienst für Novartis Pharma tätig.

Ich bin Klinikreferent in Hamburg, das heißt, meine Kunden sind hauptsächlich Krankenhäuser. In der Klinik entscheidet eine Arzneimittelkommission darüber, welche Präparate eingesetzt werden können. Ich muss also nicht jeden einzelnen Arzt überzeugen. […] Das Beste an meinem Job ist die gute Mischung aus Wissenschaft und Verkaufen. Als Pharmareferent verkaufe ich natürlich nicht im engeren Sinne – ich berate. Um die Ärzte von der Wirksamkeit unserer neuen Produkte zu überzeugen, muss ich sie so fundiert wie möglich mit Studien und Infobroschüren informieren. […]

aus: Hochschulanzeiger

b | Suchen Sie und ergänzen Sie bitte die Sätze.

Frau Hötte musste nach Schleswig-Holstein ziehen, um …
Und sie muss viel reisen, um …
Um …, muss Herr Koch sehr kompetent über Präparate informieren.
Frau Conrads muss ihre Produkte in- und auswendig kennen, um …

> **Ziel angeben: *um zu* + Infinitiv**
>
> **Um** den Kunden **zu** überzeugen, muss man ihn gut beraten.
> Man muss seine Produkte sehr gut kennen, **um** sie überzeugend **zu** präsentieren.
> **Um** den Job machen **zu** können, muss man manchmal umziehen.

c | Welche Anforderungen stellt der Beruf im Außendienst? Lesen Sie noch einmal und notieren Sie Stichworte.

⤷ AB 12–13

14 Was sagt die Körpersprache?

Sehen Sie die Fotos an. Welche „Fehler" machen die Personen beim Präsentieren? Wer macht es gut?

→ AB 14
→ IS 23 / 4

15 Vielen Dank für Ihre Aufmerksamkeit!

1 ●_28 a | Hören Sie Auszüge aus einer Präsentation. In welcher Reihenfolge hören Sie sie? Nummerieren Sie bitte.

☐ Begrüßung
☐ Einleitung in das Thema
☐ eine Grafik erläutern
☐ Übergang zum nächsten Thema

☐ Zwischenfragen abwehren
☐ Zusammenfassung
☐ Schluss

b | Zu welchem Teil gehören folgende Sätze? Ordnen Sie bitte zu.

An dieser Stelle möchte ich meine Präsentation abschließen.

Ich komme jetzt zur nächsten Frage.

Alle wichtigen Informationen finden Sie auch in Ihren Handouts.

Vielen Dank für Ihre Frage. Ich würde darauf gern später zurückkommen.

Die folgende Grafik informiert über die aktuelle Entwicklung.

Guten Tag, mein Name ist … und ich freue mich, Ihnen … vorstellen zu dürfen.

Vielen Dank für Ihre Aufmerksamkeit. Ich bin gern bereit, Ihre Fragen zu beantworten.

→ AB 15

16 Praktisch!?

1 _29 a | Zwei Verkäufer präsentieren das gleiche Produkt – welcher klingt überzeugender und warum? Hören Sie bitte.

Meine sehr verehrten Damen und Herren,
wer von Ihnen läuft denn zu Hause mit schmutzigen Straßenschuhen übers Parkett? Das tut sicher niemand, denn keiner möchte den Schmutz von der Straße im Haus haben. Man schlüpft in weiche und bequeme Pantoffeln. Das schont den Fußboden! Aber gerade haben Sie gemütlich in Ihrem Fernsehsessel Platz genommen – da sehen Sie eine dicke Staubschicht auf Ihrem Parkett. Jetzt müssen Sie wieder aufstehen, ein Staubtuch holen, sich auf den Boden knien und putzen. Tag für Tag! Macht Ihnen das Spaß? Ich denke, nein.

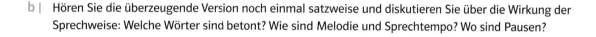

Aber hier habe ich etwas, das Ihnen ganz bestimmt Spaß macht: Es ist bequem und warm und nimmt Ihnen außerdem noch die Arbeit ab. Hier sehen Sie unser Produkt im fröhlichen Karomuster: kuschelige und praktische Putzpantoffeln. Es sind eigentlich ganz normale Pantoffeln, aber sie haben eine dicke Sohle aus Mikrofaser. Und damit entfernen Sie nun Schritt für Schritt den Staub von Ihrem Fußboden. Sie brauchen weder Eimer noch Schrubber, Besen oder Lappen. Ihr Fußboden wird ganz von allein sauber.

Die Pantoffeln gibt es in acht verschiedenen Farben und Designs. Und für 10 Euro sind sie auch noch sehr preiswert. Also, worauf warten Sie noch?

b | Hören Sie die überzeugende Version noch einmal satzweise und diskutieren Sie über die Wirkung der Sprechweise: Welche Wörter sind betont? Wie sind Melodie und Sprechtempo? Wo sind Pausen?

c | Imitieren Sie die Sprechweise satzweise und schauen Sie die anderen dabei an. Variieren Sie dann auch Ihre Sprechweise und diskutieren Sie über die Wirkung.

17 Das muss jeder haben!

a | Was ist für Sie ein wichtiger Gegenstand, den jeder haben sollte? Bereiten Sie eine Präsentation vor:

- Überlegen Sie die Vorteile und den Nutzen des Gegenstandes.
- Machen Sie Notizen. Fertigen Sie 1–2 Folien an.
- Präsentieren Sie Ihren Gegenstand in der Gruppe.

⇨ AB 16

b | Machen Sie im Anschluss an die Präsentationen eine Umfrage: Welchen Gegenstand finden die meisten besonders wichtig / nützlich / originell?

◼ Damals, als ich ...

1 🔊 _30   a | Hören Sie das Gedicht von Ernst Jandl. Wie alt war er, als er das Gedicht schrieb?

      b | Schreiben Sie ein eigenes Gedicht. Ergänzen Sie wichtige Ereignisse aus Ihrem Leben.

Als ich ... war, ...

Jetzt bin ich gespannt.

◼ Deutschland wird alt

a | Wie verändert sich die demografische Situation? Warum? Lesen Sie und beschreiben Sie die Statistik.

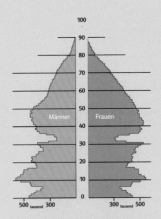

Altersbaum 1950; Quelle: 10. koordinierte
Bevölkerungsvorausberechnung

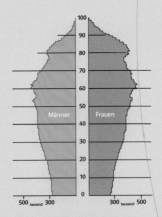

Altersbaum 2050; Quelle: 10. koordinierte
Bevölkerungsvorausberechnung

b | Welche Konsequenzen aus dieser Entwicklung sind denkbar? Sammeln und diskutieren Sie. Vergleichen Sie mit anderen Ländern.

 FOKUS LANDESKUNDE

In den D-A-CH-Ländern bieten Verbraucherschutzorganisationen (in Österreich und der Schweiz Konsumentenschutz) Beratung und Information zu den Themen Bauen und Wohnen, Geld und Versicherunge, Gesundheit und Ernährung, Handel und Wettbewerb, Produktsicherheit und Normung, Reise und Verkehr, Telekommunikation und Med, Umwelt und Energie. Die Verbraucherzentralen helfen auch bei Rec problemen und vertreten die Interessen der Verbraucher.

Jahreszeitengedichte

a | Wählen Sie ein Gedicht. Mit welchen Wörtern, Bildern, Klängen wird die Jahreszeit beschrieben?
Wie ist die Stimmung? Sammeln Sie.

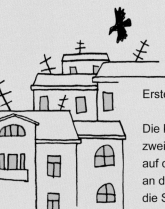

Erster Frühlingstag

Die kürzeste Verbindung zwischen
zwei Hustenanfällen: ein Lungenzug
auf dem Balkon. Es ist so still
an diesem Morgen, die Antennen funkeln,
die Satellitenschüsseln leuchten,
der Nachbar lauscht seinen Geranien.
Ich schwanke noch zwischen Sehnsucht
und Schlaf. Über dem Dachfirst kreist
eine Krähe. „Aasfresser" ruf ich zum
Himmel hinauf. Heute ist Frühling,
und mich kriegst du nicht.

(von Hans-Ulrich Treichel)

Sommerlich

Die Welt ist grün. Bäume stützen sie.
Milder kühler Wind liebkost alles Lebende.
Ein Feld winkt mit langen Maisblättern.
Heimliches Leuchten der Königskerzen
zur Sonne.
Die Zeit duftet nach Walderdbeeren und Heu.
Und der Wegwartenhimmel blaut und blaut.

(von Marian Nakitsch)

heimwärts in Bern
die schneegefährten bündeln ihr weiß
hinter dem nebel. Später november
in Bern. Der abend
stellt sätze ins fenster. „Die
Berge", sagt Elisabeth,
bereiten sich auf Weihnachten vor".

Das licht schnürt uns den kinderschuh & bald
ist gestern. Ein schneedocht & brennt

(von José F. A. Oliver)

Herbst

Der Herbst färbt die toten Blätter
Und legt den Finger auf den Mund –
Stirbt es sich leichter bunt?
Im Fluß die Fische werden fetter
Der Winter kommt, die Zeit ist wund.

(von Inge Müller)

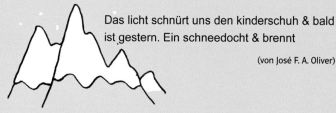

b | Wählen Sie einen Dichter. Recherchieren Sie die Biografie und die wichtigsten Werke. Machen Sie eine
Präsentation im Kurs.

c | Bringen Sie Jahreszeitengedichte aus Ihrem Land mit. Tragen Sie die Gedichte vor. Mit welchen Wörtern,
Bildern, Klängen wird die Jahreszeit dort beschrieben? Wie ist die Stimmung? Vergleichen Sie.

24 Der Ton macht die Musik

1 Der richtige Ton

a | Sehen Sie bitte die Fotos an. Welche Sätze sind in den Situationen passend? Wählen Sie aus und ergänzen Sie weitere.

> Könnte ich mich bitte setzen? | Still! Ruhe jetzt! | Darf ich Sie unterbrechen? | Steh auf! |
> Platz da! Ich hab's eilig! | Jetzt rede ich. | Wie peinlich! Das tut mir jetzt aber leid. |
> Könnten Sie Ihre Unterhaltung woanders fortsetzen? | Jetzt bin ich dran. | Entschuldigung,
> ich habe reserviert. | Stellen Sie sich nicht so an. | Entschuldigen Sie bitte, ich muss durch.

b | Welche Wendungen sind freundlich / höflich und welche sind unfreundlich / frech? Markieren Sie bitte in zwei Farben.

c | Welche Wendungen haben Sie schon einmal gehört? In welcher Situation? Tauschen Sie sich aus.

d | Haben Sie schon einmal erlebt, dass jemand mit Ihnen oder einer anderen Person nicht angemessen gesprochen hat? Gestalten Sie das leere Feld.

↳ AB 1

Kommunikative Lernziele:	Wortschatz und Strukturen:
▪ an einer Arbeitsbesprechung teilnehmen	▪ Funktionen und Bereiche in einem Unternehmen
▪ ein Protokoll verstehen / verfassen	▪ Verkehrssünden
▪ ein Firmen-Organigramm lesen	▪ Kunst und Kultur
▪ sich in einer neuen Firma zurechtfinden	▪ Relativsätze mit Präpositionen
▪ mit Beamten angemessen sprechen	▪ Höfliche Sprache: Konjunktiv II
▪ formelle und informelle Sprache bei Ärger	▪ Sätze mit *obwohl* und *trotzdem*
▪ verschiedene Sprachregister beherrschen	▪ Komparativ und Superlativ vor Nomen
▪ Kulturtipps geben	▪ phonetische Mittel für höfliche Sprechweise
▪ ein Bild beschreiben	

Zusatzmaterial: Kulturprogramm (Ausklang)

2 In der Teamsitzung

a | Sehen Sie das Bild an. Was glauben Sie: Welche Begriffe fallen in der Teamsitzung? Wählen Sie aus.

die Lärmbelastung | der Dienstplan | der Parkplatz | die Baustelle | der Staub | der Husten |
die Beschwerden | die Klimaanlage | die Verabredung | die Bauarbeiten | das Protokoll

1 _31 b | Hören Sie die Teamsitzung und vergleichen Sie mit Ihren Vermutungen.

c | Welche Aussagen treffen auf Markus zu? Hören Sie noch einmal und kreuzen Sie bitte an.

☐ Markus findet den Lärm unerträglich.
☐ Er hat fast eine halbe Stunde lang einen Parkplatz gesucht.
☐ Er kommt morgen mit dem Fahrrad zur Arbeit.
☐ Er soll an die Klinikleitung schreiben.
☐ Er will auf eine Ausstellungseröffnung gehen.
☐ Er bringt Sekt und Häppchen mit.

d | Schreiben Sie die E-Mail für Markus an die Klinikleitung. Die Formulierungen helfen.

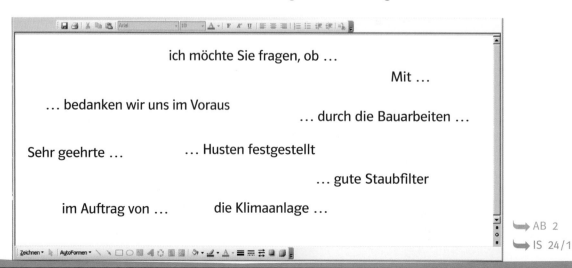

AB 2
IS 24/1

3 Eine Unternehmensversammlung

a | Haben Sie schon einmal an einer Unternehmens-
versammlung teilgenommen? Wer lädt dazu ein?
Wer nimmt daran teil? Wann findet sie statt?
Was wird dort besprochen? Tauschen Sie sich aus.

1 ●_32   b | Hören Sie den Beitrag des Geschäftsführers. Welche Zusammenfassung ist richtig? Kreuzen Sie an.

   ☐ Der Betrieb hat eine neue Abteilung in Asien eröffnet und sucht zehn Mitarbeiter, die
dort arbeiten. Die Mitarbeiter müssen dort Nachtschichten machen und sollten keinen
Urlaub nehmen.

   ☐ Der Betrieb hat mehr Aufträge aus Asien und muss deshalb umstrukturieren. Es gibt eine
neue Abteilung. Die Mitarbeiter müssen mehr arbeiten und sollten keinen Urlaub
nehmen.

   ☐ Weil die Konjunktur schlecht ist, gibt es einen neuen Abteilungsleiter. Er sucht qualifizier-
tes Personal, das in den ersten acht Wochen keinen Urlaub nehmen soll.

1 ●_33   c | Hören Sie die Redebeiträge des Abteilungsleiters, der Betriebsrätin und eines Mitarbeiters. Wer sagt was?
Verbinden Sie bitte.

                          ○ Mehr Geld für mehr Arbeit.
                          ○ Ich danke der Geschäftsleitung für das Vertrauen.
Abteilungsleiter ○   ○ Liebe Kolleginnen und Kollegen,
Betriebsrätin ○   ○ Ich freue mich, dass unsere Arbeitsplätze gesichert sind.
Mitarbeiter ○   ○ Ich freue mich auf die Zusammenarbeit.
                          ○ Wendet euch vertrauensvoll an mich.
                          ○ Liebe Mitarbeiterinnen und Mitarbeiter,
                          ○ Ich brauche nächsten Monat Urlaub.

4 Wäre es möglich?

a | Sie können keine Überstunden machen, weil Sie neben der Arbeit einen Deutschkurs besuchen. Sie möchten
aber auch Engagement im Job zeigen. Planen Sie einen Redebeitrag, machen Sie sich Notizen.

- Es tut mir leid, dass …
- Ich bin dafür / dagegen, dass …
- Könnte ich vielleicht …?
- Wäre es möglich, dass …?

- Ich bitte um Ihr Verständnis …
- … einen Kompromiss finden.
- Es ist verständlich, dass …
- Ich verstehe nicht, warum …

b | Tragen Sie Ihren Beitrag vor. Die Gruppe entscheidet: Wer vertritt seine Interessen am besten, ohne seinen
Arbeitsplatz zu gefährden? Warum?

➥ AB 3

5 TOPs und To do's

a | Was glauben Sie: Was ist ein TOP? Überfliegen Sie das Protokoll und kreuzen Sie bitte an.

☐ Tagesordnungspunkt ☐ Tagungsorganisationsprotokoll ☐ Teamordnungsphilosophie

b | Lesen Sie jetzt die TOPs genau. Welche Aufgaben müssen erledigt werden? Ergänzen Sie sie im Protokoll.

> Lieferung annehmen | Freizeitausgleich beantragen | ~~Probleme auflisten~~ |
> Teilnahmepflicht besteht | neuen Dienstplan schreiben | Kundendienst begleiten |
> Termin vereinbaren

Ergebnisprotokoll

Anlass: Teamsitzung Abteilung Hartkäse 2

Datum, Zeit: 26.09.2011, 9–11 Uhr

anwesend: Schneider, Demirkol, Jankovic, Merz; entschuldigt: Hansen

Protokollant: Merz

Thema	Inhalte / Entscheidungen	To-do-Liste: Verantwortliche, Termine
TOP 1: Probleme Käsepresse	• Probleme mit der neuen Käsepresse • Lieferung Ersatzteile 5.10. • Reparatur durch Kundendienst 7.10.	• Merz *listet Probleme auf* • Demirkol _____ • Schneider und Demirkol _____
TOP 2: Abbau Überstunden	• Überstunden in KW 39 und 40 abbauen • Nachtschichten entfallen	• alle Mitarbeiter _____ • Jankovic _____
TOP 3: Sicherheitsunterweisung	• Begehung mit Sicherheitsbeauftragtem • Sicherheitsunterweisung im Oktober	• Merz _____ • für alle Mitarbeiter _____
TOP 4: _____	• _____ • _____	• _____

Nächste Teambesprechung: 24.10.2011

B. Merz, 27.09.2011

c | Hören Sie TOP 4 und notieren Sie beim Hören Stichwörter. Was ist wichtig? Fassen Sie die Informationen im Protokoll zusammen.

⮫ AB 4–5

6 Ein Firmen-Organigramm

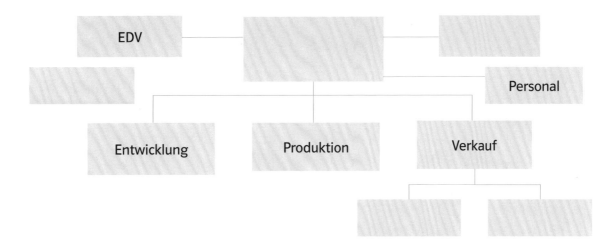

a | Wer hat welche Funktion in einem Produktionsunternehmen? Lesen Sie bitte die Aussagen und ergänzen Sie das Organigramm.

Die Geschäftsleitung ist die höchste Ebene im Unternehmen, auf der alle wichtigen Entscheidungen getroffen werden.
Der Verkauf ist ein wichtiger Bereich in jedem Betrieb, zu dem Marketing und Vertrieb zählen.
Das Controlling unterstützt die Geschäftsleitung, mit der sie bei der Planung und Überwachung der Finanzen eng zusammenarbeitet.
Der Betriebsrat wird von den Mitarbeitern gewählt, für die er sich einsetzt.

b | Markieren Sie die Relativpronomen und Bezugsnomen in den Sätzen. Was stellen Sie fest?

c | Kennen Sie Unternehmen mit anderen Funktionen und Abteilungen? Wie ist es in anderen Ländern? Berichten Sie bitte.

→ AB 6–8
→ IS 24/2

> **Relativsätze mit Präpositionen**
>
> ein Mensch, zu dem man Vertrauen hat
> ein Ziel, für das man alles tut
> eine Person, mit der man spricht
> Leute, an die man sich wendet

7 Fragen zum Unternehmen

 1 _35　a | Hören Sie Situationen mit Personen an ihrem ersten Arbeitstag. Welche Fragen haben sie? Notieren Sie Stichwörter.

　b | Was muss man noch wissen, wenn man neu in einer Firma ist? Sammeln Sie zu den Punkten Fragen.

Gebäude: Lager, Aufenthaltsraum, Personaltoilette, …
Ansprechpartner: Bestellungen, Telefonanlage, …
regelmäßige Termine: Mitarbeiterversammlungen, Sprechstunden Betriebsrat, …
Arbeitszeiten: Arbeitszeiterfassung, Gleitzeit, Urlaubsregelungen, …

8 | Führerschein und Fahrzeugpapiere bitte!

a | Sehen Sie das Bild an. Was glauben Sie: Warum hält der Polizist Markus an? Spekulieren Sie.

betrunken sein | eine Führerscheinkontrolle | zu schnell fahren | über eine rote Ampel fahren |
den Polizisten beleidigen | einen Autofahrer beschimpfen | falsch parken | …

1 💿 _36   b | Hören Sie bitte. Waren Ihre Vermutungen richtig? Rekonstruieren Sie die Szene, ergänzen Sie die Sätze.

Markus hat einen Strafzettel bekommen, weil …
Er ärgert sich und muss sich beeilen, damit …
Er versteht das Navigationsgerät falsch und …
Die Ampel ist grün, aber …
Er wird von der Polizei angehalten, weil …
Er muss seine Autopapiere vorzeigen und wahrscheinlich …

c | Wie spricht Markus mit sich selbst allein im Auto? Wie spricht er mit dem Polizisten? Hören Sie noch einmal
und wählen Sie aus.

aggressiv | schüchtern | höflich | wütend | ängstlich | ungeduldig | vorsichtig | aufgeregt |
unsicher | …

d | Markus nennt den Autofahrer *Trottel*. Darf man das zu jemandem sagen? Wie ist Ihre Meinung dazu?

9 Beamtenbeleidigung

a | Was passiert, wenn man einen Beamten beleidigt? Lesen Sie die Aussagen und überprüfen Sie sie im Text.

	richtig	falsch
1. Für Beamtenbeleidigung kann es Geld- oder Haftstrafen geben.	☐	☐
2. Je nach Beleidigung gibt es eine bestimmte Strafe.	☐	☐
3. Wenn man wenig verdient, bezahlt man für eine Beleidigung eher weniger.	☐	☐
4. Außer der Strafe muss man auch Kosten für das Gerichtsverfahren bezahlen.	☐	☐

In der Regel muss man bei Beamtenbeleidigungen mit Geldstrafen rechnen. Bei Wiederholungstätern kann es sogar zu kurzen Haftstrafen von circa drei Monaten kommen. In jedem Fall muss man für die Beleidigung mehr oder weniger stark in die Tasche greifen. Allerdings gibt es keinen festen Betrag für bestimmte Beleidigungen. Die Richter entscheiden immer nach dem Einzelfall und dem Einkommen des Täters. So kann die Geldstrafe zwischen 150 und bis zu 6.000 Euro betragen. Zudem muss der Verurteilte auch noch die Kosten des Verfahrens tragen.

b | Lesen Sie die Beispiele für Beleidigungen. Was schätzen Sie, wie viel muss man bezahlen, wenn man einen Polizisten beleidigt? Diskutieren Sie. Vergleichen Sie dann mit der Lösung unten.

Zunge rausstrecken	150,- €
„Zu dumm zum Schreiben."	
„Was willst du, du Vogel?"	
„Dir hat wohl die Sonne das Gehirn verbrannt!"	
Duzen eines Polizisten	
Vogel zeigen	
Hand vor dem Gesicht wedeln (Scheibenwischer)	
„Trottel in Uniform"	
Mittelfinger zeigen	
Beschimpfung und Ohrfeige	

c | Was passiert in Ihrem Land, wenn Sie einen Polizisten beleidigen? Tauschen Sie sich aus.

➡ AB 9
➡ IS 24/3

FOKUS LANDESKUNDE

Beleidigungen sind in D-A-CH immer strafbar und können auch von Privatpersonen, im öffentlichen Raum und am Arbeitsplatz zu einer Anzeige und Strafe führen.

450,- €, 500,- €, 600,- €, 600,- €, 750,- €, 1000,- €, 1500,- €, 4000,- €, 6000,-

10 Das wäre wirklich sehr freundlich von Ihnen!

1 ⏺ _37 a | Herr Mayer hat vergessen, seine Monats-
fahrkarte rechtzeitig zu kaufen, und wird
in der U-Bahn kontrolliert. Hören Sie, wie
er mit dem Kontrolleur, mit einem anderen Fahrgast und mit seiner Frau spricht.
In welcher Reihenfolge spricht er mit den
Personen? Nummerieren Sie bitte.

☐ mit dem Fahrkarten-Kontrolleur
☐ mit einem anderen Fahrgast
☐ mit seiner Frau

b | Welche Redemittel benutzt er bei welcher Person? Hören Sie noch einmal. Schreiben Sie „K" für Kontrolleur,
„G" für Fahrgast und „F" für Frau.

☐ Ich bin total sauer!   ☐ Könnten Sie nicht eine Ausnahme machen?

☐ Das ist wirklich sehr ärgerlich.   ☐ So ein Idiot!

☐ Das tut mir furchtbar leid.   ☐ Das ist wirklich ungerecht.

☐ Ich kann ja nichts dafür.   ☐ Das wäre wirklich sehr freundlich von Ihnen.

☐ Das lass ich mir nicht gefallen!   ☐ Das ist ihm piepegal.

c | Wie finden Sie den Ton von Herrn Mayer zu seinen unterschiedlichen
Gesprächspartnern? Angemessen, übertrieben oder neutral? Was könnte
er noch in den Situationen sagen? Diskutieren Sie.

Höfliches Sprechen mit Konjunktiv II

Würden Sie mir das erklären?
Wäre das in Ordnung?
Hätten Sie Zeit für mich?
Könnten Sie mir helfen?
Dürfte ich Sie etwas fragen?

d | Spielen Sie die Situation in wechselnden Rollen.
Die anderen beurteilen, ob die Reaktionen angemessen sind.

➥ AB 10 – 12

Höflichkeit auf Reisen – sehr witzig!

1 🔊_38 a | Hören Sie die Dialoge mehrmals und markieren Sie in den schräg gedruckten Sätzen jeweils den Satzakzent und die Melodie (↘ oder ↗).

1. Am Ticketschalter

Reisender: *Ich hätte gerne eine Fahrkarte.*

Ticketverkäufer: Wo wollen Sie denn hinfahren?

Reisender: *Könnten Sie mir bitte erst mal alle Fahrkarten zeigen?* Ich suche mir dann eine aus.

2. Im Zugabteil

Reisende: *Würden Sie bitte mal das Fenster schließen?* Es ist so kalt draußen.

Reisender: Ja glauben Sie denn, dadurch wird es draußen wärmer?

3. Ticketkontrolle im Zug

Schaffner: *Dürfte ich bitte mal Ihr Ticket haben?*

Reisender: Nein, kaufen Sie sich doch selber eins.

4. Im Hotel

Urlauberin: *Hätten Sie noch ein Zimmer frei?*

Hotelmitarbeiter: Leider nein.

Urlauberin: *Hätten Sie ein Zimmer für die Bundeskanzlerin?*

Hotelmitarbeiter: Aber natürlich!

Urlauberin: *Würden Sie mir dann bitte ihr Zimmer geben?* Sie kommt heute nicht!

> **Höfliche Sprechweise**
>
> Sätze mit Konjunktiv können mehr oder weniger höflich klingen.
> weniger höflich = fallende Melodie ↘
> sehr höflich = steigende Melodie ↗

1 🔊_39 b | Wählen Sie einen Dialog und spielen Sie ihn vor. Achten Sie auf Betonung und Melodie sowie auf ö und ü in *könnte, dürfte, würde*. Ziehen Sie ein Kärtchen und sprechen Sie neutral, höflich oder übertrieben höflich wie im Muster.

> Würden Sie bitte mal das Fenster schließen?

neutral   höflich   übertrieben höflich

➡ AB 13

 Wählen Sie eine Aufgabe.

- Für welche Verkehrssünden – als Autofahrer, Fahrradfahrer, Fußgänger – bekommt man in Deutschland welche Strafen: Geldstrafen, Punkte in Flensburg, Führerscheinentzug? Recherchieren Sie und berichten Sie im Kurs.

- Schreiben Sie eine Szene mit dem Titel *Bei Ihnen piept's wohl, Herr Polizist!* Tragen Sie sie vor.

- Welche sprachlichen Mittel für Höflichkeit kennen Sie? Sammeln Sie und schreiben Sie Beispielsätze. Kennzeichnen Sie die Sätze: ☺☺ = sehr höflich, ☺ = höflich.

13 Auf der Ausstellungseröffnung

a | Sehen Sie das Bild genau an und beschreiben Sie es.

- Das Bild zeigt …
- Rechts | Links … | In der Mitte | Im Vordergrund | Im Hintergrund sieht man …
- Die Leute sind … An ihrer Kleidung | ihrem Gesichtsausdruck | … erkennt man, dass …
- … sieht … aus. Vermutlich …

Ein originellerer Satz fällt Ihnen nicht ein?

Sorry.

Am interessanteste[n] finde ich den Typ da hinten in der Ecke.

Na ja. Hab schon schönere Fotos gesehen.

Darf ich bitte durch?

Das ist mir wirklich peinlich. Wie kann ich das wiedergutmachen?

Die leckersten Häppchen sind schon weg.

Oh Verzeihung. Kennen wir uns nicht?

Wirklich schön! Die beste Ausstellung seit langem!

Nichts passiert.

Interessanter Typ.

 b | Was sagen die Personen? Ordnen Sie die Sprechblasen zu.

 c | Suchen Sie im Bild die interessanteste Person / das eleganteste Kleid / das schönste Bild / den jüngsten Gast / das leckerste Häppchen … und vergleichen Sie mit Ihrer Lernpartnerin / Ihrem Lernpartner.

- ■ Die Frau hier vorne hat das schönste Kleid.
- □ Findest du? Für mich hat die Frau ganz rechts das schönere Kleid an.

↪ AB 14–16

Komparativ und Superlativ vor Nomen

ein jüngerer Gast
der jüngste Gast
ein schöneres Kleid
das schönste Kleid
eine interessantere Person
die interessanteste Person

leckerere Häppchen
die leckersten Häppchen

14 Alles übertrieben!

1 🔘_40 a | Hören Sie und achten Sie auf die Aussprache von *st*, besonders in den schräg gedruckten Adjektiven. Was fällt Ihnen auf?

A Ach weißt du noch, damals … Das war wirklich die *wundervollste* und *interessanteste* Ausstellungseröffnung. Und wir zwei unter den *berühmtesten* Gästen …

B … und den *originellsten* Künstlern. Überall *teuerste* Gemälde, *wertvollste* Plastiken, …

A … *leckerste* Häppchen, *feinster* Sekt!

B Ja! Und du hattest das *schönste* und *eleganteste* Kleid an. Aus *feinstem* Stoff, in Stahlblau!

A Stahlblau? Na hör mal, es war rostrot. Frau Schmidt hatte ein Kleid in Stahlblau an …

b | Was ist richtig? Kreuzen Sie bitte an.

st in Superlativen wird ☐ wie *st* gesprochen ☐ wie [ʃ] in *Stoff* und *schön* gesprochen

c | Hören Sie noch einmal und achten Sie auf die betonten Wörter. Überlegen Sie: Sind viele oder wenige Wörter betont?

d | Spielen Sie den Dialog. Sprechen Sie die Sätze sehr übertrieben und ergänzen Sie auch eigene Beispiele. Beschreiben Sie dann *das tollste Haus, das gemütlichste Restaurant, die größte Stadt,* …

15 Voll schön!

1 🔘_41 a | Hören Sie bitte. In welchem Moment kommt Markus zur Ausstellungseröffnung?

b | Was trifft auf Markus, Jan, Claudia, Kerstin zu? Hören Sie noch einmal und verbinden Sie bitte.

○ flirtet.
Claudia ○   ○ eröffnet das Buffet.
Kerstin ○   ○ hat die Fotos gemacht.
Markus ○   ○ möchte Markus die Toskana zeigen.
Jan ○   ○ kommt zu spät und entschuldigt sich.
○ wartet auf Markus an der Tür.
○ hat besonders viel Pech.

c | Warum ruft Markus am Ende *Nein! Halt!*?

☐ Er bekommt wieder einen Strafzettel.
☐ Sein Auto wird gestohlen.
☐ Sein Auto wird abgeschleppt. → AB 17

16 Kurzkritiken

Wie war's bei …

… der Lesung von Frank Schätzing in der Liederhalle?

Chanan (20) „Es gab ein paar langweilige Stellen. Trotzdem war es alles in allem ein abwechslungsreicher Abend, an dem man sich gut unterhalten fühlte."

Manuel (27) „Richtig packen konnten mich die Exkurse des Autors nicht, da mir viele Sachverhalte schon bekannt waren."

André (22) „Unglaublich interessant! Ich mag solche Visionen. Egal ob realistisch oder fantastisch."

… dem Konzert von Jean Michel Jarre in der Porsche Arena?

Florian (26) „Der dritte Song war okay. Die erste Stunde war unterhaltsam, danach kam Langeweile auf."

Felix (17) „Super! Die Lichteffekte waren grandios. Aber schade, dass das Publikum danach so schnell gegangen ist."

Heiko (28) „Obwohl Jean Michel nicht mehr der Jüngste ist, ist er rumgehüpft wie ein Verrückter, der Hammer!"

… der Ausstellung zu „Brücke Bauhaus Blauer Reiter" in der Staatsgalerie?

Tina (21) „Eine sehr umfassende Ausstellung. Max Fischer hatte einfach einen einzigartigen Geschmack."

Sybille (27) „Für meinen Geschmack zu wenig „Bauhaus" und „Blauer Reiter". Trotzdem sind Munch und Kirchner sehr toll."

Gabrijel (29) „Obwohl ich ein Laie bin, was Kunst betrifft, kann ich diese Ausstellung empfehlen. Erstaunlich, welch große Werke Max Fischer besaß."

a | Lesen Sie. Welche Meinungen sind positiv, welche kritisch?

b | Mit welchen Wörtern beschreiben die Personen die Ereignisse? Sammeln Sie bitte.

c | An welchen Stellen finden Sie eine unerwartete Reaktion? Suchen Sie die Sätze.

d | Bei welchem kulturellen Ereignis waren Sie zuletzt? Schreiben Sie eine Kurzkritik.

➥ AB 18 – 20
➥ IS 24 / 4

Eine unerwartete Reaktion: *trotzdem* und *obwohl*

Ich interessiere mich nicht sehr für Kunst. Trotzdem fand ich die Ausstellung schön.
Obwohl ich mich nicht sehr für Kunst interessiere, fand ich die Ausstellung schön.

17 Welches Bild gefällt Ihnen?

Ernst Ludwig Kirchner: Mäher, die Brüder Müller. 1919

August Macke: Zwei Damen im Café. 1913/14

a | Lassen Sie die Bilder auf sich wirken. Welches Bild gefällt Ihnen? Warum? Machen Sie sich Gedanken.

lebendig

Thema? — Assoziationen? — Wirkung?

Bild

Stil? — Technik? — Farben?

b | Beschreiben Sie Ihrer Lernpartnerin / Ihrem Lernpartner, warum Ihnen das Bild gefällt.

- Auf mich wirkt das Bild ... Ich denke dabei an ... | Ich stelle mir vor, ...
- Mir gefällt ... besser. Es hat die schöneren Farben | die bessere Technik | das spannendere Thema | ...
- Für mich ist der Expressionismus eine spannende Epoche mit interessanten Künstlern, ...

c | Wählen Sie einen der beiden Künstler. Recherchieren Sie zu Leben und Werk.

- August Macke ist ... geboren. Er ...
- Ernst Ludwig Kirchner war ...

Eine klare Rollenverteilung ...

a | Sehen Sie das Bild an. Wie finden Sie die
Rollenverteilung? Wie ist Ihre Erfahrung
mit Unternehmensstrukturen?
Tauschen Sie sich aus.

b | Welche englischen Bezeichnungen kennen Sie,
haben Sie schon gehört? Wissen Sie, wie die
deutschen Bezeichnungen heißen?
Kennen Sie weitere?

Deutsch für Anfänger

a | Lesen Sie Wladimir Kaminers Text über Erfahrungen mit der deutschen Sprache. Um welche sprachliche
Besonderheit geht es? Fassen Sie die Anekdote mit Ihren Worten zusammen.

> Anders als in meiner Heimatsprache kann man im Deutschen alle Worte zusam-
> mensetzen, Substantive mit Adjektiven verbinden oder umgekehrt, man kann
> sogar neue Verben aus Substantiven ableiten. Dabei entstehen völlig neue Rede-
> wendungen, die aber von allen sofort verstanden werden. Anfangs experimentierte
> ich viel in der U-Bahn. Meine ersten Versuchskaninchen waren die Fahrschein-
> kontrolleure, die sich immer wieder gern auf einen komplizierten Wortaustausch
> einließen. ‚Ihr Kurzstreckentarif ist nach einer Zwanzigminutenstrecke abgelaufen‘,
> sagten sie zum Beispiel. ‚Ich habe den Langstreckentarif nicht gefunden und wollte
> nur einmal kurzstrecken, habe aber die Ausstiegsgelegenheit verpasst‘, antwortete
> ich. ‚Die können wir für Sie organisieren‘, meinten die Kontrolleure, ‚steigen Sie
> bitte aus.‘
>
> aus: Wladimir Kaminer, Ich mache mir Sorgen, Mama, 2004

b | Suchen Sie alle zusammengesetzten Wörter im Text. Was glauben Sie: Welches Wort gibt es nicht?

c | Welche Kontrollsituationen haben Sie schon in Deutschland erlebt? Wie haben Sie die Situationen sprach-
lich bewältigt? Erzählen Sie.

Kulturprogramm in Ihrer Stadt

a | Wo finden Sie in Ihrer Stadt das Kulturprogramm? In der Zeitung, in einem Magazin, online? Suchen Sie. Welche interessanten Veranstaltungen gibt es? Ergänzen Sie die Tabelle.

Literatur	
Theater	
Kabarett	
Ausstellungen	
Konzerte	
Klassik	

b | Stellen Sie Ihre besten Tipps in der Gruppe vor.

Flensburger Punkte

Was sind die Flensburger Punkte? Wählen Sie ein Thema und recherchieren Sie im Internet.

Bei gravierenden Verstößen gegen die Verkehrsordnung gibt es Punkte, die im Verkehrs-zentralregister in Flensburg gesammelt werden.
- Wofür bekommt man Flensburger Punkte? Wie viele bekommt man für welchen Verstoß?
- Bei wie vielen Punkten wird der Führerschein entzogen?
- Wie kann man Punkte tilgen? Wann verfallen sie?
- Wie kann man erfahren, wie viele Punkte man hat?

In einer Sonderausstellung wurden in Flensburg Punkte aus Kunst und Design gezeigt.
- Wo und wann fand die Ausstellung statt?
- Was wurde dort gezeigt?
- Was finden Sie besonders interessant?

1 Wer möchte etwas bewegen?

a | Sehen Sie die Schilder an. Welche Organisationen / Einrichtungen kennen Sie?
Welche gibt es auch in Ihrer Stadt? Was wissen Sie über sie? Tauschen Sie sich darüber aus.

b | Wer engagiert sich wo und warum? Lesen Sie die Aussagen und ordnen Sie sie den Schildern zu.

„Ich engagiere mich in der Partei, weil ich mich nicht nur über die Politik ärgern, sondern sie mitgestalten will."

„Ich finde es wichtig, dass wir Studenten mitreden und unsere Interessen vertreten. Darum bin ich im Studentenparlament."

„Ich möchte mich für ein gleichberechtigtes Zusammenleben von Deutschen und Nicht-Deutschen einsetzen."

„Jeden Tag werden in vielen Ländern der Welt die Menschenrechte verletzt. Ich möchte etwas dagegen unternehmen."

„Ich habe einen Stammtisch für Spanisch gegründet, um meine Sprachkenntnisse zu verbessern und Kontakte mit Muttersprachlern zu knüpfen."

„Ich möchte etwas bewegen und nicht zu den Leuten gehören, die sich jeden Tag im Job aufregen und immer nur alles auf „die da oben" schieben."

„In unserem Verein machen wir uns für Familien und Alleinerziehende stark."

„Ich habe drei Kinder und da liegt es mir sehr am Herzen, mich für die Umwelt und die Zukunft unserer Kinder einzusetzen."

c | In welcher Organisation / welchem Verein waren / sind Sie Mitglied? Wo würden Sie gern mitmachen?
Gestalten Sie das leere Feld.

- Ich engagiere mich für …, weil …

- Ich möchte gern Mitglied in … werden, weil …

- … kann man …, deshalb …

- Ich habe mich früher regelmäßig mit … getroffen, um … zu …

AB 1

⑤

⑥

⑦

⑧

Kommunikative Lernziele:	Wortschatz und Strukturen:
- Anzeigen lesen und Kontakt mit Gleich- gesinnten knüpfen	- Freizeitaktivitäten
- Plakate lesen und über Möglichkeiten des politischen Engagements sprechen	- Parteien und Organisationen
- sich wehren und Hilfe anbieten	- typische Floskeln in Bewerbungen
- sich über Parteien und Politik äußern	- Relativsatz mit *wer / was / wo*
- Ausreden formulieren	- irreale Bedingungen: Konjunktiv II
- eine Statistik verstehen	- Bedingungssatz mit und ohne *wenn*
- Stellenanzeigen analysieren	- Sätze mit *denn*
- eigene Kompetenzen angeben	- Wortgruppen zwischen Pausen
- Gründe in einer Bewerbung angeben	- phonetische Mittel der ärgerlichen Sprechweise

Sport & Spiel

Malen & Fotografieren

Theater & Literatur

2 Gleichgesinnte gesucht

a | Sehen Sie die Fotos an. Wofür interessieren Sie sich? Gehen Sie im Kurs herum und suchen Sie Gleichgesinnte.

- ▪ Fotografieren Sie / Fotografierst du / … auch gerne?
- ▪ Interessieren Sie sich / Interessierst du dich für …?
- ▪ Lieben Sie / Liebst du auch …?
- ▪ …

b | Sammeln Sie in Ihren Gruppen Wörter zu Ihrem Bereich.

Bühne

auswendig lernen

Theaterstück ———— **Theater** ———— *Schauspieler*

Ab dem 10. April treffen sich **Läu-ferinnen und Läufer** jeden Samstag um 16:00 Uhr beim Parkplatz am Russischen Friedhof, Pleidelsheim. Jeder, der sich dem Lauftreff anschließen möchte, ist herzlich eingeladen. *Ansprechpartner*

Begleitung (w/m) gesucht. Ich (Anfang 30, m) bin Literaturfan und gehe deswegen häufiger in Theatervorstellungen und Lesungen. Wer (w/m) hat Lust, mal mitzukommen? *Mehr*

Jung gebliebener Opa, 58, sucht Gleichgesinnte, so etwa in meinem Alter, die Interesse haben, mit mir zusammen Gitarre zu spielen.

Oder wir gründen zusammen eine Oldie-Band:-)) *Oldie*

Suche Tanzpartnerin. Welche nette Sie im Raum Wiesbaden möchte mit mir (m., Anfang 40, 1,90 m) einen Grundkurs machen oder kann schon tanzen und bringt es mir bei? *Melde dich*

Sportkegelclub sucht Verstärkung. Wir kegeln dienstags im Turnerheim Moosbach von 17:00– 20:00 Uhr. Der Spaß steht im Vordergrund, wir sind reine Amateure. Ab 18 Jahren. *Kontakt*

Handarbeitsbegeisterte aufgepasst! Wir sind eine kleine Gruppe

und treffen uns 14-tägig im Gemeindehaus Husum zum Handarbeiten. Jeder ist willkommen. *Handarbeitskreis*

Singen in Gemeinschaft macht gute Laune und vertreibt Ärger und Stress! Der gemischte Chor des CVJM Leipzig e.V. sucht neue Sänger und Sängerinnen. Geistliche und weltliche Chorliteratur, aber auch Gospel und Pop gehören zum Repertoire. *Mehr*

Wer möchte mit mir einen **Fotostammtisch** gründen, wo man sich in ungezwungener Runde trifft, um Bilder, Themen oder technische Fragen zu besprechen?

Handarbeit & Basteln

Sprachen & Kultur

Musik & Tanz

c | Suchen Sie Anzeigen, die zu Ihrem Bereich passen. Was möchten Sie noch wissen? Sammeln Sie Fragen und schreiben Sie eine E-Mail.

d | Ergänzen Sie bitte die Sätze mit *wer, was, wo*.

⌐⎯⎯⎯⎯⌐ Spaß am Malen hat, ist herzlich willkommen.

Alles, ⌐⎯⎯⎯⌐ du brauchst, ist Spielfreude.

Dort, ⌐⎯⎯⎯⌐ ich wohne, gibt es ein nettes Café.

Ich bin nicht das, ⌐⎯⎯⎯⌐ man ein Sprachgenie nennt.

Relativsatz mit *wer / was / wo*

Wer singen kann, ist bei uns richtig.

Kegeln wäre etwas, was mir Spaß machen würde.

Alles, was du über Frankreich weißt, interessiert mich.

Das ist der ideale Ort, an dem / wo man nette Leute trifft.

Da, wo ich arbeite, gibt es ein Kulturzentrum.

e | Sie sind neu in der Stadt und suchen Gleichgesinnte oder möchten eine Interessengemeinschaft gründen. Schreiben Sie eine Anzeige. Nutzen Sie Ihre Wörtersammlung.

➥ AB 2–5

Jeder, der in irgendeiner Weise Spaß an Fotografie hat, ist willkommen. *Fotorunde*

Hallo, bin Neubürger in Rosenheim und suche **Schiffsmodellbauer** (RC) für Erfahrungsaustausch. Wäre über kurze Mail dankbar. Ich antworte bestimmt! *Kontakt*

Bonjour! Ich bin nicht gerade das, was man ein Sprachgenie nennt, aber ich liebe alles, was mit Frankreich zu tun hat: Filme, Kunst, Essen, Wein, … Wer teilt mit mir diese Leidenschaft? *Kontakt*

Hallo! Wir suchen nette **Mitspieler** für gelegentliche Spieleabende

am Wochenende. Wir treffen uns in Düsseldorf-Mettmann. Wir sind alle so Ende 30 und ganz nett. Und wir beißen auch nicht – wir wollen nur Spielen … *Spiele*

Deutsch-Englisch im Tandem. Ich, w, Mitte 50, lerne Englisch und kenne mich gut in Berlin aus. Wer möchte einen Austausch in Englisch-Deutsch und dabei die Hauptstadt kennen lernen? Dort, wo ich wohne, gibt es ein nettes Café für ein erstes Treffen. *Tandempartner*

Für unseren Verein „Theater Firlefanz" suchen wir Schauspieler und solche, die es werden wollen,

im Alter von 18 bis 88 Jahren. Anfänger sind ebenso willkommen wie Fortgeschrittene. Alles, was du brauchst, ist Spielfreude. Wer sich nicht auf eine Bühne traut, kann uns sehr gerne bei den Arbeiten rund um die Proben und Vorstellungen helfen. Nur Mut! *Kontakt*

Ab Oktober gründet sich eine neue **Malgruppe** im Kulturzentrum Erfurt. Die Gruppe trifft sich immer montags von 18:00 bis 20:00 Uhr. Wer Spaß am Malen, besonders an Aquarellmalerei hat, ist herzlich willkommen. Stichwort *Malspaß*

3 ## Schluss mit der Langeweile!

1 🔘_42   a | Hören Sie und markieren Sie Pausen und betonte Wörter in den schräg gedruckten Sätzen.

Geh wandern!　　*Alles, was du brauchst, / sind Schuhe.*

Geh tanzen!　　*Alles, was du brauchst, ist etwas Mut.*

Hör Mozart!　　*Alles, was du brauchst, ist Ruhe.*

Geh kegeln!　　　Dafür wären ein paar nette Freunde gut.

Lern stricken!　　*Alles, was du brauchst, ist etwas Wolle.*

Spiel Karten!　　*Alles, was du brauchst, sind noch zwei Mann.*

Oder Theater!　　*Alles, was du brauchst, ist eine Rolle.*

Wer Spaß an etwas hat, fängt heut' noch damit an!

b | Hören Sie noch einmal und sprechen Sie dann mit verteilten Rollen nachdrücklich wie im Muster. Achten Sie darauf, die Wortgruppen zusammenhängend zu sprechen.

c | Machen Sie sich gegenseitig Vorschläge für Freizeitbeschäftigungen.

> **Wortgruppen zwischen Pausen**
>
> Wortgruppen zwischen Pausen werden zusammenhängend gesprochen, d.h. man hört die Wortgrenzen nicht:
> Alleswasdubrauchst …
>
> Pausen macht man meist, aber nicht immer an Satzzeichen:
> Alles, was du brauchst, / sind Schuhe.

Spiel Schach! Alles, was du brauchst, ist ein Schachbrett.

Mal ein Bild! Alles, was du brauchst, …

↪ AB 6

4 ## Schon wieder in Facebook?!

a | Sehen Sie das Bild an. Was glauben Sie: Was machen Lisa und Lukas am Computer?

eine CD brennen | Kontakte knüpfen | Jobangebote suchen | sich über aktuelle Ereignisse informieren | berufliche Daten auf Facebook aktualisieren | sich mit Gleichgesinnten austauschen | …

1 🔘_43   b | Hören Sie bitte. Wofür nutzen Lukas und Lisa die sozialen Netzwerke?

c | Hören Sie noch einmal. Warum gibt es in Neustadt eine Demonstration?

5 Demonstrieren

a | Wofür / Wogegen wird demonstriert? Sehen Sie die Plakate an und notieren Sie die Themen.

b | Wofür gehen die Leute in Deutschland und in Ihrem Land auf die Straße? Sammeln Sie weitere Themen.

c | Was halten Sie von Demonstrationen? Waren Sie schon einmal auf einer? Für welches Thema würden Sie auf die Straße gehen? Wie und wo äußern Sie Ihre politische Meinung? Diskutieren Sie bitte.

- Ich finde es (nicht) wichtig, …
- Es ist eine gute Möglichkeit, …   seine Meinung öffentlich sagen
- Man kann …   sich politisch einmischen
                                             aktiv werden
- Es hat keinen Sinn, …   (nicht) viel erreichen
- Ich hätte Angst, …
- …   …

AB 7

IS 25 / 1

6   Das geht doch nicht!

1 _44   a | Was für Geräusche hören Sie? Notieren Sie bitte Stichwörter. Vergleichen Sie dann mit Ihrer Lernpartnerin / Ihrem Lernpartner. Wie stellen Sie sich die Szene vor?

1 _45   b | Sehen Sie das Bild an und hören Sie die ganze Szene. Was passiert? Worüber sprechen die Personen?

der Wickeltisch | die Windel |
die Herrentoilette | die Bewerbungsmappe |
die Demonstration | der Skandal |
das Flugblatt | die Kommunalwahl

▪ Lukas möchte …, weil …

c | Wie reagiert die Frau? Waren Sie schon einmal in einer Situation, wo jemand nicht besonders nett zu Ihnen war und Sie sich wehren mussten? Wie haben Sie reagiert? Erzählen Sie im Kurs.

7   Was denken Sie sich eigentlich?

1 _46   a | Hören Sie die Szene mehrmals. Welches Wort ist in den schräg gedruckten Sätzen am stärksten betont? Markieren Sie es bitte. Was fällt Ihnen außerdem noch an der Sprechweise auf?

Hallo, Sie da! *Was machen Sie denn da?*

Hallo! *Haben Sie ein Problem?*

Gehen Sie da weg!
Gehen Sie sofort da weg!

Was denken Sie sich eigentlich?
Das geht doch nicht.

Sind Sie verrückt? Geht's Ihnen nicht gut?

Das kann man doch nicht machen. Das geht gar nicht!

Da muss jemand die Polizei rufen. Das gibt's ja wohl nicht!

b | Verteilen Sie die Redemittel und spielen Sie die Szene. Sprechen Sie so ärgerlich wie im Muster.

8 Es reicht!

a | Sehen Sie die Bilder an. Kennen Sie solche Situationen? Wie kann der / die Betroffene reagieren? Diskutieren Sie.

b | Kennen Sie ähnliche Situationen? Beschreiben Sie sie.

- Es kommt häufig vor, dass …

- Mir ist aufgefallen, dass …

- Ich habe einmal beobachtet, wie …

belästigen
anschreien
anstarren
bedrängen

c | In welcher Situation würden Sie sich einmischen? Wie könnten Sie helfen? Überlegen Sie sich passende Sätze.

- Kann ich Ihnen helfen?

- Brauchen Sie Hilfe | Unterstützung?

- Hören Sie bitte auf!

- Lassen Sie bitte … in Ruhe.

- …

d | Wie ist das in Ihrem Land? Mischen sich die Leute ein? In welchen Situationen zeigen sie Zivilcourage?

⇒ AB 8

⇒ IS 25 / 2

9 Wählen Sie eine Aufgabe.

- Wählen Sie eine Situation, wo sich jemand wehren muss oder Hilfe braucht. Spielen Sie die Situation.

- Sie möchten an Ihrem Wohnort etwas ändern. Organisieren Sie eine Demonstration. Überlegen Sie sich einen Slogan, den Ort und den Zeitpunkt. Entwerfen Sie ein Plakat.

- Welche gesellschaftspolitischen Themen finden Sie besonders wichtig? Wie möchten Sie am politischen Leben in Deutschland teilnehmen? Machen Sie eine Gruppenumfrage. Präsentieren Sie die Ergebnisse.

10 Wenn ich wählen dürfte ...

Rund sieben Millionen Menschen in der Bundesrepublik haben keinen deutschen Pass. Bei der Bundestagswahl 2009 dürfen sie nicht wählen. sueddeutsche.de gibt ihnen eine Stimme. Lesen Sie hier, wen die folgenden Ausländer wählen würden und was sie von der deutschen Politik halten.

Von Jan Hendrik Hinzel

Pablo Ramirez aus Mexiko, 24 Jahre, Doktorand

In Deutschland bin ich seit zwei Jahren. Viel mit Politik habe ich mich bisher noch nicht beschäftigt, da ich ja nicht wählen darf. Aber ich glaube, ich würde die CDU oder die Grünen wählen. Das scheint zunächst vielleicht nicht zusammenzupassen. Aber ich glaube, die CDU wäre gut, um eine Kontinuität in der Regierung zu gewährleisten. Sie könnte Deutschland sicherlich gut aus der Krise führen. Bei den Grünen habe ich den Eindruck, dass sie sich sehr um Bildung und Forschung bemühen. Für mich ist das sehr wichtig, denn ich arbeite zurzeit an meiner Doktorarbeit im Bereich Immunologie.

Zlatko Baric aus Kroatien, 47 Jahre, Inhaber eines Friseursalons

Den großen Parteien glaube ich kein Wort mehr. Wenn ich schon höre, dass die SPD vier Millionen Arbeitsplätze schaffen möchte, lache ich mich tot. Das sind doch alles nur leere Versprechen. CDU und SPD blubbern nur vor sich hin. Nach der Wahl machen sie dann doch wieder etwas anderes. Mehr Ehrlichkeit wäre gut! Ich würde die FDP wählen. Sie ist liberaler, hat die besseren Pläne und ist noch nicht so verbraucht. Generell habe ich das Gefühl, dass in der Politik alles immer undurchschaubarer wird. Da blickt doch niemand mehr durch. Und dann erst die Europäische Union. Wo soll das alles noch hinführen?

a | Überfliegen Sie die Texte. Welche Parteien kommen vor? Sammeln Sie bitte. Kennen Sie die Parteien? Wofür stehen die Abkürzungen?

b | Arbeiten Sie zu zweit: Teilen Sie die Texte auf. Notieren Sie die Informationen.

Name, Alter, Nationalität, Beruf	Welche Partei würde die Person wählen?	Gründe	Einstellung zur Politik

c | Fassen Sie die Informationen zusammen.

- Wenn ... wählen dürfte, würde er / sie ..., weil ...

Irrealer Bedingungssatz mit *wenn*

Wenn ich die deutsche Staatsangehörigkeit hätte, würde ich zur Wahl gehen.
Wenn ich wählen könnte, würde ich für die CDU stimmen.

Katel Roger aus Frankreich, 30 Jahre, Angestellte in einem Modeunternehmen

Wenn ich hier wählen könnte, würde ich für Angela Merkels Partei, die CDU, stimmen. Ich denke, Merkel ist eine der wenigen politischen Figuren, die es geschafft hat, im Ausland ein positives und freundliches Bild von Deutschland zu vermitteln. Zudem finde ich, dass sie sich bisher recht gut geschlagen hat. Ich glaube auch, dass die meisten Deutschen ausnahmsweise mal zufrieden sind. Es gibt aber auch negative Dinge: Deutschland sollte – genau wie Frankreich – vorsichtiger sein, wenn es um gemeinsame Abkommen geht. Deutschland und Frankreich müssen die anderen europäischen Länder mehr in die Entscheidungsprozesse mit einbeziehen. Zu häufig agieren sie nach dem Motto: „Wir sind die stärksten Länder in Europa und wir entscheiden alles."

Ado Belic aus dem Kosovo, 40 Jahre, Kontrolleur im Versand eines Chemie-Unternehmens

Die meisten Leute, mit denen ich befreundet bin, wählen die Grünen oder die SPD. Darum würde ich wohl einer dieser beiden Parteien meine Stimme geben. Fast hätte ich bei dieser Wahl schon mitwählen dürfen. Aber wegen einer Kleinigkeit habe ich den Einbürgerungstest nicht bestanden. Ich bin schon seit 1993 in Deutschland. Damals hätte ich für die serbische Armee gegen Bosnien und Kroatien kämpfen müssen. Das wollte ich nicht, also bin ich nach Deutschland geflüchtet. Vor ein paar Wochen kam mein dritter Sohn zur Welt. Darum ist mir die Familienpolitik besonders wichtig. Mütter sollten Kind und Beruf besser vereinen können.

Rhea Demerzidou aus Griechenland, 46 Jahre, Bar- und Restaurantinhaberin

Politik in Deutschland interessiert mich nicht. Mit den politischen Verhältnissen in meinem Heimatland beschäftige ich mich ebenfalls nicht. Es ist sowieso sinnlos. Die Politiker machen dort nur, was sie wollen. Wenn man etwas für sich erreichen möchte, geht das über Beziehungen. Hier in Deutschland zählen Dinge wie Fleiß. Es gibt viel mehr Möglichkeiten und man kommt weiter, wenn man etwas kann. Darum habe ich mich auch entschlossen, hier zu bleiben.

Die Personen wurden von der Redaktion geändert.

d | Ergänzen Sie bitte.

- Wenn ich in Deutschland wählen dürfte, ...
- Wenn ich den deutschen Pass hätte, ...
- Wenn ich Politikerin / Politiker wäre, ...
- Wenn ich die Bundeskanzlerin / der Bundeskanzler wäre, ...

 e | Welche politischen Themen sind Ihnen wichtig? Schreiben Sie einen Text mit Ihrer eigenen Meinung und argumentieren Sie.

➡ AB 9 – 12

➡ IS 25 / 3

11 Nichts als Ausreden?!

1 🔘_47   a | Warum werden die Personen nicht aktiv? Hören Sie und verbinden Sie bitte.

1. Könnte ich besser Deutsch, ○   ○ würde ich in der Personalabteilung anrufen.

2. Wäre ich abends nicht so müde, ○   ○ würde ich mich trauen und einfach reingehen.

3. Wäre ich nicht so schüchtern, ○   ○ könnte ich mir die Arbeit vorstellen.

4. Würde ich dort jemanden kennen, ○   ○ würde ich eine Bewerbung schreiben.

b | Sind das für Sie Ausreden oder wichtige Gründe? Kennen Sie solche Situationen? Diskutieren Sie.

c | Kettenspiel: *Hätte, könnte, würde* … Erfinden Sie Ausreden. Person A beginnt mit dem Nebensatz, Person B beendet den Satz und beginnt einen neuen.

↪ AB 13

> **Irrealer Bedingungssatz ohne *wenn***
>
> Hätte ich mehr Zeit, würde ich die Vokabeln lernen.
> Wäre ich selbstbewusster, würde ich einfach fragen.
> Könnte ich besser Deutsch, wäre das kein Problem.

12 Eine Statistik

a | Worum geht es in der Statistik? Finden Sie einen passenden Titel. Vergleichen Sie Ihre Vorschläge im Kurs.

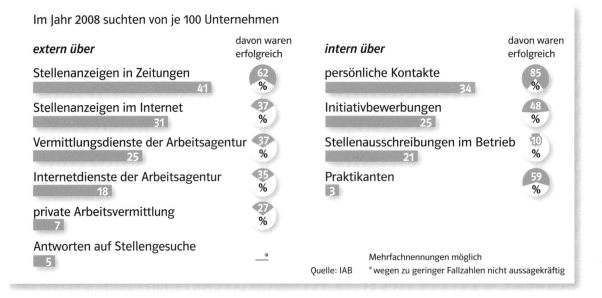

Im Jahr 2008 suchten von je 100 Unternehmen

extern über — davon waren erfolgreich

Stellenanzeigen in Zeitungen — 41 — 62 %

Stellenanzeigen im Internet — 31 — 37 %

Vermittlungsdienste der Arbeitsagentur — 25 — 37 %

Internetdienste der Arbeitsagentur — 18 — 35 %

private Arbeitsvermittlung — 7 — 27 %

Antworten auf Stellengesuche — 5 — _*

intern über — davon waren erfolgreich

persönliche Kontakte — 34 — 85 %

Initiativbewerbungen — 25 — 48 %

Stellenausschreibungen im Betrieb — 21 — 10 %

Praktikanten — 3 — 59 %

Mehrfachnennungen möglich
Quelle: IAB   *wegen zu geringer Fallzahlen nicht aussagekräftig

b | Lesen Sie die Statistik genau und beantworten Sie die Fragen.

▪ Wie finden Unternehmen am häufigsten ihre Mitarbeiter?

▪ Welcher Weg ist am erfolgreichsten?

▪ Wie erfolgreich sind Initiativbewerbungen?

▪ Was bringt für den Bewerber am wenigsten Erfolg?

c | Wie sind Ihre persönlichen Erfahrungen bei der Jobsuche? Welche Möglichkeiten haben Sie ausprobiert / würden Sie ausprobieren? Was ist Ihrer Meinung nach besonders effektiv? Tauschen Sie sich darüber aus.

↪ AB 14

13 Stellenanzeigen

a | Zu welchen Punkten finden Sie Angaben in den Stellenanzeigen? Ordnen Sie bitte zu. Welche Angaben fehlen?

> Information über das Unternehmen | Firmenname | Aufgaben | Qualifikationen |
> persönliche Kompetenzen | Stellenbezeichnung | Arbeitszeiten | Kontaktdaten |
> Arbeitsort | Einstellungsdatum | Gehalt

1

gourmet compagnie

... feinstes aus unserer Küche

gourmet compagnie GmbH ist ein erfolgreiches und wachstumsorientiertes Unternehmen im Bereich Catering und Betriebsverpflegung sowie in der Feinkostproduktion.
Für das Kultur- und Bildungszentrum in Ostfildern-Nellingen, KUBINO, suchen wir zum 15.6.2011 oder später

Hausmeister / Technischer Leiter (m/w)

Ihre Aufgaben:
- Instandhaltung und Pflege des gesamten Komplexes in Zusammenarbeit mit Reinigungs- u.a. Dienstleistern
- Wartung der technischen Einrichtungen sowie eigenständige Durchführung von Reparaturen u.v.a.m.
- Kontrolle und Begleitung von gastronomischen Veranstaltungen

Ihr Profil:
- Sie verfügen über eine Ausbildung in einem handwerklichen Beruf (vorzugsweise Bereich Sanitär / Flaschnerei) und idealerweise bereits mehrere Jahre Berufserfahrung.
- Sie haben umfassendes technisches Verständnis, handwerkliches Geschick und gute EDV-Kenntnisse.
- Sie bringen Bereitschaft zu flexiblen und bedarfsorientierten Arbeitszeiten mit.
- Sie sind zuverlässig und verfügen über gute Umgangsformen.

Es besteht die Möglichkeit, eine 3 1/2 Zimmer-Neubau-Dienstwohnung zu beziehen.

Es erwartet Sie ein interessanter und abwechslungsreicher Arbeitsplatz mit leistungsgerechter Bezahlung in einem erfolgreichen Unternehmen.

Ihre komplette Bewerbung unter Angabe Ihrer Gehaltsvorstellung richten Sie bitte an:

Gourmet Compagnie GmbH,
Herr Markus Wittich
Archivstr. 15, 70182 Stuttgart
markus.wittich@gourmet-compagnie.de

2

Unser Auftraggeber vertreibt im Großraum Berlin-Brandenburg erfolgreich innovative Handelsware. Seine Produkte stehen für hervorragende Qualität und guten Service.

Zur Festanstellung in seinem Werbeteam suchen wir eine/n

Mediengestalter/in

Sie gestalten seine Produktpräsentationen in Form von Verpackungen, Salesfoldern und erstellen Werbemittel wie Flyer, Broschüren und Prospekte. In Ihrem Bereich arbeiten Sie auch mit externen Dienstleistern zusammen und koordinieren die Abwicklung von Projekten.

Sie haben Ihre Ausbildung zum Mediengestalter erfolgreich absolviert oder können einen vergleichbaren Abschluss vorweisen. Sie sind versiert im Umgang mit den gängigen MAC-Programmen. Sie sind motiviert, in einem dynamischen Team Außergewöhnliches zu leisten. Ausgeprägtes grafisches Gespür, Kreativität und schnelles Auffassungsvermögen zeichnen Sie aus.

Interessiert? Dann freuen wir uns auf Ihre aussagekräftigen Bewerbungsunterlagen.

Das Personalbüro GmbH
Schubertstraße 46/1
14052 Berlin
E-Mail: personalbuero@t-online.de
www.personalbuero.de
Fon: 030- 72 58 02 3

b | Wie und wo möchten Sie arbeiten? Welche berufliche Qualifikation haben Sie? Wo liegen Ihre Stärken? Machen Sie eine Bestandsaufnahme Ihrer beruflichen und persönlichen Kompetenzen.

Diese Ausbildung habe ich:

Das kann ich besonders gut:

Dort möchte ich meine Fähigkeiten einsetzen:

Diese Eigenschaften bringe ich mit:

Darin habe ich Erfahrung:

Das erwarte ich von einer Arbeitsstelle:

c | Wie sieht Ihre Traumstelle aus? Formulieren Sie eine Stellenanzeige, die zu Ihren Kenntnissen und Wünschen passt.

➥ AB 15

14 Machen Sie Eigenwerbung!

a | Lesen Sie die Auszüge aus Bewerbungsanschreiben. Wie präsentieren sich die Personen? Wodurch überzeugen sie? Notieren Sie Stichworte und vergleichen Sie im Kurs.

1 Da ich bereits in meinem Heimatland, der Türkei, in der Textilbranche gearbeitet und regelmäßig an Modemessen teilgenommen habe, kenne ich mich im Bereich Mode und Bekleidung sehr gut aus.

2 Ich lebe seit drei Jahren in Österreich und verfüge mittlerweile über gute Sprachkenntnisse in Deutsch. Da ich gerne wieder in meinem gelernten Beruf als Laborassistentin arbeiten möchte, würde ich gerne ein Praktikum in Ihrer Firma machen.

3 Sie brauchen einen hoch motivierten Mitarbeiter, der mit neuen Ideen Ihr Friseurteam unterstützt? Dann haben Sie mit mir die richtige Person gefunden. Denn ich schneide und frisiere nicht nur leidenschaftlich gern, sondern kenne auch die Kundenbedürfnisse sehr gut.

4 Da ich auf der Suche nach einer neuen beruflichen Herausforderung bin, hat mich die Aufgabenbeschreibung in Ihrer Stellenanzeige in der Morgenpost als Bilanzbuchhalter sehr angesprochen. Ich habe mehrere Jahre die Buchhaltung für ein kleines Familienunternehmen geführt und parallel einen Fernlehrgang zum Controller gemacht.

5 In Ihrer Bank sind Sie sicherlich ständig auf der Suche nach engagierten Mitarbeitern, die Freude an der Arbeit haben. Da ich diese Eigenschaften mitbringe und gerne in einem großen Team arbeite, möchte ich mich hiermit bei Ihnen um eine Stelle als Fachinformatiker bewerben.

6 Meine Ausbildung zum Heizungsinstallateur habe ich in einem Fachbetrieb in Slowenien gemacht. Um das Berufsumfeld in Deutschland kennen zu lernen, mache ich zurzeit ein Praktikum. Ich würde Sie gerne in einem persönlichen Gespräch von meinen fachlichen Kenntnissen überzeugen.

7 Ihre Anzeige passt genau zu meinem Profil, denn als Altenpflegerin in einem großen Pflegeheim bin ich es gewohnt, auch unter Druck zu arbeiten und dabei stets freundlich zu den Patienten zu sein.

b | Wie begründen die Personen ihre Eignung für die Stelle? Markieren Sie die Stellen in den Textauszügen.

c | Was sind Ihre größten Stärken? Wodurch können Sie überzeugen? Formulieren Sie ein, zwei Sätze für Ihre Bewerbung.

→ AB 16–17

Etwas begründen: *denn*
Ich passe auf die Stelle. Denn ich spreche fließend Deutsch. Ich traue mir die Arbeit zu, denn ich bringe viel Erfahrung mit.

8 Meine Ausbildung als Augenoptiker entspricht zwar nicht ganz der deutschen Ausbildung. Aber ich traue mir diese Arbeit problemlos zu. Denn ich bringe für die Stelle mehrjährige Berufserfahrung und umfassende Branchenkenntnisse mit.

9 Mit großem Interesse habe ich mich auf Ihrer Internetseite informiert und möchte mich Ihnen kurz vorstellen. In meinem Heimatland Iran habe ich ein Architekturstudium absolviert und war dort zuletzt in einem großen Architektur-büro angestellt, das auf den Einbau von Solartechnik spezialisiert war. Da meine beruflichen Qualifikationen hervorragend zu Ihrem Unternehmen passen, würde ich mich über ein persönliches Kennenlernen sehr freuen.

10 Ich verfüge über sehr gute Computerkenntnisse und kann sicher und schnell mit den aktuellen Office-Programmen umgehen. Denn ich habe im letzten Jahr an verschiedenen Weiterbildungen im Bereich Bürokommuni-kation teilgenommen und konnte diese erfolgreich abschließen.

15 Über ein persönliches Gespräch freue ich mich!

a | Sehen Sie das Bild an. Was denken Sie, was sagen Max und Lukas? Spekulieren Sie.

1 💿 _48   b | Was ist richtig? Hören Sie und kreuzen Sie an.

☐ Max möchte Tischtennis spielen.
☐ Lukas recherchiert immer noch im Internet.
☐ Lukas schreibt eine Bewerbung.
☐ Lukas freut sich über das Gespräch mit Max.
☐ Lukas sucht lange nach der richtigen Formulierung.

c | Hören Sie noch einmal. Für welche Formulierung entscheidet sich Lukas? Welche finden Sie am besten?

1. Über ein persönliches Gespräch freue ich mich.
2. Über eine Einladung zu einem Bewerbungsgespräch würde ich mich sehr freuen.
3. Über die Möglichkeit, mich Ihnen persönlich vorstellen zu dürfen, würde ich mich sehr freuen.
4. Über die Chance, Sie davon persönlich zu überzeugen, freue ich mich sehr.

➥ AB 18

Internetrecherche: www.arbeitsagentur.de

Informieren Sie sich, wie die größte Online-Jobbörse in Deutschland funktioniert: www.arbeitsagentur.de
Suchen Sie Antworten auf folgende Fragen:

- Unter welcher Rubrik finden Sie Adressen und Telefonnummern von Arbeitsagenturen
  in Ihrer Region / Ihrer Stadt / Ihrem Stadtviertel?
- Wo finden Sie Formulare, wenn Sie Arbeitslosengeld, Kindergeld oder eine Haushaltshilfe
  beantragen wollen?
- Wo finden Sie Informationen, wenn Sie einen Ausbildungsplatz suchen?
- Wo und wie bekommen Sie einen Termin bei der Berufsberatung, wenn Sie studieren möchten?

Eine absurde Stellenanzeige

a | Lesen Sie die Stellenanzeige. Würden Sie sich darauf bewerben? Begründen Sie.

b | Erfinden Sie eine ähnlich originelle Stellenanzeige.

> EIN NERVIGER CHEF. DIE LAUNISCHEN KUNDENBERATER. ALTE RECHNER IN EINEM DUNKLEN BÜRO. DIE MIESESTE LAGE. MINDESTENS DIE 5-TAGE-WOCHE. DAS ÜBLE ESSEN UND DER WINZIGE BALKON. DER MISERABLE KAFFEE. DEMOTIVIERTE UND LERNRESISTENTE AZUBIS. DIE STRESSIGEN BETRIEBSAUSFLÜGE. DIE JÄMMERLICHE WEIHNACHTSFEIER. NIEDRIGES GEHALT UND WENIG URLAUB. EXTREM LANGE ENTSCHEIDUNGSWEGE IN EINER STRENGEN HIERARCHIE. UND TÄGLICH EIN GUTES GEFÜHL, WENN DU SPÄT ABENDS HEIM GEHST...
>
> ... und entkräftet ins Bett fällst.
>
> Bewirb dich als
>
> **Verkäufer(in) / Mediaberater(in)**

 FOKUS LANDESKUNDE

Die Meinungsfreiheit ist ein Menschenrecht und wird in Deutschland durch Artikel 5 des Grundgesetzes gewährleistet. Artikel 5 (verkürzt):
(1) Jeder hat das Recht, seine Meinung in Wort, Schrift und Bild frei zu äußern und zu verbreiten (...) Eine Zensur findet nicht statt.

Meine Geschichte

Wählen Sie einen Textanfang und schreiben Sie eine fantasievolle Geschichte.

- Das Beste, was mir je passiert ist, war …

- Der schönste Ort, wo ich jemals war, ist …

- Etwas, was ich unbedingt erleben möchte, ist …

- Es gibt nichts, was ich nicht kann.

Wenn ich mir was wünschen dürfte

a | Wer hat dieses Lied gesungen? Recherchieren Sie,
vergleichen Sie verschiedene Versionen.
Welche gefällt Ihnen am besten?

Man hat uns nicht gefragt
als wir noch kein Gesicht,
ob wir leben wollten
oder besser nicht.

Jetzt gehe ich allein
durch eine fremde Stadt
und ich weiß nicht,
ob sie mich lieb hat.

Ich schaue durch die Fenster,
durch Tür- und Fensterglas
und ich warte,
und ich warte auf etwas.

Wenn ich mir was wünschen dürfte,
käme ich in Verlegenheit,
was ich mir denn wünschen sollte,
eine gute oder schlechte Zeit.

Wenn ich mir was wünschen dürfte,
möcht ich etwas glücklich sein,
denn wenn ich gar zu glücklich wäre,
hätte ich Heimweh nach dem Traurigsein.

Friedrich Holländer Music
Rolf Budde Musikverlag GmbH, Berlin

b | Was würden Sie sich wünschen? Schreiben Sie eine eigene Strophe.

Wenn ich mir was wünschen dürfte,

1 Lesen und reagieren: Was hilft?

Schritt 1 Wichtiges aus dem Text herausfiltern   KB 21/15, 16; KB 23/9; KB 25/10; AB 24/5
Schritt 2 Wichtiges kategorisieren   KB 23/2; KB 25/13; AB 23/3
Schritt 3 Wichtiges mit eigenen Worten formulieren   KB 21/10; KB 23/9; KB 25/10; AB 23/4

2 Probieren Sie es aus.

a | Lesen Sie die Stellenanzeige. Markieren Sie mit unterschiedlichen Farben:

- Anforderungen an den Bewerber: Was wird erwartet?
- Aufgaben in dem Job: Was muss man tun?
- Informationen über die Arbeitsbedingungen und den Arbeitgeber: Für wen arbeitet man? Zu welchen Konditionen? Was bietet die Stelle?

Ankleider/in / Garderobier/e
Alternativberufe: Modeschneider/in, Theaterschneider/in

Stellenangebotsart	Arbeitsplatz (sozialversicherungspflichtig)
Arbeitgeber	Städtische Bühnen Neustadt
Branche	Theaterensembles, Betriebsgröße: zwischen 100 und 500
Stellenbeschreibung	Für unsere städtischen Bühnen Neustadt suchen wir vorerst für die Spielzeit 2011/2012 eine/n Ankleider/in oder Garderobier/e oder Schneider/in, der/die die Betreuung der Schauspieler vor, während und nach der Vorstellung sowie die Wäsche- und Kostümpflege übernimmt. Langfristig wünschenswert wäre eine kreative und selbstständige Mitarbeit im Bereich Kostüme. Anforderungen: · abgeschlossene Ausbildung als (Maß)Schneider/in · Kenntnisse und Erfahrungen als Schneider/in am Theater sind wünschenswert · gute Deutschkenntnisse · große zeitliche Flexibilität ist erforderlich (Wohnort sollte deshalb in der unmittelbaren Umgebung liegen) · körperliche Fitness und Belastbarkeit
Arbeitsorte	Neustadt, Theaterplatz 2
Anzahl offener Stellen	1 von ursprünglich 1 gemeldeten Stellenangeboten
Arbeitszeit	Teilzeit flexibel (Angabe der genauen Stunden-Anzahl nicht möglich)
Befristung	Das Stellenangebot ist vorerst auf ein Jahr befristet, eine dauerhafte Beschäftigung wird angestrebt.
Kontakt	Sind Sie interessiert? Dann bewerben Sie sich mit aussagekräftigen Unterlagen bis 20.11.2011 schriftlich bei den Städtischen Bühnen Neustadt, Frau Müller, Verwaltung und Personal, Theaterplatz 2, 87658 Neustadt
Sonstiges	Wir sind längerfristig immer auf der Suche nach Verstärkung für unser Team und freuen uns über Initiativbewerbungen für die folgenden Bereiche: · Bühnentechnik (Video, Sounddesign und Tontechnik, Licht und Beleuchtung, Dekoration) · Schauspiel (Soufflage und Statisterie) · Kostüme (Damen- und Herrenschneiderei, Ankleiderei bzw. Garderobe, Wäscherei, Kostümmalerei, Schuhmacherei, Stofflager, Fundus) · Maske und Requisite (Maskenbildnerei, Werkstatt, Requisitenkammer) · Werkstatt und Lager (Malerei, Schreinerei, Schlosserei, Lager)

Vormerken

---

b | Vergleichen Sie Ihre Markierungen mit Ihrer Lernpartnerin / Ihrem Lernpartner.

c | Formulieren Sie die in a markierten Punkte mit eigenen Worten.

- Anforderungen an den Bewerber

  gute Deutschkenntnisse -> man muss gut Deutsch sprechen

- Aufgaben in dem Job

  die Betreuung der Schauspieler -> man muss sich um die Schauspieler kümmern

- Informationen über die Arbeitsbedingungen und den Arbeitgeber

  Arbeitsplatz (sozialversicherungspflichtig) -> es ist kein Minijob, denn die Stelle ist sozialversicherungspflichtig

d | Sammeln und besprechen Sie Ihre Formulierungen im Kurs.

3 Was trifft auf Sie zu?

Kreuzen Sie bitte an.

☐ Ich kann schnell die wichtigsten Angaben zum Job erkennen.
☐ Ich kann diese Angaben leicht Oberkategorien zuordnen.
☐ Ich kann diese Angaben gut mit eigenen Worten wiedergeben.

Warum? Kreuzen Sie an und ergänzen Sie.

☐ Ich weiß, wie eine Stellenanzeige aufgebaut ist.
☐ Ich suche gezielt nach wichtigen Wörtern im Text.
☐ Ich kenne die Wörter im Text.
☐ Ich verstehe die Strukturen im Text.
☐ Ich markiere Wichtiges im Text.
☐ Informationen, die zusammengehören, markiere ich einheitlich.
☐ Ich kenne genug Wörter, um Textinhalte mit eigenen Worten zu formulieren.
☐

4 Schriftlich reagieren: Was hilft?

Schritt 1 Woraus besteht die Textsorte? KB 25 / 13; AB 24 / 2, 4

Schritt 2 Worauf beziehe ich mich in meinem Schreiben? KB 22 / 14

Schritt 3 Wie formuliere und gestalte ich mein Schreiben? KB 23 / 10; AB 23 / 11

5 Probieren Sie es aus.

a | Aus welchen Teilen besteht das Bewerbungsanschreiben? Ordnen Sie bitte zu.

> Absender | Empfänger | Anrede | Betreff | Bezug zum Unternehmen |
> Qualifikation | Darstellung der eigenen Person | Abschluss

b | Vergleichen Sie mit der Stellenanzeige: Auf welche Aspekte geht die Bewerberin ein?

c | Was gefällt Ihnen an dem Anschreiben, was nicht? Diskutieren Sie.

Indrani Ottelsdorf
Parkstraße 1
33333 Glücksstadt
033 36893689
i.ottelsdorf@internet.de

Städtische Bühnen Neustadt
Frau Müller
Verwaltung und Personal
Theaterplatz 2
87658 Neustadt

Glücksstadt, 19. November 2011

Bewerbung als Schneiderin

Sehr geehrte Damen und Herren,

Ihre Stellenanzeige im Online-Angebot der Bundesagentur für Arbeit hat mein Interesse geweckt. Ich bin ausgebildete Schneiderin, 39 Jahre alt, verheiratet und möchte mich gern der beruflichen Herausforderung als Ankleiderin / Garderobiere an Ihrem Theater stellen.

Ich habe viele Jahre Berufserfahrung in verschiedenen Arbeitsumgebungen gesammelt. Ich bin jetzt im Rahmen eines Minijobs in einer Reinigung tätig. Die Arbeit ist vielseitig und die Zusammenarbeit mit Vorgesetzten und Kollegen könnte nicht besser sein. Meine derzeitige Tätigkeit wird langsam zur Routine und unterfordert mich. Die von Ihnen angebotene Stelle als Ankleiderin / Garderobiere hat mich sofort angesprochen. Ich könnte mich dort vorwiegend auf kreative Arbeit konzentrieren.

Gern möchte ich Sie in einem Vorstellungsgespräch persönlich von meinen Stärken überzeugen. Über eine Einladung von Ihnen würde ich mich daher ganz besonders freuen.

Mit freundlichen Grüßen

Indrani Ottelsdorf

d | Lesen Sie den Lebenslauf und vergleichen Sie mit dem Bewerbungsanschreiben. Was fällt Ihnen auf? Was würden Sie im Anschreiben verändern?

LEBENSLAUF

Angaben zur Person:

Vor- und Nachname:	Indrani Ottelsdorf
Geburtstag:	06.06.1972
Geburtsort:	Chennai (ehem. Mahdras, Indien)
Wohnort:	Parkstraße 1, 33333 Glücksstadt
Staatsangehörigkeit:	deutsch
Familienstand:	verheiratet, ein Kind

Berufspraxis:

1989 – 2005	Schneiderin, Textilfabrik Namaste in Chennai (ehem. Mahdras, Indien)
08/2008 – 12/2009	Minijob als Regalauffüllerin, Supermarkt SUPER in Glücksstadt
02/2010 – heute	Minijob als Reinigungshilfe, Reinigung Blitzweiß in Glücksstadt

Schulausbildung:

09/1978 – 05/1988	Grund- und Sekundarschule in Chennai (ehem. Mahdras, Indien) Abschluss: vergleichbar mit Realschulabschluss

Weiterbildung:

02/2007 – 06/2007	Kostüme selbst schneidern, VHS Glücksstadt
09/2007 – 12/2007	Faszination Masken (Masken selbst entwerfen und basteln), VHS Glücksstadt

Besondere Kenntnisse:

Sprachen:	Deutsch (gute Kenntnisse in Wort und Schrift, Zertifikat Deutsch) Englisch (gute Kenntnisse in Wort und Schrift) Tamilisch (Muttersprache) Telugu (Muttersprache)

Sonstiges:

Seit 2007	ehrenamtliche Tätigkeit: Anfertigung und Organisation von Kostümen und Tätigkeit als Maskenbildnerin für die Laientheatergruppe, Glücksstadt

Glücksstadt, 19.11.2011

Indrani Ottelsdorf

6   Machen Sie es besser.

a | Lesen Sie die überarbeitete Version des Bewerbungsanschreibens. Was wurde geändert? Was meinen Sie, warum? Sie können auch die Checkliste zu Hilfe nehmen.

b | Welche Wörter stukturieren und verknüpfen den Text? Markieren Sie bitte.

Indrani Ottelsdorf
Parkstraße 1
33333 Glücksstadt
033 36893689
i.ottelsdorf@internet.de

Städtische Bühnen Neustadt
Frau Müller
Verwaltung und Personal
Theaterplatz 2
87658 Neustadt

Glücksstadt, 19. November 2011

Bewerbung als Ankleiderin / Garderobiere, Ihre Stellenausschreibung im Online-Angebot der Bundesagentur für Arbeit

Sehr geehrte Frau Müller,

Ihre o.g. Stellenanzeige hat mein Interesse geweckt. Ich bin ausgebildete Schneiderin, 39 Jahre alt, verheiratet und möchte mich gern der beruflichen Herausforderung als Ankleiderin / Garderobiere an Ihrem Theater stellen.

Nach meinem Schulabschluss war ich in meiner Heimat Indien ca. 15 Jahre als Schneiderin tätig. Als ich 2005 aus privaten Gründen nach Deutschland kam, musste ich zunächst Deutsch lernen, wodurch ein sofortiger Arbeitseinstieg in Deutschland nicht möglich war. Nachdem ich gute Deutschkenntnisse erworben hatte, gelang mir 2008 der Wiedereinstieg ins Berufsleben durch verschiedene Minijobs. Zurzeit bin ich in diesem Rahmen in einer Reinigung tätig. Diese Arbeit mache ich gern und die Zusammenarbeit mit Vorgesetzten und Kollegen ist sehr gut. Dennoch würde ich sehr gerne in meinen eigentlichen Beruf zurückkehren und mich neuen Herausforderungen stellen.
Die von Ihnen angebotene Stelle als Ankleiderin / Garderobiere hat mich sofort angesprochen, weil ich mich dort auf kreative und abwechslungsreiche Arbeit konzentrieren könnte. Außerdem fertige ich auch für unsere Laien-Theatergruppe hier in Glücksstadt seit mehreren Jahren die Kostüme an und bin bei Auftritten für Maske und Kostüme zuständig. Diese Freizeittätigkeit macht mir große Freude und gibt mir auch die Gewissheit, dass ich den Anforderungen als Ankleiderin / Garderobiere in Ihrem Theaterbetrieb gewachsen bin. Ich bin ein ruhiger und äußerst gewissenhafter Mensch und kann in Stresssituationen, z.B. während einer Vorstellung, auch gut improvisieren.

Gern möchte ich Sie in einem Vorstellungsgespräch persönlich von meinen Stärken überzeugen. Über eine Einladung von Ihnen freue ich mich sehr.

Mit freundlichen Grüßen

Indrani Ottelsdorf

7 Jetzt sind Sie dran.

a | Wollen Sie sich auch am Theater bewerben? Welcher Tätigkeitsbereich kommt für Sie in Frage? Schreiben Sie eine eigene Bewerbung für einen der in der Stellenanzeige angegebenen Berufe. Sie können auch eine Initiativbewerbung ans Theater für ein Praktikum oder eine Berufsausbildung verfassen.

b | Lesen Sie gegenseitig Ihre Anschreiben. Korrigieren Sie, machen Sie Verbesserungsvorschläge. Überarbeiten Sie dann Ihren Text.

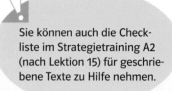

TIPP

Sie können auch die Checkliste im Strategietraining A2 (nach Lektion 15) für geschriebene Texte zu Hilfe nehmen.

Checkliste: Bewerbungsanschreiben

1. Umfang: ca. 1 DIN-A4-Seite, 3–5 Absätze

2. Briefkopf: korrekte Anschrift des Absenders und des Empfängers, Datum

3. Betreff: genaue Stellenbezeichnung, ggf. Kennziffer des Unternehmens angeben

4. Anrede: konkreten Ansprechpartner benennen, falls bekannt

5. Einstieg: Standardsatz *Hiermit bewerbe ich mich …* vermeiden

6. Anforderungen: auf die Anforderung der Stellenausschreibung eingehen, geforderte Eigenschaften und Kenntnisse begründen

7. Motivation: Bezug zum Unternehmen herstellen: Warum bewerbe ich mich gerade bei diesem Unternehmen? Welchen Vorteil hat das Unternehmen durch meine Einstellung?

8. Darstellung der eigenen Person: Erfolge, besondere Kenntnisse und Qualifikationen beschreiben, Brüche im Lebenslauf erklären

9. Bezug zum Lebenslauf: nur für die Stelle relevante Angaben aus dem Lebenslauf aufgreifen; Lebenslauf und Anschreiben müssen übereinstimmen, keine Widersprüche entstehen lassen, keine unkorrekten Angaben machen

10. Abschluss: um Möglichkeit eines persönlichen Gesprächs bitten, Dank, Grußformel und Unterschrift nicht vergessen

11. Foto: gehört aufs Deckblatt und / oder zum Lebenslauf

Bewerbungsanschreiben

Den ersten Satz schreiben

> Ich habe … gelesen, dass Sie … suchen / brauchen.
>
> Mit großem Interesse habe ich … gesehen und möchte mich hierauf bei Ihnen bewerben.
>
> Ihre Stellenanzeige … hat mein Interesse geweckt / passt zu meinem Profil / hat mich sehr angesprochen.
>
> Als … bin ich eine gute Verstärkung für …, da ich …

weitere Qualifikationen darstellen

> Ich verfüge (auch) über …kenntnisse.
>
> Durch … beherrsche / kann ich …
>
> Die …prüfung habe ich erfolgreich bestanden.
>
> Im …bereich habe ich mich weitergebildet.
>
> Ich habe aktiv / ehrenamtlich … mitgearbeitet.
>
> Dabei habe ich … gelernt.

Fachqualifikationen benennen

> Meine Ausbildung zum / als … habe ich erfolgreich abgeschlossen.
>
> Mein Abschluss entspricht …
>
> Kenntnisse in … eignete ich mir … an.
>
> Hierbei sammelte ich auch Erfahrungen im Bereich …
>
> Durch meine Tätigkeit als … verfüge ich über …
>
> Ich bringe Erfahrung im …bereich mit.

Was gehört zu einer Bewerbung?

Deckblatt

Bewerbung als Schneiderin

Indrani Ottelsdorf
Parkstraße 1
33333 Glücksstadt

E-Mail: i.ottelsdorf@internet.de

Telefon: 033 36893689

Anschreiben

Indrani Ottelsdorf
Parkstraße 1
33333 Glücksstadt
033 36893689
i.ottelsdorf@internet.de

Städtische Bühnen Neustadt
Frau Müller
Verwaltung und Personal
Theaterplatz 2
87658 Neustadt

Glücksstadt, 19. November 2011

Bewerbung als Schneiderin

Sehr geehrte Damen und Herren,

Ihre Stellenanzeige im Online-Angebot der Bundesagentur für Arbeit hat mein Interesse geweckt. Ich bin ausgebildete Schneiderin, 39 Jahre alt, verheiratet und möchte mich gern der beruflichen Herausforderung als Ankleiderin / Garderobiere an Ihrem Theater stellen.

Ich habe viele Jahre Berufserfahrung in verschiedenen Arbeitsumgebungen gesammelt. Ich bin jetzt im Rahmen eines Minijobs in einer Reinigung tätig. Die Arbeit ist vielseitig und die Zusammenarbeit mit Vorgesetzten und Kollegen könnte nicht besser sein. Meine derzeitige Tätigkeit wird langsam zur Routine und unterfordert mich. Die von Ihnen angebotene Stelle als Ankleiderin / Garderobiere hat mich sofort angesprochen. Ich könnte mich dort vorwiegend auf kreative Arbeit konzentrieren.

Gern möchte ich Sie in einem Vorstellungsgespräch persönlich von meinen Stärken überzeugen. Über eine Einladung von Ihnen würde ich mich daher ganz besonders freuen.

Mit freundlichen Grüßen

Lebenslauf

LEBENSLAUF

Angaben zur Person:
Vor- und Zuname:	Indrani Ottelsdorf
Geburtstag:	06.06.1972
Geburtsort:	Chennai (ehem. Mahdras, Indien)
Wohnort:	Parkstraße 1, 33333 Glücksstadt
Staatsangehörigkeit:	deutsch
Familienstand:	verheiratet, ein Kind

Berufspraxis:
1989–2005	Schneiderin, Textilfabrik Namaste in Chennai (ehem. Mahdras, Indien)
08/2008–12/2009	Minijob als Regalauffüllerin, Supermarkt SUPER in Glücksstadt
02/2010–heute	Minijob als Reinigungshilfe, Reinigung Blitzweiß in Glücksstadt

Schulausbildung:
09/1978–05/1988	Grund- und Sekundarschule in Chennai (ehem. Mahdras, Indien) Abschluss: vergleichbar mit Realschulabschluss

Weiterbildung:
02/2007–06/2007	Kostüme selbst schneidern, VHS Glücksstadt
09/2007–12/2007	Faszination Masken (Masken selbst entwerfen und basteln), VHS Glücksstadt

Besondere Kenntnisse:
Sprachen:	Deutsch (gute Kenntnisse in Wort und Schrift, Zertifikat Deutsch) Englisch (gute Kenntnisse in Wort und Schrift) Tamilisch (Muttersprache) Telugu (Muttersprache)

Sonstiges:
Seit 2007	ehrenamtliche Tätigkeit: Anfertigung und Organisation von Kostümen und Tätigkeit als Maskenbildnerin für die Laientheatergruppe, Glücksstadt

Glücksstadt, 19.11.2011

Motivation zeigen

Gern möchte ich Sie durch … unterstützen.

Sehr gern will ich gerade in Ihrem Unternehmen …

Ich bin hoch motiviert und möchte zeigen, dass …

Mein … ist eine Bereicherung für Ihr Unternehmen.

Es wäre mir eine große Freude, … in Ihrem Unternehmen zu übernehmen.

 TIPP

Formulieren Sie mit eigenen Worten und in Ihrem eigenen Stil. Die Redemittel-Bausteine können helfen, aber vermeiden Sie zu viele Floskeln im Anschreiben.

mit Brüchen im Lebenslauf umgehen

Nach einer …jährigen Elternzeit/ Familienphase möchte ich nun wieder ins Berufsleben zurückkehren.

Ich will gern wieder eine anspruchsvolle Berufstätigkeit ausüben/in meinen Beruf zurückkehren.

In den vergangenen zwei Jahren habe ich mich auf dem Arbeitsmarkt neu orientiert.

Durch verschiedene Praktika habe ich einen Einstieg in … erhalten.

Als ich …, habe ich zunächst … In dieser Zeit konnte ich viele Erfahrungen in … sammeln.

den letzten Satz schreiben

Ich hoffe, mit meiner Bewerbung Ihr Interesse geweckt zu haben.

Über eine Einladung zu einem Vorstellungsgespräch freue ich mich sehr.

Für alle weiteren Auskünfte stehe ich Ihnen gern in einem persönlichen Gespräch zur Verfügung.

Wenn Sie mich kennen lernen wollen, freue ich mich über …

Referenzen

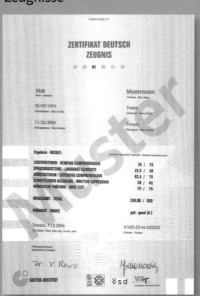

Zeugnisse

Arbeitsproben

21 Plötzlich alles anders

Nomen

der Wendepunkt, -e		das Gewicht, -e	
die Veränderung, -en		die Pflege (nur Sg.)	
die Heirat, -en		die Betreuung (nur Sg.)	
die Scheidung, -en		die Tagesmutter, ¨	
der Gewinn, -e		die Kita, -s	
der Verlust, -e		die Krippe, -n	Kinderkrippe
der Tod, -e		der Lärm (nur Sg.)	
der Einzug, ¨e		die Stille (nur Sg.)	
der Auszug, ¨e		das Standesamt, ¨er	
die Immatrikulation, -en		der Gatte, -n	Ehegatte, Götter-gatte
das Examen, -		das Einwohnermelde-amt, ¨er	
die Zukunft (nur Sg.)		die Anmeldung, -en	
die Altersvorsorge (nur Sg.)		das Dokument, -e	
der Traum, ¨e		die Unterlagen (nur Pl.)	
der Dialekt, -e		die Bescheinigung, -en	
die Eifersucht (nur Sg.)		der Personalausweis, -e	
der Ärger (nur Sg.)		das Passbild, -er	
die Neugier (nur Sg.)		die Broschüre, -n	
die Vorsicht (nur Sg.)			
die Panik (nur Sg.)			

die Vorlesung, -en	
der Dozent, -en	
der Stoff, -e	Lernstoff
das Lernziel, -e	
der Lerntipp, -s	
die Theorie, -n	
das Niveau, -s	
die Abwechslung (nur Sg.)	
die Note, -n	
die Bibliothek, -en	
die Literatur, -en	
das Tagebuch, ¨er	
das Portfolio, -s	
die Notiz, -en	Notizen machen

Verben

ausmachen	= ausschalten
sich vornehmen, hat sich vorgenommen	
versuchen	
ausprobieren	
sich konzentrieren	
sich leisten	
(sich) belohnen	
beschließen, hat beschlossen	
entscheiden, hat entschieden	
spenden	
anlegen	Geld anlegen

Nutzen Sie persönliche Erfahrungen und bilden Sie Beispielsätze zu den Wendungen.

aushalten, hat ausgehalten	
aufwachen	
ablegen	eine Prüfung ablegen
bestehen, hat bestanden	das Examen bestehen
bevorstehen, hat bevorgestanden	
engagieren	ein Au-pair engagieren
auffordern	
sich melden	

Wendungen

Es lohnt sich, …	
Es macht Spaß, …	
Ich habe Angst, …	
Ich habe Lust, …	
Es ist wichtig, …	
Es fällt mir schwer, …	
Es ist schwierig, …	
Ich finde es anstrengend, …	
Ich bin es gewohnt, …	
Bin ich da bei Ihnen richtig?	
zur Verfügung stehen	
zum Fenster rauswerfen	

Adjektive

desinteressiert	
überrascht	
erstaunt	
stolz	
ängstlich	
neugierig	
eifersüchtig	
verliebt	
liebevoll	
niedlich	
riesig	
riesengroß	
großartig	
fantastisch	
aufregend	
glücklich	
freudig	
erwachsen	

- Was schließt sich aus? Bilden Sie kurze Sätze mit *entweder … oder.*

  Entweder glücklich oder traurig.

- Wählen Sie 10 Wörter und denken Sie sich eine mentale Bilderkette dazu aus!

- Markieren Sie Wörter, die für Sie persönlich wichtig sind, in der Liste und notieren Sie sie in die Felder.

weniger wichtige Wörter

wichtige Wörter

Ihr wichtigstes Wort

Diese Wörter sind für mich wichtig:

Kleine Wörter

niemals	
zwischendurch	
innerhalb	

→ KB 1

1 ## Zuerst ..., dann ...

a | Was passiert zuerst? Markieren Sie bitte.

1. a. Er zieht ein.   b. Er zieht aus.
2. a. Sie lassen sich scheiden.   b. Sie heiraten.
3. a. Sie ist am 2.5. gestorben.   b. Sie ist am 20.7. geboren.
4. a. Wir gehen zusammen in Rente.   b. Wir arbeiten zusammen.
5. a. Er hat sich an der Uni eingeschrieben.   b. Er hat Examen gemacht.

b | Notieren Sie die passenden Nomen zu den Verben.

→ KB 2

2 ## Glückwünsche: Wir gratulieren

a | Ordnen Sie den Glückwunschkarten einen passenden Text zu.

1. Liebes Brautpaar! Die allerbesten Wünsche an die, die sich trauten. Mögt ihr gemeinsam alt, grau und glücklich werden. Eure Nachbarn

2. Fahr vorsichtig mit deinem Flitzer, an jeder Ecke steht ein Blitzer! Liebe Hanna, herzlichen Glückwunsch zum Führerschein. Dein Vater

3. Lerne lesen, lerne schreiben – möglichst ohne Sitzenbleiben. Wenn es doch einmal passiert, wird es halt aufs Neu' probiert! Das wünschen dir, lieber Felix, Mama und Papa

4. Nach neun Monaten Wartezeit ist es nun so weit. Herzliche Glückwünsche!

b | Finden Sie passende Kombinationen und schreiben Sie verschiedene Glückwünsche.

Wir wünschen euch von ganzem Herzen ○   ○ eine glückliche und gesunde Zeit zu viert!

Zum/r Geburtstag/Hochzeit/... ○   ○ alles Gute und Liebe, Glück, Gesundheit und Erfolg.

Herzlichen Glückwunsch zum/r ... ○   ○ und wünsche/n dir/euch ...

Ich/Wir gratuliere/n dir/euch zum/r ... ○   ○ und die besten Wünsche für deinen/euren weiteren Lebensweg.

Wir wünschen euch von ganzem Herzen alles Gute und Liebe, Glück, Gesundheit und Erfolg.

 c | Wann gratuliert man noch? Wählen Sie einen Anlass und schreiben Sie eine Glückwunschkarte.

→ KB 3 | **3** **Gefühle ausdrücken**

a | Welche Gefühle zeigen die Personen? Kreuzen Sie an.

a. ☐ verärgert
b. ☐ begeistert

a. ☐ desinteressiert
b. ☐ glücklich

a. ☐ überrascht
b. ☐ genervt

a. ☐ freundlich
b. ☐ wütend

a. ☐ freudig
b. ☐ erstaunt

a. ☐ besorgt
b. ☐ stolz

b | Welche Adjektive haben eine ähnliche Bedeutung? Bilden Sie Gruppen.

4 **Adjektive aus Nomen bilden**

a | Bilden Sie Adjektive mit *-isch, -lich, -ig*. Kennen Sie andere Beispiele?

1. Geduld + -ig _____
2. Angst + -lich _ängstlich___
3. Glück + -lich _____
4. Eifersucht + -ig _____
5. Vorsicht + -ig _____

6. Komik + -isch _____
7. Politik + -isch _____
8. Ärger + ___ _____
9. Bürokratie + ___ _____
10. Neugier + ___ _____

FOKUS SPRACHE

Adjektive aus Nomen haben manchmal einen Umlaut: a → ä, u → ü
Manchmal entfällt die Endung am Nomen: Politik → politisch

b | Wo ändert sich vom Nomen zum Adjektiv der Vokal? Wo fällt die Endung am Nomen weg?
Markieren Sie in zwei Farben.

5 Nur manchmal . . .

a | Hören Sie und markieren Sie alle Ich-Laute. Vergleichen Sie dann mit der Lösung.

Ich finde meine Töchter manchmal richtig lustig, weil sie so komische Geschichten erzählen.
Ich finde meine Lehrerin manchmal richtig neugierig, weil sie uns so viele Fragen stellt.
Ich finde den Busfahrer von Linie 7 manchmal richtig freundlich, weil er mir beim Einsteigen hilft.
Ich finde Politiker manchmal richtig komisch, . . .

> TIPP
>
> *-ig* darf man auch wie *-ik* sprechen!

b | Wie finden Sie diese Menschen? Sagen und begründen Sie Ihre Meinung wie in a. Sprechen Sie die Ich-Laute ganz bewusst.

> Politiker | Polizisten | Verkäufer | Verkäuferinnen | Taxifahrer | Schriftsteller |
> Schauspieler | meinen Freund / meine Freundin | meinen Nachbarn / meine Nachbarin |
> meine Lernpartnerin / meinen Lernpartner | . . .

> höflich | unhöflich | bürokratisch | langweilig | sympathisch | neugierig | schwierig |
> peinlich | ängstlich | freundlich | unfreundlich | komisch | . . .

6 Adjektive aus Verben

a | Wie heißt das Partizip Perfekt zu den Verben? Ergänzen Sie.

sperren: ⌞gesperrt⌟   überraschen: ⌞＿＿＿＿⌟   verwöhnen: ⌞＿＿＿＿⌟

öffnen: ⌞＿＿＿＿⌟   nerven: ⌞＿＿＿＿⌟   enttäuschen: ⌞＿＿＿＿⌟

b | Wer oder was ist …? Kombinieren Sie Nomen mit Adjektiven aus a und ergänzen Sie den Artikel.

⌞die gesperrte Straße, der genervte Mann, ＿＿＿＿＿＿＿＿＿＿＿＿＿＿＿＿

＿＿＿＿＿＿＿＿＿＿＿＿＿＿＿＿＿＿＿＿＿＿＿＿＿＿＿＿＿＿＿＿＿＿＿＿

> FOKUS SPRACHE
>
> Das Partizip Perfekt kann man oft als Adjektiv benutz
> sperren → gesperrt → eine gesperrte Straße

c | Denken Sie sich eine Geschichte mit den Personen und Gegenständen aus den Nomengruppen in b aus. Erzählen Sie im Kurs.

→ KB 5 **7** **Plötzlich ist alles anders**

a | Lesen Sie den Text. Was hat sich in Peers Leben verändert? Wodurch?

Peer Fucks (17), ist seit einigen
Wochen Bundesligaprofi

Letzte Woche habe ich mein erstes Bundesligator geschossen, in der 90. Minute! Plötzlich kennen mich alle. Das ist schon komisch. Ich bin ja nicht gewohnt, ständig Autogramme zu geben. Aber es macht auch Spaß, bekannt zu sein. Mit zehn Jahren habe ich angefangen, in der Jugendmannschaft eines Bundesligavereins zu spielen. Ich war im Internat und es war schwer, von zu Hause wegzugehen. Aber ich habe immer davon geträumt, selbst Profi zu werden. Nur dass es so schnell geht ... Ich bin wirklich erstaunt, am Wochenende wieder in der Startelf zu stehen. Und im Moment finde ich es toll, meinen Traum leben zu können.

b | Markieren Sie *zu* + Infinitiv im Text und ergänzen Sie die Tabelle.

Hauptsatz	*zu* + Infinitiv	
Ich bin ja nicht gewohnt,		
		wegzugehen.
		zu können.

FOKUS SPRACHE

zu + Infinitiv steht am _____. Vor der Infinitivgruppe mit *zu* steht meistens ein Komma.
Bei trennbaren Verben steht *zu* zwischen Präfix und Verbstamm:
Es war anfangs schwer, früh aufzustehen.

c | Lesen Sie das Porträt von Hannelore. Ergänzen Sie die passenden Verben mit *zu*.

Hannelore Anders (52), ist für einen Job nach Frankfurt gezogen

bekommen | orientieren | kennen lernen | umziehen | gehen | anfangen

Ich war lange als Hausfrau und Mutter voll beschäftigt. Plötzlich waren meine Kinder aus dem Haus und ich habe beschlossen, mich neu _____ . Ich habe sehr viele Bewerbungen geschrieben. Und es war frustrierend, fast nur Absagen _____ .

Dann kam das Jobangebot aus Frankfurt. Ich war sofort bereit, _____ .

Anfangs war ich natürlich viel allein. Aber es war sehr aufregend, die Stadt _____ .

Heute bin ich mir sicher, dass es richtig war, nach Frankfurt _____ und noch einmal neu _____ .

→ KB 6   **8   Verben, Nomen und Adjektive mit zu + Infinitiv**

a | Welche Kombinationen sind möglich? Probieren Sie es aus und ordnen Sie die Satzteile zu.

1. Er hat Angst,   ○   ○   mit dir ins Kino zu gehen.

2. Sie findet es anstrengend,   ○   ○   zu fliegen.

3. Ich habe keine Lust,   ○   ○   jede Woche aufzuräumen.

4. Er hat beschlossen,   ○   ○   den langen Weg nach Hause zu laufen.

5. Es ist nicht wichtig,   ○   ○   in eine neue Stadt zu gehen.

b | Nach welchen Wendungen steht *zu* + Infinitiv? Ordnen Sie die Beispiele aus a in die Tabelle und ergänzen Sie weitere Wendungen aus Aufgabe 5 und 6 im Kursbuch.

Verben	Nomen	Adjektive
beschließen	Er hat Angst, ...	Es ist wichtig, ...

c | Ordnen Sie bitte die zweite Satzhälfte. Ergänzen Sie die Tabelle in b mit den Wendungen aus den Sätzen.

1. Wir freuen uns sehr, | Sommerferien | in | zu | verreisen | den

2. Leider ist es schwierig, | für | zu | ein günstiges Angebot | finden | eine Familie

3. Es lohnt sich aber, | zu | Preise | im Internet | vergleichen | die

4. Und man sollte versuchen, | buchen | sich | zu | frühzeitig | umzusehen | und

9   Es macht mir Spaß, ...

Kettenspiel: Wählen Sie einen Satzanfang. Der Erste ergänzt den Satz mit *zu* + Infinitiv, der Nächste wiederholt den Satz und fügt einen Satzteil hinzu usw. Wer den Satz nicht vollständig wiederholen kann, beginnt mit einem neuen Satzanfang.

Es macht mir Spaß, ...   Ich bin es gewohnt, ...

Es lohnt sich, ...

Es macht mir Spaß, einzukaufen.

Es macht mir Spaß, einzukaufen und Fußball zu spielen.

Es macht mir Spaß, einzukaufen, Fußball zu spielen und ...

→ KB 9   **10** **Mentale Bilder**

a | Lesen Sie die Lerntipps der Lernberaterin. Denken Sie sich zu jedem Tipp ein Bild aus und / oder zeichnen Sie es.

1. Teilen Sie den Lernstoff in kleine Portionen auf.

2. Erstellen Sie einen Lernplan. Dieser ist der Fahrplan zu Ihrem Lernziel.

3. Planen Sie auch Pausen ein. Bewegung und frische Luft sind optimale Pausenfüller.

4. Verbinden Sie den Lernstoff mit eigenen Interessen.

5. Wechseln Sie Aufgaben und Themen ab.

6. Belohnen Sie sich für Ihre Erfolge.

b | Welche Bilder haben Sie sich ausgedacht? Vergleichen Sie mit Ihrer Lernpartnerin / Ihrem Lernpartner.

c | Probieren Sie es aus. Schließen Sie das Buch. Können Sie noch alle Tipps wiedergeben?
Machen Sie den Test in einer Woche noch einmal.

STRATEGIE

Finden Sie für Informationen, die Sie sich merken wollen, mentale Bilder. Verbinden Sie die Informationen mit Ihren eigenen Erfahrungen.

→ KB 10   **11** **Verben mit Infinitiv**

a | Was passt nicht? Streichen Sie durch.

1. Ich kann | ~~sehe~~ | ~~bleibe~~ mit vollem Bauch nicht lernen.
2. Sollst | Lässt | Gehst du in den Pausen joggen?
3. Wir hören | lassen | fahren nach dem Unterricht einkaufen.
4. Helfen | Sehen | Lassen Sie sich nach dem Lernen verwöhnen!
5. Sie hört | bleibt | fährt morgens gern lange liegen.
6. Hört | müsst | lernt ihr die Vögel singen?
7. Die Kinder sehen | lernen | lassen ab nächster Woche schwimmen.
8. Ich sehe | kann | fahre den Stress schon auf mich zukommen.

FOKUS SPRACHE

Bei Modalverben und den Verben *bleiben, gehen, fahren, hören, sehen, lernen* und *lassen* folgt der Infinitiv ☐ mit ☐ ohne *zu*.

b | Markieren Sie alle Verben in Ihren Sätzen. Was fällt Ihnen auf?

12 Mit oder ohne zu?

Infinitiv mit oder ohne *zu*? Ergänzen Sie bitte.

Mein Deutsch ist schon ganz gut. Ich kann über verschiedene Themen _____

(sprechen). Aber ich wünsche mir, noch weniger Fehler _____ (machen). Ich will

vor allem meine Aussprache _____ (verbessern). Mein Deutschlehrer hat mir

empfohlen, oft deutsches Radio _____ (hören) und _____ (fernsehen).

Manchmal gehe ich mit einem Freund _____ (essen) und ich bitte ihn, mich

beim Sprechen _____ (korrigieren). Leider lasse ich mich im Restaurant

gern _____ (ablenken). Vielleicht sollten wir in Zukunft lieber in die Bibliothek

_____ (gehen).

→ KB 12

13 Manchmal passieren Dinge …

Was haben Sie in der letzten Woche erlebt? Womit haben Sie nicht gerechnet, was war so nicht geplant?
Berichten Sie in einem Tagebucheintrag.

Liebes Tagebuch,
heute will ich doch mal schreiben, was mir
am … / gestern / … passiert ist. Ich …

Liebes Tagebuch,
manchmal passieren merkwürdige Dinge …
Ich bin wie immer um … zum Unterricht /
Einkaufen / zur Arbeit gegangen.
Plötzlich …

Eine Woche wie jede andere?
Ich habe noch nie …

→ KB 15

14 Kinderbetreuung

a | Welche Betreuungsmöglichkeiten für Kinder gibt es? Bilden Sie aus den Silben sieben Wörter und notieren
Sie sie mit Artikel. Kennen Sie noch andere?

| TEN | GROß | KIN | AU | GES | TERN | MUT | PE | GAR | TA |
| BY | PAIR | BA | KRIP | SIT | DER | TER | EL | KI | TER | TA |

Personen: _____

_____

Institutionen: _____

b | Wie heißen die Wörter in Ihrer Sprache? Sind sie gleich oder ähnlich? Vergleichen Sie im Kurs.

15 Zweiteilige Konnektoren

a | Lesen Sie den Zeitungsbericht. Wer ist Martin F.? Was macht er beruflich?

Allein unter Frauen

Deutschlands Kindertagesstätten sind fest in weiblicher Hand. Warum aber meiden Männer den Job? Dafür gibt es verschiedene Gründe. Entweder sie wollen nicht als unmännlich gelten oder sie finden die Bezahlung zu schlecht. Doch das Bild ändert sich langsam.

Martin F. ist der einzige männliche Erzieher in der Kita Sonnenblume. Er ist seit einem halben Jahr sowohl für die 14 Mädchen als auch für die fünf Jungen aus der Gruppe verantwortlich. Die Welt hat sich verändert, sagt Professor Holger B., der seit Jahren die Rolle von Männern in der Erziehung erforscht: Heute ist oft nicht nur der Vater, sondern auch die Mutter berufstätig. Sie teilen sich sowohl Haushalt als auch Erziehung. Es gibt auch immer mehr männliche Erzieher. „Wir wollten sehr gern einen Mann", sagt die Sonnenblumen-Leiterin. Er kann nicht nur gut Fußball spielen, sondern hat oft auch eine andere Sicht auf die Dinge. Erziehen Männer anders als Frauen? Bisher kann weder die Forschung noch die Erfahrung dies klar beantworten.

b | Wo stehen die Informationen? Welche Konnektoren passen? Markieren Sie im Text und notieren Sie.

1. Vater und Mutter teilen sich heute beides: Haushalt und Erziehung. ⌐_____⌐

2. Wie viele Männer kann Martin Fußball spielen. Er sieht Dinge aber auch anders. ⌐_____⌐

3. Viele möchten nicht unmännlich wirken, andere möchten mehr verdienen. ⌐_Entweder ... oder_⌐

4. Die Forschung weiß es nicht, die Erfahrung zeigt es auch nicht. ⌐_____⌐

c | Ergänzen Sie passende Konnektoren.

Martin F. betreut in der Kita ⌐_nicht nur_⌐ die Jungen, ⌐_____⌐ die Mädchen. Er ist immer

beschäftigt: ⌐_____⌐ er schneidet Obst für die Pause ⌐_____⌐ er hilft den Kindern beim

Zähneputzen. Martin F. mag ⌐_____⌐ die Arbeit mit den Kindern ⌐_____⌐ mit den

Kolleginnen. Und ⌐_____⌐ die Eltern ⌐_____⌐ die Kolleginnen haben Probleme mit

einem männlichen Erzieher.

FOKUS SPRACHE

Zweiteilige Konnektoren verbinden Satzteile oder ganze Sätze.
Parallele Strukturen im Satz können wegfallen:
Er betreut nicht nur die Jungen, sondern er betreut auch die Mädchen.

16 Entweder Erdbeer oder Vanille?

Notieren Sie mehrere kurze (Nonsens-)Sätze mit Konnektoren. Spielen Sie dann kleine Dialoge, in die diese Sätze passen.

Nicht nur die Tante, sondern auch der Onkel!

Weder Montag noch Dienstag!

Sowohl Hund als auch Katze!

Entweder Fisch oder Fleisch!

17 Nur ein Märchen …!?

_2 a | Hören Sie das Märchen und achten Sie auf Pausen und betonte Wörter.

_3 b | Hören Sie noch einmal, was die Prinzessin sagt. Markieren Sie in jedem Satz die Pausen und die besonders betonten Wörter. Wie viele Wörter pro Satz sind betont?

Mein Traumprinz:

Er ist nicht nur reich, sondern auch schön. Und er ist nicht nur groß, sondern auch kräftig, nicht nur kreativ, sondern auch erfolgreich. Und er ist nicht nur ehrlich, sondern auch fair. Er ist sowohl fleißig als auch gemütlich, sowohl romantisch als auch leidenschaftlich, sowohl sensibel als auch ernsthaft.

Er ist weder arm noch hässlich und weder klein noch schwach. Er ist weder langweilig noch erfolglos. Er ist …

c | Lesen Sie die Sätze aus b vor und achten Sie dabei auf die Pausen und die betonten Wörter.

d | Wie sollte Ihre Traumprinzessin / Ihr Traumprinz sein? Beschreiben Sie.

 KB 17

18 Informationen erfragen: Bin ich bei Ihnen richtig?

Wählen Sie eine Situation und verteilen Sie die Rollen. Spielen Sie ein Telefongespräch.

Situation 1: Einwohnermeldeamt

Frau / Herr Berger
Sie leben seit einer Woche in einer neuen Stadt.
Sie rufen beim Einwohnermeldeamt an und fragen die / den Angestellte/n:
- was Sie tun müssen, um sich anzumelden
- wie viel die Anmeldung kostet
- was man für die Anmeldung braucht

Frau / Herr Fuchs
Sie sind Angestellte/r beim Einwohnermeldeamt. Sie beantworten am Telefon Fragen zur Anmeldung:
- zur Anmeldung muss man persönlich vorbeikommen
- sie kostet nichts
- für die Anmeldung braucht man einen Personalausweis

Situation 2: Standesamt

Frau / Herr Wilken
Sie möchten heiraten. Sie rufen beim Standesamt an und fragen die / den Angestellte/n:
- was Sie für die Anmeldung brauchen
- wie Sie einen Termin bekommen
- wie viel die Anmeldung kostet

Frau / Herr Dekowsi
Sie sind Angestellte/r beim Standesamt. Sie beantworten am Telefon Fragen zur Anmeldung für eine Heirat:
- man braucht: Personalausweis oder Reisepass, Aufenthaltsbescheinigung, Auszug aus dem Geburtenregister
- man kann telefonisch einen Termin vereinbaren
- die Anmeldung kostet 50 Euro

Memotechniken

a | Mit welchen Methoden kann man sich etwas gut merken?
Lesen Sie den Text und markieren Sie.

Gedächtnis richtig trainieren

Verflixt und zugenäht – wie war das noch? Dass einem etwas partout nicht einfällt, erleben Schüler wie Erwachsene. Mit guten Merktechniken (aber) bringen Junge und nicht mehr ganz Junge ihr Gedächtnis auf Trab.

Die Schüleraugen leuchten so ungläubig, als fielen Weihnachten und Ostern auf einen Tag: Wie kann sich dieser Mann nur 20 beliebige Begriffe innerhalb weniger Minuten merken und fehlerfrei wiedergeben? Jedes Mal, wenn der Gedächtnistrainer Markus Hofmann seine Kunst des schnellen Auswendiglernens vorführt, wird er vom Publikum mit staunenden „Ahhs" und „Ohhs" belohnt.

Diesen Zaubertrick würde jeder gern beherrschen: Nachmittags 20 Vokabeln im Eiltempo abspeichern – und sie am nächsten Tag beim Abfragen fehlerfrei aufsagen können. Memotechniken* lassen sich für Vokabeln, Formeln, Daten, Definitionen und Zahlenreihen ebenso anwenden wie für Einkaufslisten: die zehn letzten US-Präsidenten, die 16 deutschen Bundesländer, die sieben Weltwunder – oder alle Zutaten für den Geburtstagskuchen, die man im Supermarkt besorgen soll.

Aufschreiben war gestern, dank Memotechnik haben wir den Notizzettel im Kopf. Das Prinzip ist schnell erklärt: Wir verknüpfen Bilder, Fantasie, Kreativität und Zahlen, Daten, Fakten miteinander. Will sich ein Schüler das lateinische Wort „cubare" (liegen) merken, denkt er sich ein Bild aus. Zum Beispiel: Die Kuh liegt auf der Bahre. Phonetisch passt das

gut (cu = Kuh, bare = Bahre). Das Bild ist so absurd, dass man es einfach behalten muss. Damit die Sache funktioniert, braucht man ein bisschen Fantasie.

Wer sein Gedächtnis trainieren will, muss über die Realität hinausdenken. Das Normale speichern will das Gehirn selten. Deshalb muss man witzige Geschichten oder Bilder erfinden, um sich zu erinnern. Mit ein bisschen Humor ist das Ganze noch wirksamer. Kann jeder ein Gedächtnismeister werden? Im Prinzip ja, wenn er es versteht, seiner Fantasie freien Lauf zu lassen. Wer sich schnell verrückte Geschichten ausdenken kann, kann sich Gelerntes länger merken.

Und wie memoriert man leicht, welche Tiere die Familie im Zoo gesehen hat? Mit der Körperroute-Technik: Das Gnu knabbert am Schuh, der Bär liegt auf dem Bauch, die Affen hangeln sich mit den Armen an den Lianen, die Giraffe kratzt sich am Hals und der Elefant wackelt mit den Ohren … oder mit der Loci-Technik: Hierbei werden wichtige Wörter oder Sachverhalte bestimmten Orten zugeordnet, z. B. dem Kinderzimmer. Mit einer abenteuerlichen Geschichte kann man sich dann leicht die drei längsten Flüsse der Welt merken: der Nil, der Amazonas und der Jangtse. Das Stoff-Nilpferd (Nil, 6671 km) auf dem Bett beißt ein Blatt von der Topfpflanze (Dschungelfluss Amazonas, 6448 km) ab und malt dann ein chinesisches Schriftzeichen (Jangtse als längster Fluss Chinas, 6380 km) an die Wand.

* auch Mnemotechniken

aus: Focus online

b | Welche Methode gefällt Ihnen? Welche würden Sie gern ausprobieren? Haben Sie selbst eine Methode, wie Sie sich viele Dinge merken?

Höhepunkte und Tiefpunkte im Leben

Zeichnen Sie Ihre Lebenskurve und ergänzen Sie besondere Ereignisse.

die Heirat
die Scheidung
die Rente
...

die Heirat

Gefühle zeigen

Wie fühlen Sie sich selten / manchmal / oft? Schreiben Sie Ihr persönliches „Gefühls-ABC".

Ich bin

A _____   D _____

B oft begeistert   E _____

C _____   ...

Lernen

sich konzentrieren
ausprobieren
Ziele festlegen
...

Wie lernen Sie? Ergänzen Sie die Sätze.

Es macht mir Spaß, _____

Es fällt mir schwer, _____

Ich finde es anstrengend, _____

So sage ich: Informationen einholen

Sie rufen auf einem Amt an und möchten sich informieren.

Sie beginnen das Gespräch: _____

Sie fragen gezielt nach einer Information: _____

Sie fragen nach: _____

Adjektive aus Nomen und Verben

Neugier	-ig	neugierig	Komik	-isch	komisch	Angst	-lich	ängstlich
Eifersucht	-ig	eifersüchtig	Politik	-isch	politisch	Glück	-lich	glücklich

▪ Markieren Sie die Umlaute. Streichen Sie Endungen, die vom Nomen zum Adjektiv wegfallen, durch.

Verb: Der Verkäufer hat den Laden geöffnet.

Adjektiv: Der Laden ist geöffnet. Der geöffnete Laden.

Infinitiv mit zu

Hauptsatz	zu + Infinitiv	
Maria hat sich gefreut,	im Lotto	zu gewinnen.
Es ist ihr wichtig,	ganz normal	weiterzuleben.
Es macht ihr Spaß,	sich alles	leisten zu können.

▪ Markieren Sie *zu* und das Verb im Infinitiv.

▪ Welche Wendungen stehen im Hauptsatz? Notieren Sie jeweils drei Beispiele.

Verben: _____ , _____ , _____

Nomen: _____ , _____ , _____

Adjektive: _____ , _____ , _____

Verben mit Infinitiv

Nach den Modalverben und *bleiben, gehen, fahren, hören, sehen, lernen, lassen* folgt ein Verb im Infinitiv.

	Position 2 Verb 1		Satzende Verb 2 (Infinitiv)
Die ganze Woche	muss	ich früh	aufstehen.
Sonntags	bleibe	ich gern bis 12 Uhr im Bett	liegen.
Ich	lasse	mir das Frühstück ans Bett	bringen.
Nachmittags	gehe	ich mit Freunden im Park	Kaffee trinken.

Zweiteilige Konnektoren

Der Erzieher kümmert sich sowohl um die Jungen als auch um die Mädchen.

Er kann nicht nur gut Fußball spielen, sondern baut auch gern Puppenhäuser.

Weder die Eltern noch die Kolleginnen haben ein Problem mit einem männlichen Erzieher.

Die Kinder spielen in der Kita entweder im Haus oder im Garten.

1 Wendepunkt

a | Was für einen Wendepunkt gab es wohl in Fabios Leben? Spekulieren Sie.

- Scheidung
- Berufswechsel
- Kind
- Arbeitslosigkeit
- Umzug
- …

b | Vergleichen Sie Ihre Vermutungen und sehen Sie dann den Film, Teil 5. Was war der wichtigste Grund?

2 Steckbrief

a | Sehen Sie jetzt den ganzen Film und ergänzen Sie den Steckbrief. Vergleichen Sie Ihre Ergebnisse in der Gruppe. Sehen Sie den Film noch einmal und überprüfen Sie Ihre Antworten.

Vorname, Nachname:	Fabio Schütte
Familienstand:	
Alter:	
Wohnort und Stadtteil:	
Arbeitsstelle:	
Berufe:	
Grund für die jetzige Berufswahl:	
Fahrzeuge:	
Hobbys:	
Reiseziele:	
…	

b | Was ist das Besondere an Fabios Stadtteil? Sammeln Sie Informationen im Internet.

3 Kinder, Kinder!

_21/2-4 **a |** Was passiert auf den Filmbildern? Sehen Sie den Film, Teile 2-4 noch einmal und ordnen Sie die Bilder. Worüber sprechen Fabio, Lisa, Frau Risse und die Kinder? Wählen Sie passende Stichwörter und schreiben Sie bitte zu jedem Bild einen Satz.

Anmeldung | Zungenbrecher | Guten Appetit! | Führung |
Kinder | Öffnungszeiten | Mittagessen | Turnhalle

b | Was sagen die Kinder und Fabio?
Ergänzen Sie bitte den Spruch.

Wir Wiener Waschweiber würden w_____
W_____ w_____, wenn wir wüssten,
wo warmes W_____ wär'.

c | Kennen Sie andere Zungenbrecher auf Deutsch oder in Ihrer Muttersprache? Stellen Sie sie vor.
Was glauben Sie, was kann man beim Üben von Zungenbrechern lernen?

4 Lernerfahrungen

 _21/2 **a |** Was sagt Fabio über Kinder und das Lernen? Sehen Sie den Film, Teil 2.

 _21/5 **b |** Was hat Fabio auf seiner großen Fahrradtour gelernt? Sehen Sie den Film, Teil 5.

c | Spielen Sie mit dem Wort *Lernerfahrung*: Es besteht aus *Lernen* und *Erfahrung* und in Erfahrung steckt das Wort *fahren*. Schreiben Sie ein Gedicht zum Thema Lernen und Lernerfahrung.

Er fährt und fährt ...   Lernen lernen ist ...
...   ...

5 Quizfrage

Wie viele Räder hat Frau Risses Fahrzeug (Fahrrad mit Anhänger)?

Nomen

die Entspannung (nur Sg.)		der Weizen (nur Sg.)	Weizenmehl
die Atmosphäre (nur Sg.)		die Soja (nur Sg.) die Sojabohne, -n	
das Geräusch, -e		die Nuss, ⁻e die Haselnuss, ⁻e die Erdnuss, ⁻e	
der Duft, ⁻e			
der Genuss, ⁻e			
die Qual, -en		die Kiwi, -s	
die Belohnung, -en		die Erdbeere, -n	
der Wald, ⁻er		der Sellerie, -	
der See, -n		die Karotte, -n	
die Sitte, -n die Tischsitte, -n		die Kräuter (nur Pl.)	
		die Kuh, ⁻e	
das Benehmen (nur Sg.)		das Huhn, ⁻er	
das Zeichen, -		der Säugling, -e	
die Hauptsache, -n		der / die Erwachsene, -n	
der Gastgeber, - die Gastgeberin, -nen		der Staub (nur Sg.)	
der Gang, ⁻e	ein 4-Gänge-Menü	der Hautausschlag, ⁻e	
das Menü, -s		die Bar, -s	
der Salzstreuer, -		die Kneipe, -n	
die Pfeffermühle, -n		die Gaststätte, -n	
der Korb, ⁻e	Brotkorb	die Pension, -en	
die Serviette, -n		das Doppelzimmer, -	
der Korkenzieher, -		das Einzelzimmer, -	
das Stäbchen, -		das Schloss, ⁻er	Türschloss
der Kloß, ⁻e		die Couch, s	
die Nudel, -n		die Sauna, -s / Saunen	
der Braten, -		die Terrasse, -n	
die Muschel, -n		die Pforte, -n	
die Kohlensäure (nur Sg.)		die Übernachtung, -en	
das Nahrungsmittel, -		die Vollpension (nur Sg.)	
das Produkt, -e		die Halbpension (nur Sg.)	
der Hinweis, -e		die Anzahlung, -en	
		die Kurtaxe (nur Sg.)	
		der Hafen, ⁻	
		das Boot, -e	

TIPP

Bringen Sie neue Wörter mit Wörtern in Verbindung, die Sie schon kennen:
das Boot – das Schiff

Verben

sich wohl fühlen	
genießen, hat genossen	
verwöhnen	
massieren	
schneiden, hat geschnitten	
zubereiten	
servieren	
probieren	
enthalten, hat enthalten	
vertragen, hat vertragen	
leiden, hat gelitten unter + D	
auslösen	.
einschränken	
sich auskennen, hat sich ausgekannt	
feststellen	
wecken	
angeben, hat angegeben	eine Nummer angeben
dazwischenkommen, ist dazwischengekommen	
benachrichtigen	
überreden	Er lässt sich überreden.
einwilligen	
handeln	

Adjektive

fein	
ausgebucht	
üblich	
unterschiedlich	
gesamt-	
parallel	
allergisch	
fair	
ökologisch	
gut gelaunt	
frustriert	
unangenehm	

Kleine Wörter

erst mal	
außer	
inklusive	
extra	
unbedingt	
spätestens	

Wendungen

Guten Appetit!	
Zum Wohl!	
Prost!	
Lassen Sie es sich schmecken.	
Gute Nacht!	
zur Verfügung stehen	
Wäre es möglich, dass …?	
Könnten Sie vielleicht …?	
Darf ich Sie um einen Gefallen bitten?	

- Welche Wörter passen für Sie zum Thema Entspannung? Sammeln Sie.

Entspannung

- Kombinieren Sie Nomen mit passenden Verben.

den Duft genießen,

Diese Wörter sind für mich wichtig:

➥ KB 1

1 Überall genießen

Ergänzen Sie passende Aktivitäten. Welche Präposition passt? Kreuzen Sie an.

1. Beim _____ ☐ in der ☐ im ☐ an der Disco genieße ich die laute Musik.

2. Beim _____ ☐ am ☐ im ☐ auf dem See genieße ich das kühle Wasser.

3. Beim _____ ☐ auf dem ☐ aus dem ☐ am Balkon genieße ich die Zigarette.

4. Beim _____ ☐ beim ☐ im ☐ am Computer genieße ich meine Kontakte.

➥ KB 2

Ⓟ

2 Hilfe, ich bin eingeladen!

Sie haben eine deutsche Freundin, die ein Jahr in Ihrem Heimatland lebt und arbeitet. Sie bekommen folgende E-Mail von ihr. Schreiben Sie Luisa, beantworten Sie ihre Fragen und geben Sie ihr weitere nützliche Tipps.

> Liebe / r _____ ,
>
> du musst mir unbedingt helfen. Meine Chefin hat mich morgen um 20 Uhr zum Abendessen eingeladen. Ich habe mich über die Einladung eigentlich sehr gefreut, aber jetzt bin ich total nervös. Was soll ich anziehen? Wann genau muss ich dort sein? Und vor allem, was kann ich mitbringen? Wäre super, wenn du mir ein paar Tipps geben könntest. Ich bin wirklich verzweifelt.
> Danke schon mal und viele Grüße
> Luisa

➥ KB 3

3 Immer die passende Floskel

Was sagen die Personen? Ergänzen Sie bitte.

_ _ _ _ _ _ _ _ _ _ _ _ !

_ _ _ _ _ !

_ _ _ _ _ _ _ _ _ _ _ _ !

→ KB 4 **4** **Ein Hochzeitstisch**

a | Wie heißen die Gegenstände? Schreiben Sie die Wörter mit Artikel und Plural zum Bild.

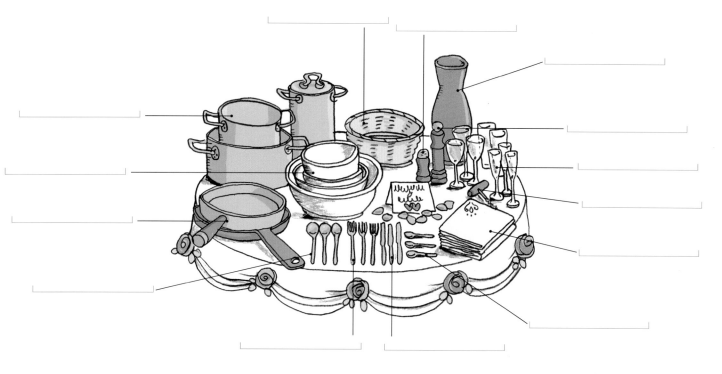

b | Gespräche am Hochzeitstisch. Worüber sprechen die Personen? Notieren Sie die Sätze und ersetzen Sie die markierten Pronomen durch Nomen.

1. Gefallen **sie** dir? *Gefallen dir die Frühstückstassen?*

2. Ich würde **es** ihnen gerne schenken.

3. Wie findest du **sie** eigentlich?

4. Vielleicht sollten wir **sie** uns selbst kaufen!

5. Zeigen Sie **ihn** mir doch mal in Grün, bitte!

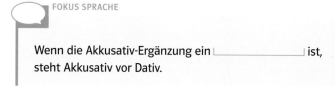

FOKUS SPRACHE

Wenn die Akkusativ-Ergänzung ein ⌐⎯⎯⎯⎯⌐ ist, steht Akkusativ vor Dativ.

5 **Als Aushilfe im Fitnessstudio**

Ergänzen Sie die Personalpronomen in den Antworten.

1. ▪ Marco, Frau Martens versteht Gerät Nr. 7 nicht. ▫ Okay, ich erkläre ⌐⎯⎯⌐⎯⎯⌐!

2. ▪ Marco, ich brauche den Schlüssel für Raum 4. ▫ Einen Moment, ich gebe ⌐⎯⎯⌐⎯⎯⌐ gleich.

3. ▪ Marco, wie ist denn diese Übung? ▫ Sehr gut, ich kann ⌐⎯⎯⌐⎯⎯⌐ nur empfehlen.

4. ▪ Marco, Herr Lorenz sucht den Aerobic-Kurs. ▫ Ich zeig ⌐⎯⎯⌐⎯⎯⌐ sofort.

5. ▪ Marco, der Chef möchte gern das neue Saunatuch ausprobieren. ▫ Ja, ich bringe ⌐⎯⎯⌐⎯⎯⌐.

→ KB 8

6 Bestellst du mal bitte . . . ?

_4 a | Hören Sie die Bestellungen und lesen Sie sie laut vor. Was ist für Sie noch schwierig, auszusprechen? Markieren Sie und üben Sie.

b | Flüstern Sie Ihrem Lernpartner / Ihrer Lernpartnerin tonlos drei Gerichte von der Speisekarte zu.
Kann sie / er das Gewünschte von Ihren Lippen ablesen?

Rinderbraten mit Kartoffelklößchen
Schwarzbrot mit Paprikastreifen
Nussbrötchen und Schokopudding
Tomatenpizza mit Schafskäse
Fischsuppe mit Schwarzbrot
Hühnchen mit Kartoffelbrei und Karotten
Marmorkuchen mit Erdbeermilch
Nudeln mit Pilzen und Ziegenkäse
Obstsalat und Bananenmilch
Rindfleischsuppe mit Selleriegemüse

*

c | Haben Sie alles verstanden? Kontrollieren Sie und üben Sie weiter. Geben Sie sich gegenseitig Tipps.

→ KB 9

7 Was passt nicht?

a | Welches Wort passt nicht? Streichen Sie durch und ergänzen Sie die Artikel.

1. ____ Kuhmilch | ____ Schafskäse | ____ Hühnerei | ____ Ziegenbutter

2. ____ Marmorkuchen | ____ Schwarzbrot | ____ Nussbrötchen | ____ Schokopudding

3. ____ Bananenmilch | ____ Weizenbier | ____ Weißwein | ____ Holundersekt

4. ____ Weizen | ____ Sellerie | ____ Karotte | ____ Bohne

5. ____ Kartoffelklöße | ____ Tiefkühlpizza | ____ Pommes frites | ____ Kartoffelbrei

b | Finden Sie für jede Reihe einen Oberbegriff und sammeln Sie weitere Beispiele.

→ KB 11

8 Blauer Dunst: Pro und Contra

_5 a | Richtig oder falsch? Lesen Sie die Aussagen, hören Sie und kreuzen Sie an.

	richtig	falsch
Sprecher 1 ist überzeugter Nichtraucher.	☐	☐
Sprecher 2 ist mit dem Rauchverbot einverstanden.	☐	☐
Sprecherin 3 findet die Nichtraucherschutzgesetze gut.	☐	☐

b | Hören Sie noch einmal und fassen Sie die Stellungnahmen in 1–2 Sätzen zusammen.

↳ KB 12 **9** ## Die ersten Tage eines Nichtrauchers

a | Lesen Sie den Textanfang. Können Sie ihn auch mit Lücken verstehen? Brauchen Sie die Wörter in den Lücken, um ihn zu verstehen? Gibt es andere wichtige Wörter, die Sie nicht verstehen? Markieren Sie.

Nichtraucher-Tagebuch: Genuss gegen die Sucht

Von Björn Erichsen

Endlich ist der Frühling da, auch in Hamburg ▇▇▇▇ die Natur aus dem Winterschlaf. Ich habe ein neues ▇▇▇▇. Wenn ich meine Wohnung verlasse, bleibe ich kurz stehen, atme tief durch und genieße den Duft der ▇▇▇▇ vor meiner Haustür. Noch nie habe ich den Frühling so intensiv ▇▇▇▇. Bereits nach 72 Stunden Nichtrauchen hat sich mein Geruchssinn ▇▇▇▇ verbessert.

---

b | Was fehlt in den Lücken? Analysieren und diskutieren Sie mit Ihrer Lernpartnerin / Ihrem Lernpartner.

Welche Wortart passt? Nomen, Adjektiv, Verb, …
Welche Funktion hat das Wort im Satz? Subjekt, Akkusativ-Ergänzung, Verb Teil 2, …
Geben die anderen Wörter im Satz Hinweise auf die Bedeutung?
Gibt die Logik im Text Hinweise auf die Bedeutung?

c | Füllen Sie die Lücken mit passenden Wörtern. Sie können auch Wörter aus Ihrer Sprache einfügen. Vergleichen Sie mit der Lösung und schlagen Sie die Bedeutung der Wörter im Wörterbuch nach.

STRATEGIE

Sie verstehen einige wichtige Wörter im Text nicht? Suchen Sie nach grammatischen und inhaltlich-logischen Hinweisen, um die Lücken zu füllen.

d | Lesen Sie den restlichen Text. Wo sind „Ihre Lücken"? Wenden Sie die Strategie an und versuchen Sie, sie zu schließen.

Die schlimmsten Momente habe ich hoffentlich überstanden. Zwar denke ich noch sehr oft an Zigaretten, aber die bösen Entzugsattacken mit Schwitzen und Zittern kommen immer seltener. Vor allem die Ritualzigaretten fehlen mir noch: Beim Kaffee, nach dem Essen, beim Schreiben. Das Pflaster an meinem Arm versorgt mich mit Nikotin, es ist momentan also „nur" ein Kampf gegen meine Psyche. Regelmäßig ertappe ich mich dabei, wie ich mir einen Kugelschreiber in den Mund stecke.

Vier Brötchen zum Frühstück

Nicht nur mein Geruchssinn, auch mein Geschmack hat sich verbessert. Das nutze ich auf ganzer Linie aus, ich esse fast durchgehend: Am Donnerstag gab es vier Brötchen zum Frühstück, einen Schokosnack vor einem reichlichen Mittagessen. Den Nachmittag brachte ich mit Lutschbonbons und Gummibärchen rum, abends gab es Lasagne, kurz vor dem Schlafengehen noch einen Snack. Gesunder Hunger sieht anders aus.

---

aus: stern.de

KB 13 **10 Alles wird für Sie gemacht!**

a | Was sagt das Zimmermädchen? Was sagt der Gast?
Lesen Sie, markieren Sie die Verben und vergleichen Sie.

> Wir haben zurzeit einen komischen Gast. Jeden Tag räume ich sein Zimmer auf. Ich mache täglich die Betten, ich putze das Bad und ich fülle die Minibar auf. Und jetzt hat er sich darüber beschwert, dass die frischen Handtücher nicht im Bad, sondern auf dem Bett liegen.

> Es ist wirklich toll hier. Jeden Tag wird das Zimmer aufgeräumt. Die Betten werden täglich gemacht, das Bad wird geputzt und die Minibar wird ständig aufgefüllt. Nur die Handtücher, die liegen immer am falschen Ort!

 b | Markieren Sie in den Sätzen das Subjekt und vergleichen Sie. Warum nutzt der Gast das Passiv?
Was ist für ihn wichtig? Diskutieren Sie.

Ich putze jeden Tag das Bad. = Aktiv
Das Bad wird jeden Tag geputzt. = Passiv

 **FOKUS SPRACHE**

Der Passivsatz hebt die Handlung hervor. Die handelnde Pers
ist unwichtig oder unbekannt. Es ist nur wichtig, was passier

c | Ergänzen Sie die Passivsätze in der Tabelle.

	Position 2 **werden**		**Satzende** **Partizip Perfekt**
Jeden Tag			
			gemacht.
		ständig	

FOKUS SPRACHE

Passiv Präsens
_____ + Partizip Perfekt. _____ steht auf Position 2, _____ am Satze

d | Wer macht die Arbeit im Hotel? Bilden Sie weitere Sätze wie im Beispiel.

Zimmermädchen | Hotelpage | Masseur / Masseurin | Koch / Köchin | Kellner / Kellnerin

Die Zimmer werden von den Zimmermädchen gemacht.

_____

_____

FOKUS SPRACHE

Die handelnde Person kann man im Passivsatz mit *von* (+ Dativ) ner

11 Ein Jahr Essen und Trinken

a | Sehen Sie die Statistik an. Was wird in einem Jahr in Deutschland pro Person gegessen und getrunken?
Machen Sie möglichst viele Aussagen. Variieren Sie dabei die Verben für *essen* und *trinken*.

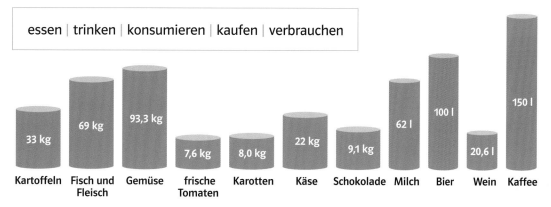

essen | trinken | konsumieren | kaufen | verbrauchen

Kartoffeln	Fisch und Fleisch	Gemüse	frische Tomaten	Karotten	Käse	Schokolade	Milch	Bier	Wein	Kaffee
33 kg	69 kg	93,3 kg	7,6 kg	8,0 kg	22 kg	9,1 kg	62 l	100 l	20,6 l	150 l

In Deutschland werden pro Person 33 kg Kartoffeln gegessen.

In einem Jahr …

Pro Person …

b | Was meinen Sie: Wird in anderen Ländern mehr oder weniger verbraucht?
Diskutieren Sie.

> In der Schweiz wird sicher mehr Schokolade gegessen.

12 Wie kommt die Milch auf den Frühstückstisch?

a | Beschreiben Sie den Weg der Milch in Passivsätzen.

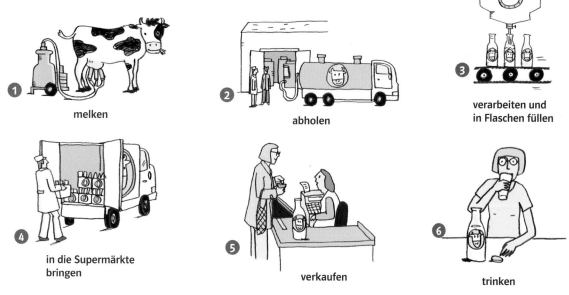

1 melken

2 abholen

3 verarbeiten und in Flaschen füllen

4 in die Supermärkte bringen

5 verkaufen

6 trinken

Zuerst wird die Kuh gemolken.

Dann …   In der Molkerei …   Danach …   Zum Schluss …

b | Wäsche waschen. Bringen Sie die Stichworte in eine sinnvolle Reihenfolge und beschreiben Sie den Vorgang.

☐ Wäsche sortieren ☐ Wäsche aus der Maschine nehmen ☐ Waschmaschine einschalten
☐ zum Trocknen aufhängen ☐ Programm auswählen ☐ in die Waschmaschine geben

→ KB 14

13 Ich möchte bitte buchen.

a | Hier sind die Reste einer Buchungsanfrage und einer Bestätigung vom Hotel. Was gehört wozu?
Sortieren Sie bitte.

A Wir würden gerne vom 8. Juli (Anreise) bis zum 10. Juli (Abreise) in Ihrem Hotel übernachten.

B Für den Wochenend-Normalpreis (Freitag bis Sonntag) erhalten Sie dann zusätzlich Halbpension.
Ein Kinderbett stellen wir Ihnen gern in Ihr Zimmer, berechnen aber pauschal 10 € dafür.

C Vielen Dank für Ihre Anfrage vom 14. 5. 2011.

D Wir reisen mit einem 2-jährigen Kind an. Könnten Sie mir daher bitte mitteilen, ob Sie auch
Kinderbetten haben?

E Bitte teilen Sie uns möglichst schnell mit, ob Sie sich für unser Angebot interessieren.

F Leider sind wir für den gewünschten Zeitraum komplett ausgebucht.

G Wir können Ihnen aber ein Doppelzimmer eine Woche später anbieten, und dies zu Sonder-
konditionen.

H Haben Sie für diesen Zeitraum ein Doppelzimmer für Nichtraucher frei?

I Über eine Antwort würde ich mich freuen.

Buchungsanfrage	Bestätigung vom Hotel
A,	

b | Rekonstruieren Sie die beiden E-Mails und ergänzen Sie Anrede und Schluss.

→ KB 15

14 Ich habe noch ein paar Fragen.

Anrufe in der Jugendherberge. Wer sagt was? Kreuzen Sie an.

	Anrufer / Anruferin	Angestellter / Angestellte
1. Wie viel kostet eine Übernachtung mit Halbpension?		
2. Haben Sie eine Mitgliedskarte?		
3. Ich möchte gern zwei Doppelzimmer für drei Nächte buchen.		
4. Wie läuft die Bezahlung ab?		
5. Sie können jeden Tag ab 13 Uhr einchecken.		
6. Wir haben leider keine eigenen Parkplätze.		
7. Wir kommen leider erst gegen 22 Uhr an.		
8. Für diese Zeit kann ich Ihnen nur ein Vierbettzimmer anbieten.		
9. Haben Sie besondere Angebote für Familien?		
10. Können wir unsere Fahrräder unterstellen?		

→ KB 16 **15 Das brauchen Sie nicht zu tun!**

a | Frau Koll vermietet eine Ferienwohnung. Was fragen ihre Gäste? Rekonstruieren Sie.

1. Muss _____ Nein, Sie brauchen keine Handtücher mitzubringen.

2. Müssen _____ Nein, Sie brauchen nicht zu putzen.

3. Sollen _____ Nein, Sie brauchen die Blumen nicht zu gießen.

4. Müssen wir noch an irgendetwas denken? Nein, Sie brauchen nur gesund zu kommen.

b | Ergänzen Sie den passenden Satz mit *nicht brauchen … zu* in der Tabelle. Wo steht *zu*?

	Position 2 Modalverb		Satzende Verb (Infinitiv)
Sie	müssen	die Blumen nicht	gießen.

c | Sie laden Ihre Lernpartnerin / Ihren Lernpartner ein und möchten sie / ihn richtig verwöhnen. Schreiben Sie fünf Sätze, was sie / er als Gast bei Ihnen nicht tun muss.

Du brauchst / Sie brauchen nicht zu kochen. …

FOKUS SPRACHE

nicht müssen = nicht brauchen … zu = es ist nicht notwendig

→ KB 17 **16 Vor einer Geschäftsreise**

a | Was muss man vor einer Geschäftsreise unbedingt machen? Was sollte man tun? Lesen Sie den Notizzettel und bilden Sie Passivsätze mit Modalverb.

Hotelzimmer buchen | Taxi bestellen
Flugtickets abholen | Schreibtisch aufräumen
Blumen gießen | Unterlagen für das Treffen vorbereiten
Termin mit Herrn Poll verschieben | Frau Dankova Ankunftszeit in Prag mitteilen

Ein Hotelzimmer sollte gebucht …

b | Schreiben Sie zwei Sätze in die Tabelle.

	Position 2 Modalverb		Satzende Partizip Perfekt + werden
	müssen	unbedingt	
	sollte		

c | Was muss unbedingt gemacht werden? Wählen Sie eine Situation und diskutieren Sie.

vor einem Test | vor dem Urlaub | vor einem Umzug | vor der Hochzeit | vor Weihnachten

FOKUS SPRACHE

Passiv mit Modalverb
Auf Position 2 steht _____, am Satzende stehen das Partizip Perfekt + _____

↳ KB 18   **17**   **In der Schule – Wer spricht mit wem und wie?**

a | Schreiben Sie Kärtchen und machen Sie zwei Stapel. Ziehen Sie von jedem Stapel ein Kärtchen. Sprechen Sie den Satz wie die Person auf dem „Wer-Kärtchen". Setzen Sie auch Mimik und Gestik ein.

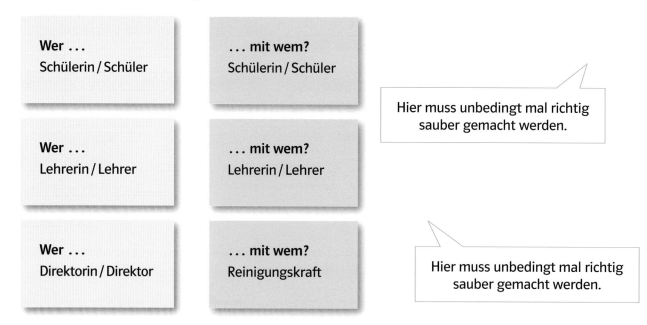

Wer ... Schülerin / Schüler	**... mit wem?** Schülerin / Schüler
Wer ... Lehrerin / Lehrer	**... mit wem?** Lehrerin / Lehrer
Wer ... Direktorin / Direktor	**... mit wem?** Reinigungskraft

Hier muss unbedingt mal richtig sauber gemacht werden.

Hier muss unbedingt mal richtig sauber gemacht werden.

b | Haben die anderen an Ihrer Sprechweise erkannt, welche Kärtchen Sie gezogen haben? Woran?

c | Spricht man in Ihrer Sprache in diesen Situationen anders? Diskutieren Sie und beobachten Sie Menschen in Deutschland (auch in Filmen, im Fernsehen, auf der DVD zu Aussichten, ...).

↳ KB 19   **18**   **Eine Anfrage höflich ablehnen**

Welche Reaktion ist freundlich und passend? Lesen Sie die Fragen und markieren Sie.

1. Wäre es möglich, dass Sie Ihren Urlaub um eine Woche verschieben?
a. Unter keinen Umständen! Wir haben schon fest gebucht.
b. Es tut mir leid, aber wir haben die Reise schon fest gebucht.

2. Es ist mir sehr unangenehm, dass ich störe, aber könnten Sie morgen die Frühschicht übernehmen? Herr Richter ist leider krank.
a. Oh nein, haben Sie wirklich schon alle anderen gefragt?
b. Ich helfe eigentlich gerne, aber morgen habe ich einen wichtigen Arzttermin.

3. Könnten Sie vielleicht morgen ausnahmsweise in unserer Filiale in Freiberg einspringen?
a. Entschuldigen Sie bitte, aber mein Auto ist in der Werkstatt und die Busse fahren nicht so früh.
b. Nein, das kommt gar nicht in Frage! Die Fahrt bekomme ich ja nicht bezahlt.

4. Sie sind der Einzige, den ich noch fragen kann. Könnten Sie heute bis 20 Uhr bleiben und die Handwerker rauslassen?
a. Das nächste Mal gern, aber heute hat meine Tochter Geburtstag.
b. Muss das sein? Meine Tochter hat heute Geburtstag.

Kleine Tricks zur Entspannung

a | Sehen Sie die Bilder an. Welche Übungen kennen Sie? Welche Übung finden Sie zur Entspannung geeignet?

b | Ordnen Sie bitte die Beschreibungen den Übungen zu.

Windmühle

Ellenbogen waagerecht zur Seite strecken und dabei Hände locker auf die Schultern legen. Mit beiden Ellenbogen gleichzeitig Kreise rückwärts in die Luft schreiben. Nach 15 Sekunden Kreise vorwärts.

Adler

Arme in Schulterhöhe zur Seite ausstrecken. Arme und Schultern nach hinten ziehen. Etwas nach vorne beu-
gen. Achten Sie auf einen geraden Rücken und spannen Sie den Bauch leicht an. 15–30 Sekunden halten.

Atemzählen

Setzen Sie sich aufrecht hin, schließen Sie die Augen und atmen Sie ruhig ein und aus. Zählen Sie bei jedem
Einatmen langsam auf 10 und beim Ausatmen wieder von 10 auf 1 zurück.

Strickleiter

Hände Richtung Decke strecken, der Oberkörper ist aufrecht. Abwechselnd mit der linken und rechten Hand
nach oben greifen wie bei einer Strickleiter. 20 Mal wiederholen und dabei entspannt weiteratmen.

Hampelmann

Stellen Sie sich gerade hin, Füße nebeneinander, Arme eng am Körper. Hüpfen Sie in die Grätsche, heben Sie
die Arme seitlich nach oben und klatschen Sie über dem Kopf die Handflächen zusammen. Hüpfen Sie dann
wieder zurück. 30 Sekunden lang wiederholen.

c | Kennen Sie weitere Übungen zur Entspannung? Beschreiben Sie in der Gruppe oder führen Sie sie durch.
Stellen Sie gemeinsam ein „Trainingsprogramm gegen Stress" zusammen.

Nahrungsmittel und Inhaltsstoffe

Welche Nahrungsmittel sind für Sie wichtig, welche problematisch? Notieren Sie.

Das brauche ich jeden Tag: _____

Das ist für mich nicht notwendig, aber ein Genuss: _____

Das vertrage ich nicht: _____

Übernachten im Urlaub

Wo übernachten Sie im Urlaub gern? Wie sieht Ihre Traumunterkunft aus?
Wie sollte das Angebot sein? Beschreiben Sie.

_____

_____

_____

> das Hotel
> die Pension
> die Ferienwohnung
> …
> die Sauna
> die Vollpension
> …

Dringende Aufgaben

Welche Aufgaben geben Sie an andere ab? Schreiben Sie zwei Notizzettel mit Aufträgen.

an eine Kollegin / einen Kollegen:

Ich muss dringend
Könnten Sie bitte

> unbedingt
> dringend
> spätestens bis
> …

an jemanden aus Ihrer Familie:

So sage ich: bei einer Essenseinladung

Sie sind Gastgeber und möchten mit Ihren Gästen anstoßen: _____

Sie sind Gastgeber und begrüßen Ihre Gäste: _____

Sie sind Gast und bitten Ihren Tischnachbarn um Salz: _____

Sie sind Gast und bedanken sich für die Einladung: _____

Akkusativ- und Dativ-Ergänzung im Satz

Nominativ	Verb	Ergänzungen		
Der Trainer	erklärt	der Kundin	das Laufband.	**Dativ** vor **Akkusativ**
Der Trainer	erklärt	es	der Kundin.	**Akkusativ** vor **Dativ**
Der Trainer	erklärt	es	ihr.	**Akkusativ** vor **Dativ**

Passiv Präsens

Aktiv: Der Koch bereitet den Salat immer aus frischen Zutaten zu.

Passiv: Der Salat wird (vom Koch) immer aus frischen Zutaten zubereitet.

	Position 2 werden		Satzende Partizip Perfekt
Ich	werde	jeden Morgen eine Stunde lang	massiert.
Du	wirst	an der Rezeption	begrüßt.
Dein Gepäck	wird	auf das Zimmer	gebracht.
Wir	werden	alle sehr	verwöhnt.
Ihr	werdet	beim Frühstück	erwartet.
Die Gerichte	werden	immer frisch	zubereitet.
Auf Wunsch	werden	Sie vom Bahnhof	abgeholt.

Passiv mit Modalverb

	Position 2 Modalverb		Satzende Partizip Perfekt + werden
Der Antrag	muss	heute noch	unterschrieben werden.
Die Kollegen	sollten	so schnell wie möglich	informiert werden.
Der Termin	kann	auf nächste Woche	verschoben werden.
Die Unterlagen	dürfen	nur mit Kurier nach Bonn	geschickt werden.

brauchen nicht / nur … zu + Infinitiv

Sie müssen die Blumen nicht gießen. = Sie brauchen die Blumen nicht zu gießen.

Sie brauchen nur vorbeizukommen. Alles andere erledigen wir für Sie.

1   Stiefel und Schuh – wozu?

a | Warum stehen wohl so viele Stiefel und Schuhe vor der Haustür? Spekulieren Sie.

- Das ist das Haus einer Bauernfamilie.
- Jemand hat Pferde und reitet.
- Es hat stark geregnet.
- Hier leben Fischer.
- …

 _22/1   b | Vergleichen Sie Ihre Vermutungen und sehen Sie dann den Film, Teil 1. Was ist der Grund?

2   Steckbrief

 _22   a | Sehen Sie jetzt den ganzen Film. Ergänzen Sie den Steckbrief. Vergleichen Sie Ihre Ergebnisse in der Gruppe. Sehen Sie den Film noch einmal und überprüfen Sie Ihre Antworten.

Vorname, Nachname:	Matthias St_ _ _
Familienstand:	
Kinder:	
Alter:	
Wohnort:	L_ _ _ _ _ - Arzheim
Haus:	Er wohnt seit _____ Jahren im Haus der _____
Region:	Pf _ _ z
Arbeitsort:	K_ _ _ _ r_h_
Aufgabe im Beruf:	Er kontrolliert Ö_ _ betriebe.
Nebenerwerb:	
Produkte, die Matthias herstellt:	zuerst _____, dann _____
ein Fahrzeug, das Matthias fährt:	
…	

b | Recherchieren Sie im Internet über die älteste deutsche Touristikroute, die sich in der Pfalz befindet – die Deutsche Weinstraße. Durch welche Orte führt sie?

3 Herstellung von Wein

_22/3,4 In welcher Reihenfolge sehen Sie die Bilder im Film? Sortieren Sie bitte. Schreiben Sie in die Zeile darunter, was auf den Filmbildern passiert. Benutzen Sie Passiv, wenn es passt. Die Wörter im Kasten helfen.

Trauben in die Wanne schütten | Saft pressen | Traktor fahren | Trauben schneiden

4 Wein-Experten und -Expertinnen gesucht

_22 a | Sehen und hören Sie den Film noch einmal. Können Sie folgende Fragen beantworten?

- Wie nennt man es, wenn die Trauben geerntet werden?
- Wie heißt die bekannteste deutsche Weißweinsorte?
- Wie sehen die Trauben aus, die gesammelt werden?
- Was ruft man beim Sammeln, wenn der Eimer voll ist?

b | Sammeln Sie im Internet Informationen zu deutschem Wein und präsentieren Sie im Plenum, was Sie besonders interessant finden.

5 Etikett

a | Jeder Wein hat einen Namen. Aber der Wein von Herrn Stein hat noch keinen. Erfinden Sie gemeinsam einen passenden Namen für das Etikett.

b | Malen Sie ein Etikett. Was steht alles auf dem Etikett? Recherchieren Sie. Informationen finden Sie in jedem Supermarkt oder auf der Homepage eines Weinguts.

6 Quizfrage

Wie schnell darf der Traktor fahren?

Bearbeiten Sie die Aufgaben. Vergleichen Sie mit den Lösungen auf S. 208. Notieren Sie Ihre Punktzahl. Markieren Sie in der Rubrik **Ich kann**: 4–6 Punkte = gut, 0–3 Punkte = nicht so gut.

1 Ein Radiointerview verstehen ___/ 6 P

_6 Hören Sie das Interview zum Thema Allergien. Welche Aussagen sind richtig? Kreuzen Sie an.

1. ☐ Die Sendung heißt *Plötzlich alles anders*.
2. ☐ Herr Michels bekommt Hautausschlag.
3. ☐ Herr Michels ist gegen Nüsse allergisch.
4. ☐ Soja ist nur in wenigen Gerichten enthalten.
5. ☐ Herr Michels isst nicht bei Freunden.
6. ☐ Fleisch ist für Herrn Michels problematisch.

	gut ☺	nicht so gut ☹
Ich kann in einem Interview Informationen zum Thema verstehen.		

2 Eine Anfrage schreiben ___/ 6 P

Sie möchten einen Deutschkurs buchen. Schreiben Sie eine Anfrage an die Sprachschule Lingua und gehen Sie auf die folgenden Punkte ein.

Ihr Sprachniveau   Wofür lernen Sie Deutsch? Welche Lernziele haben Sie?
Wünsche für den Kurs   Wie und wann bezahlen?

	gut ☺	nicht so gut ☹
Ich kann eine Anfrage schreiben.		

3 Einen Ablauf beschreiben ___/ 6 P

Wie läuft ein Essen zu einem offiziellen Anlass ab? Beschreiben Sie im Passiv.

Reden halten | Personen vorstellen | Gespräche führen | Kaffee trinken | Speisen und Getränke bestellen | Telefonnummern austauschen

Zuerst werden

	gut ☺	nicht so gut ☹
Ich kann einen Ablauf beschreiben.		

4 Am Telefon Informationen einholen ___/ 6 P

Was sagt man zum Einstieg, was zum Abschluss, wie fragt man nach? Ordnen Sie zu.

1. Okay, jetzt habe ich es.

2. Bin ich da bei Ihnen richtig?

3. Wie war das, bitte?

4. Ich habe den Prospekt gelesen und habe noch ein paar Fragen.

5. Ich melde mich noch einmal.

6. Was haben Sie gesagt?

Einstieg	Nachfragen	Abschluss

	gut ☺	nicht so gut ☹
Ich kann in einem Telefongespräch Informationen einholen.		

5 Informationen auf einer Internetseite verstehen ___/ 6 P

Lesen Sie die Hotelinformationen. Was ist richtig? Kreuzen Sie an.

Preise & Tarife
Der Zimmerpreis beinhaltet Übernachtung, Frühstück, Bedienung und die gesetzliche Mehrwertsteuer.
Einzelzimmer von 69,- € bis 79,- €, Doppelzimmer von 89,- € bis 99,- €
Im Übernachtungspreis ist ein Frühstücksanteil von 6,- € pro Nacht und Person enthalten.
Wochenendpreise nach Vereinbarung.

Telefon
Telefoneinheit 0,30 €, Breitband Internetzugang: Grundgebühr pro Tag (Flatrate) 5,- €

Anreise
Am Anreisetag steht Ihnen Ihr Zimmer ab 14:00 Uhr zur Verfügung. Ist keine spätere Ankunftszeit vereinbart, können wir Ihr Zimmer nach 18:00 Uhr anderweitig vergeben. Bitte beachten Sie, dass unsere Rezeption ab 22:00 Uhr geschlossen ist.

Abreise
Sollten Sie Ihr Zimmer am Abreisetag länger als 12:00 Uhr beanspruchen, informieren Sie bitte die Rezeption.

1. Das Frühstück ☐ kostet 6 Euro extra ☐ ist inklusive.
2. Am Wochenende gelten ☐ andere ☐ die gleichen Preise.
3. Für 5 Euro am Tag kann man ☐ telefonieren ☐ surfen.
4. Man muss bis ☐ 18 Uhr ☐ 22 Uhr anreisen.
5. Die Rezeption ist ☐ durchgehend ☐ nachts nicht besetzt.
6. Abreisen sollte man bis ☐ 12 Uhr ☐ 24 Uhr.

	gut ☺	nicht so gut ☹
Ich kann einer Internetseite wichtige Informationen entnehmen.		

MEIN ERGEBNIS

Übung	Punkte
1	
2	
3	
4	
5	
Summe	

0-14 Punkte: Das ist noch nicht so optimal. Üben Sie noch ein bisschen.
15-20 Punkte: Gutes Ergebnis! Ganz okay.
21-30 Punkte: Prima! Weiter so!

Nomen

die Messe, -n	
die Modenschau, -en	
die Mode, -n	
die Lesung, -en	
das Gedicht, -e	

das Parlament, -e	
die Regierung, -en	
der Bürgermeister, - die Bürgermeisterin, -nen	
der Aufstieg, -e	
die Verantwortung (nur Sg.)	
die Wissenschaft, -en	
der Fachmann, Fachleute	
die Tätigkeit, -en	
der Rechtsanwalt, ¨e die Rechtsanwältin, -nen	
der Architekt, -en die Architektin, -nen	
die Generation, -en	
die Hausverwaltung, -en	

der Ratgeber, -	
der Katalog, -e	
das Abonnement, -s	
der Ausweis, -e	
der Stempel, -	
die Vertragsbedingung, -en	
der Widerruf, -e	
die Erwartung, -en	
der Zeitpunkt, -e	
die Bestätigung, -en	
die Zahlung, -en	
der Kontoinhaber, -	
die Kontonummer, -n	
die Bankleitzahl, -en	

die Industrie, -n	
die Maschine, -n	
der Vertrieb, -e	
der Außendienst (nur Sg.)	
der Vertreter, - die Vertreterin, -nen	
der Referent, -en die Referentin, -nen	
der Ansprechpartner, - die Ansprechpartnerin, -nen	
die Klinik, -en	
das Arzneimittel, -	

die Begrüßung, -en	
der Inhalt, -e	
das Handout, -s	
die Grafik, -en	
die Zwischenfrage, -n	
die Zusammenfassung, -en	

der Boden, ¨ der Fußboden, ¨	
der Schmutz (nur Sg.)	
der Schrubber, -	
der Besen, -	
der Lappen, -	

Verben

präsentieren	
vorbereiten	
ankündigen	
beantworten	
zurückkommen, ist zurückgekommen auf + A	
sich anhören	
überzeugen	
auskommen, ist ausgekommen mit + D	
unternehmen, hat unternommen	

TIPP

Die Bedeutung neuer Wörter kann man oft von bekannten ableiten: die Zahlung – zahlen

sich zurückziehen, hat sich zurückgezogen	
sterben, ist gestorben	
sich anschaffen	= etwas kaufen
durchlesen, hat durchgelesen	
erwarten	
genügen	
abweichen, ist abgewichen von + D	
entsprechen, hat entsprochen	
sich entscheiden, hat sich entschieden	
zurückschicken	
rückgängig machen	
widerrufen, hat widerrufen	
überweisen, hat überwiesen	
zurückerstatten	
saugen	
bereit sein, ist bereit gewesen	
abnehmen, hat abgenommen	
entfernen	
eintreten, ist eingetreten	
schließen, hat geschlossen	die Tür schließen

Adjektive

altersgerecht	
unabhängig	
unpassend	
grundsätzlich	
sorgfältig	
auswendig	
intern	
folgend-	

Kleine Wörter

selbst	
hiermit	
anderthalb	

Wendungen

Gebrauch machen von + D	
unter Druck setzen	
aus Versehen	
bei Bedarf	
mit sofortiger Wirkung	
Ich bin für / gegen …, weil …	
Ein großer Vorteil / Nachteil ist, dass …	
Lassen Sie mich in Ruhe.	
Ich habe kein Interesse.	
Vielen Dank für Ihre Aufmerksamkeit.	

- Markieren Sie unregelmäßige Verben. Schlagen Sie die Präteritumform im Wörterbuch nach und ergänzen Sie sie.

- Welche Wörter können in einem Widerruf vorkommen? Markieren Sie.

- Nomen und Verben. Notieren Sie Paare und ergänzen Sie.

  erwarten – die Erwartung,

Diese Wörter sind für mich wichtig:

→ KB 2

1 Wiederholen Sie: Präteritum

Markieren Sie bitte die Verben im Präteritum.

WURDEHDBFRAGTEMDACHTERTGABFGESEWBEGANNHTRTGRÜNDETETRFEDGINGDNB
KANNTEFGDTRBAUTEGDBLIEBTREWARNGMUSSTEJGFTDKAMGZEQKAUFTEOFFANDZU

2 Eine lustige Geschichte

a | Ergänzen Sie die Verben im Präteritum.

Es ⎿_____⏌ (sein) in den Sommerferien: Ich ⎿_____⏌ (sitzen) im Flugzeug auf dem

Weg nach Deutschland, als ein sehr attraktiver Typ an mir ⎿_____⏌ (vorbeigehen).

„Mensch, was für ein toller Mann!", ⎿_____⏌ (schießen) es mir durch den Kopf. Er

⎿_____⏌ (haben) ein braun gebranntes Gesicht und grüne Augen. Nach der Landung

⎿_____⏌ (stehen) er am Gepäckband neben mir und ⎿_____⏌ (sehen) mich an.

Ich ⎿_____⏌ (lächeln) ihm zu. Als wir dann an der Passkontrolle ⎿_____⏌ (sein),

⎿_____⏌ (tippen) er mir plötzlich auf die Schulter, ⎿_____⏌ (geben) mir einen Zettel

und ⎿_____⏌ (sagen) leise: „Ruf mich an, wenn du Lust hast."

Das ⎿_____⏌ (gehen) mir dann doch zu weit. Ich ⎿_____⏌ (nehmen) den Zettel und

⎿_____⏌ (rufen) laut: „Sucht hier jemand einen Traummann? Dann ruft einfach an. Hier

kommt die Nummer: …" Die Leute ⎿_____⏌ (lachen), der Typ ⎿_____⏌ (werden) rot und

⎿_____⏌ (laufen) schnell davon. Der macht so etwas bestimmt nicht so schnell wieder.

b | Ordnen Sie die Verben aus Aufgabe 1 und 2 in die Tabelle. Markieren Sie die Verben mit Vokalwechsel.
Was fällt Ihnen auf?

regelmäßig: Verbstamm + **te** + Endung	unregelmäßig: Verbstamm (mit Vokalwechsel) + Endung

FOKUS SPRACHE

Manche Verben bilden das Präteritum mit ⌐
ändern aber den Vokal.

3 Einen Text in Abschnitte teilen

a | Lesen Sie den Text. Wo beginnt ein neues Thema? Teilen Sie den Text in vier Abschnitte.

Eiserne Hochzeit: 65 Jahre lang verheiratet

„Wo sind all die Jahre geblieben?", sagt Herta Becker, geborene Peisker (85), aber traurig klingt sie dabei nicht. Seit 65 Jahren sind sie und ihr Mann Franz (91) nun miteinander verheiratet. „Ich kann mir keinen besseren Mann vorstellen", sagt sie, und ihr Mann fügt hinzu: „Wir gehen nie mit einem bösen Wort ins Bett, sondern sprechen uns immer vorher aus." Heute lebt das Paar in Ruhe zusammen, der Anfang ihrer Beziehung 1945 war dagegen eher turbulent. Die beiden hatten sich im

10 Krieg als Funker kennen gelernt und waren sich näher gekommen. Nach Kriegsende war Franz Becker mehrmals in amerikanischer Gefangenschaft. Die beiden kamen über Frankfurt und Hamburg nach Maschen, wo sie nun seit 1946 leben und 1958 ihr eigenes Haus bauen konnten. Mit seiner Familie ist das „Eisenpaar" heute sehr glücklich: „Früher haben wir für unseren Sohn Hans-Ulrich und unsere Tochter Gabriele ab und zu mit den Kindern aus-

15 geholfen, heute sind sie immer für uns da, und es ist noch kein böses Wort gefallen", erzählen sie. Der 62-jährige Sohn lebt in Harmstorf, die 57-jährige Tochter in Jesteburg, und die vier erwachsenen Enkel wohnen etwas weiter weg. Zur eisernen Hochzeit werden sie jedoch alle nach Maschen kommen und mit den beiden feiern. Das liegt nicht daran, dass die Beckers nicht mehr gut zu Fuß sind – im Gegenteil: Ihr liebstes Hobby ist auch heute noch das Rei-

20 sen. Während die Familie früher im Sommer zum Gardasee und im Winter zum Skifahren in die Alpen fuhr, haben Franz und Herta Becker später viele Reisen nach Finnland, Polen, Österreich und Frankreich unternommen, als Rentner auch Südafrika, Israel und Kenia besichtigt und waren bereits vier Mal in Tunesien, denn dort gefällt es ihnen besonders gut.

aus: HAN online

Abschnitt	1	2	3	4
Zeile	1–			

STRATEGIE

Unterteilen Sie längere Texte in Abschnitte und notieren Sie Stichworte zu den Themen.

b | Welche Überschrift passt zu welchem Abschnitt? Ordnen Sie zu. Zwei Überschriften passen nicht.

A Rezept einer glücklichen Ehe

B Der Sommer am Gardasee

C Erfülltes Leben im Alter

D Glück im Kreise der Familie

E Kennenlernen in den schweren Vierzigern

F Die beste Ehefrau

↳ KB 3   **4**   ## Interview mit einer Politikerin

a | Lesen Sie den Anfang des Interviews. Markieren Sie wichtige Stationen im Leben von Sabine Wilhelm.

> **TiB:** Sabine, Du bist die neue Kandidatin in unserem Wahlkreis. Dazu beglückwünschen wir Dich. Stelle Dich doch bitte mit einigen Worten zu Deiner Person vor!
> **Sabine Wilhelm:** Vielen Dank für die Glückwünsche. Ich bin vor 43 Jahren in Zweibrücken geboren und als Kind einfacher Arbeitnehmer aufgewachsen. Bis zum 10. Schuljahr habe ich eine Hauptschule besucht. Danach Gymnasium und Abitur. Seit 1983 bin ich Mitglied der SPD. Ich habe Rechtswissenschaften in Saarbrücken studiert und mir das Studium durch verschiedene Arbeits-
>
> stellen finanziert, weil meine Eltern mir ein Studium nicht bezahlen konnten. Nach dem Studium bin ich gemeinsam mit meinem Lebensgefährten in die Neuen Bundesländer gegangen. 1995 habe ich als Richterin in Sachsen-Anhalt angefangen. 1999 bin ich zum Ministerium der Justiz gekommen und habe dort zunächst als Büroleiterin der damaligen Justizministerin, später als Referatsleiterin gearbeitet. 2005 habe ich mich wieder mit Erstwohnsitz in Zweibrücken umgemeldet und arbeite seit Juni 2008 beim Amtsgericht Pirmasens als Richterin.

b | Schreiben Sie eine Kurzbiografie über Sabine Wilhelm im Präteritum.

Frau Wilhelm wuchs als Kind einfacher Arbeitnehmer auf. Bis zum 10. Schuljahr besuchte ...

5   ## Kinder fragen den Ministerpräsidenten.

a | Was passt zusammen? Ordnen Sie die Antworten den Fragen zu.

1. Was wollten Sie werden, als Sie ein Kind waren? ○   ○ 24 Stunden Politiker sein kann keiner.
2. Sind Sie immer Politiker, auch wenn Sie schlafen? ○   ○ Sheriff.
3. Was haben Sie gemacht, als die Schule vorbei war? ○   ○ Faulenzen und spazieren gehen.
4. Was machen Sie, wenn Sie nicht arbeiten? ○   ○ An Evelin aus der Parallelklasse.
5. Woran dachten Sie, wenn Sie in der Schule nicht aufgepasst haben? ○   ○ Wir haben gefeiert.

b | Was sagt der Ministerpräsident? Ergänzen Sie die Sätze.

Nebensatz			Hauptsatz
	ich ein Kind	war,	
			dachte ich an Evelin aus der Parallelklasse.
			haben wir gefeiert.
	ich nicht		

   c | Vergleichen Sie die Sätze. In welchen Situationen kann man sie verwenden? Diskutieren Sie.

Wenn ich von der Schule nach Hause kam, wartete meine Mutter schon auf mich.
Als ich von der Schule nach Hause kam, wartete meine Mutter schon auf mich.

> FOKUS SPRACHE
>
> Etwas ist in der Vergangenheit passiert: einmal: ⌐_____⌐ , mehrmals: ⌐_____
> Etwas passiert in der Gegenwart oder in der Zukunft: ⌐_____⌐

6 Fragen über Fragen ...

a | Beantworten Sie die Fragen mit *als*- oder *wenn*-Sätzen.

1. Wann haben Sie Ihr erstes deutsches Wort gelernt?

   | Als ich

2. Wann haben Sie sich das letzte Mal richtig gefreut?

3. Wann haben Sie als Kind geweint?

4. Wann ärgern Sie sich am meisten?

 b | Notieren Sie weitere Fragen und stellen Sie sie im Kurs.

7 Während er schläft, ...

a | Markus hat Frühdienst, Lisa Nachtschicht. Wer macht was wann? Ordnen Sie bitte zu.

> schlafen | kochen | frühstücken | Fußball spielen | arbeiten |
> fernsehen | Bier trinken | Feierabend machen

10:00 Uhr	14:00 Uhr	18:00 Uhr	20:00 Uhr	24:00 Uhr

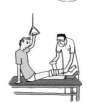  

b | Was passiert zur gleichen Zeit? Bilden Sie Sätze mit *während*.

   | Während Lisa schläft, arbeitet Markus.

 FOKUS SPRACHE

Wenn zwei Ereignisse gleichzeitig passieren, steht ein temporaler Nebensatz mit _____ .

 c | Was machen Sie zu diesen Uhrzeiten? Notieren und vergleichen Sie mit Ihrer Lernpartnerin / Ihrem Lernpartner. Bilden Sie Sätze mit *während*.

→ KB 4

8 Argumente erkennen

a | Was spricht für, was gegen gemeinsames Leben von mehreren Generationen? Kreuzen Sie an.

	pro	contra
1. Ohne Großeltern lassen sich Familie und Beruf schwer unter einen Hut bringen.	☐	☐
2. Das Leben der Älteren hat einen Sinn, wenn sie in der Familie helfen können.	☐	☐
3. Die ältere und die mittlere Generation haben oft unterschiedliche Ansichten, zum Beispiel über Erziehungsfragen oder Haushaltsführung.	☐	☐
4. Jeder lebt sein eigenes Leben und keiner möchte seine persönliche Freiheit so stark einschränken.	☐	☐
5. Ältere Menschen sind oft sehr starrköpfig, die wollen keine Kompromisse mehr eingehen.	☐	☐
6. Man kann viel von der älteren Generation lernen.	☐	☐

_7 b | Hören Sie den Text. Wer sagt was? Notieren Sie die Namen.

1. _____   2. _____   3. _____

4. _____   5. _____   6. _____

c | Welches Argument überzeugt Sie am meisten? Diskutieren Sie.

→ KB 8

9 Nein, danke!

_8 a | Sie hören zwei Verkaufsgespräche. Sind die Frauen an dem Angebot interessiert? Wie reagieren sie?

b | Wie versucht der Verkäufer, die Frauen zu überzeugen? Warum hat er in einem Gespräch keinen Erfolg? Diskutieren Sie.

_9 c | Hören Sie Nein-Sätze und sprechen Sie nach. Gehen Sie im Raum umher und sprechen Sie die Sätze sehr nachdrücklich. Schauen Sie sich dabei an. Kennen Sie noch weitere Nein-Sätze?

Nein, danke! | Ich habe Nein gesagt! | Ich sagte Nein! | Nein, ich möchte nicht! |
Nein, kein Interesse! …

d | Wählen Sie eine Rolle und spielen Sie mit Ihrer Lernpartnerin / Ihrem Lernpartner eine Verkaufssituation.

A
Sie sind Vertreterin / Vertreter. Wählen Sie einen Gegenstand und versuchen Sie, ihn B an der Haustür zu verkaufen. Überzeugen Sie B.

B
Sie bekommen Besuch von einer Vertreterin / einem Vertreter. Überlegen Sie, ob Sie den Gegenstand kaufen möchten. Lehnen Sie deutlich ab oder willigen Sie ein.

FOKUS SPRACHE

Wenn man etwas nicht kaufen will, muss man laut und deutlich NEIN sagen. Man spricht kurze Sä
mit stark betonten Wörtern und deutlich fallender Melodie am Ende: Ich habe Nein gesagt! ↘

→ KB 9

10 Zuerst und danach

a | Lesen Sie die Sätze. Was passiert zuerst, was passiert danach? Markieren Sie in zwei Farben.

1. Bevor ich eine Wohnung miete, schaue ich sie mir genau an.
2. Ich informiere mich intensiv über die Stelle, bevor ich mich bewerbe.
3. Bevor ich mit dem Studium anfange, möchte ich Praktika machen und Erfahrung sammeln.
4. Ich habe im Internet die Preise verglichen, bevor ich den Staubsauger gekauft habe.

b | Kombinieren Sie die Sätze mit *bevor*.

1. Ich kaufe ein. Ich koche.

   _____

2. Anna verließ die Wohnung. Sie räumte die Küche auf.

   _____

3. Ben bleibt ein paar Minuten liegen und hört Musik. Er steht auf.

   _____

4. Ich habe Thomas angerufen. Ich habe ihn besucht.

   _____

5. Ulrike zieht sich schick an und schminkt sich. Sie geht in die Disco.

   _____

> **FOKUS SPRACHE**
>
> Die Handlung im _____ passiert vor
> der Handlung im _____ mit *bevor*.

→ KB 10

11 Eine Kündigung schreiben

a | Lesen und ergänzen Sie die zwei Kündigungen. Was wird gekündigt?

> fristgemäß | kündigen | bestätigen | hiermit | die Kündigung | die Bestätigung

Sehr geehrter Herr Schwarz,

_____ möchte ich meine Wohnung in der Kurfürstenstr. 33, 80801 München _____ zum 01.03.2011 _____ . Bitte _____ Sie _____ , so bald wie möglich in schriftlicher Form.

Mit freundlichen Grüßen

Anke Salzmann

Sehr geehrte Damen und Herren,

_____ kündige ich meinen Mobilfunkvertrag _____ zum 31.12.2011. Für _____ des Mobilfunkvertrages bitte ich Sie, mir eine schriftliche _____ zuzusenden.

Mit freundlichen Grüßen

Sabine Wolf

b | Schreiben Sie eine Kündigung für ein Zeitschriftenabonnement.

→ KB 13   **12**   **Um Kunden zu informieren**

a | Ordnen Sie bitte die Sätze mit *um … zu*.

1. Thorsten Geißler arbeitet im Außendienst, | um | haben | viel direkten Kundenkontakt | zu
2. Er organisiert Präsentationen, | vorzustellen | seine Produkte | um | interessierten Personen
3. Wichtige Kunden besucht er persönlich, | zu | überzeugen | um | von den Produkten | sie
4. Herr Geißler ist sehr viel unterwegs, | verkaufen | möglichst viel | um | zu | können

b | Schreiben Sie zwei Sätze aus a in die Tabelle. Wo steht *um*, wo *zu*, wo der Infinitiv? Markieren Sie das Subjekt.

Hauptsatz	Nebensatz		
	um		

c | Wo steht in diesem Satz das Subjekt? Markieren Sie und vergleichen Sie mit den Sätzen aus b.

Herr Geißler verteilt viele Prospekte, damit die Kunden alle wichtigen Informationen bekommen.

FOKUS SPRACHE

Wenn das Subjekt in Haupt- und Nebensatz gleich ist, verwendet man meistens ⌐_____
Bei verschiedenen Subjekten ⌐_____⌐.

13   **Argumente gegen das Reisen**

a | Ergänzen Sie den Satz mit *um … zu* oder *damit*.

Viele Menschen bleiben am liebsten zu Hause:
▪ sie liegen nicht an vollen Stränden,
▪ sie stecken nicht im Stau,
▪ ihr Geld bleibt auf ihrem Konto,
▪ sie können ungestört vom Urlaub träumen,
▪ ihre Nachbarn müssen nicht für sie Blumen gießen,
▪ sie müssen keine dummen Postkarten schreiben.

Viele Menschen gehen nicht auf Reisen,

um nicht _____

_____

_____

_____

b | Sammeln Sie Argumente für das Reisen. Schreiben Sie 3–5 Sätze.

Menschen reisen, um … zu …   *Menschen gehen auf Reisen, damit …*

→ KB 14   **14   Über eigene Erfahrungen sprechen**

Wählen Sie ein Foto aus und bearbeiten Sie die Aufgabe. Sprechen Sie mit Ihrer Lernpartnerin /
Ihrem Lernpartner. Die Redemittel können Ihnen helfen.

Teil A: Beschreiben Sie Ihr Bild: Was sehen Sie auf dem Foto? Was für eine Situation zeigt das Bild?
Teil B: Erzählen Sie: Welche Erfahrungen haben Sie damit? Wie ist es in Ihrem Land?

Auf dem Bild sieht man …	Das Bild erinnert mich an …
Das Bild / Foto zeigt …	… sieht aus wie …
Ich vermute / nehme an, dass …	In meinem Land / Bei uns …

→ KB 15   **15   So lieber nicht! – Tipps für eine schlechte Präsentation**

🔊 _10   a | Hören Sie den Text mehrmals und achten Sie auf die markierten Wörter. Was fällt Ihnen auf?

1. Wählen Sie für Ihre Folien unbedingt einen dunkelblauen Hintergrund. Dazu passt besonders gut die Schriftfarbe
   schwarz. Außerdem sollte die Schriftgröße niemals größer als 11 sein. Schreiben Sie immer die gesamte Folie voll.
   Das ist Augentraining fürs Publikum. Außerdem macht es Ihnen sicher Spaß, ab und zu den gesamten Text von einer
   Folie vorzulesen.

2. Die Texte kopieren Sie am besten gleich aus dem Internet. Es ist sehr gut, wenn sich in den Texten noch Fehler
   verstecken. Die kann später das Publikum suchen, damit es nicht einschläft.

3. Verwenden Sie viele Effekte. Lassen Sie bei jeder neuen Überschrift die Buchstaben einzeln einblenden. Das
   Publikum freut sich, wenn Sie nicht gleich alles verraten, was Sie sagen wollen.

4. Bilder dürfen Sie nur sparsam auf Folien einsetzen. Außerdem müssen Sie immer den Text teilweise verdecken. Das
   Publikum liebt solche Geheimnisse!

5. Denken Sie vorher niemals an Ihre Redezeit. Bereiten Sie beliebig viele Folien vor. Wenn die Zeit vorbei ist, hören Sie
   einfach auf und sagen: „Schade, jetzt kommen gerade die wichtigsten Punkte, aber wir müssen leider aufhören."

b | Lesen Sie die Tipps vor. Achten Sie besonders auf die reduzierte Aussprache der markierten Wörter.

FOKUS SPRACHE

Auch in Vorträgen werden nicht alle Wörter komplett ausgesprochen:
Man verkürzt Endungen oder lässt sie ganz weg: müssen, Ihnen
Man verbindet Wörter: es ist → esist

c | Die Tipps sind nicht ernst gemeint. Verwandeln Sie sie in Tipps für eine gute Präsentation und lesen Sie sie vor.

↪ KB 17
16 Folien und Notizen

_11   a | Hören Sie die Produktpräsentation und ergänzen Sie die Folie mit den passenden Stichworten.

> viele praktische Taschen | aus festem Stoff, abwaschbar | Henkel zum Transport als Koffer

Der Leiter-Butler
= die mobile Werkzeugkiste
→ alle wichtigen Werkzeuge griffbereit auf der Leiter

b | Was sagt der Verkäufer noch? Hören Sie noch einmal und ergänzen Sie die Notizen.

Bekannt? – Lampe anschließen, falscher Schraubenzieher,

c | Welche Aussage passt wozu? Kreuzen Sie an.

	Folie	Notizen
1. Zeigt die wichtigsten Punkte für die Zuhörer.	☐	☐
2. Besteht aus Stichworten oder kurzen Sätzen.	☐	☐
3. Ist übersichtlich, gut lesbar und nicht zu voll.	☐	☐
4. Benutzt nur die Rednerin / der Redner.	☐	☐
5. Enthält Informationen, die die Zuhörer nicht sehen können.	☐	☐

d | Erstellen Sie eine Folie für Ihre Präsentation und machen Sie sich Notizen dazu.

Haustürgeschäfte

Was ist hier passiert? Was wollen die Personen? Was wollen sie nicht? Sprechen Sie mit Ihrer Lernpartnerin / Ihrem Lernpartner über die Situationen.

Schilder an der Tür

a | Wer wohnt hinter dieser Tür? Wer soll hier nicht klingeln? Lesen Sie das Schild und spekulieren Sie.

b | Kennen Sie andere Schilder an Haustüren? Tauschen Sie sich aus und sammeln Sie Beispiele.

Leben im Alter

Wie möchten Sie gerne leben, wenn Sie alt sind? Beschreiben Sie.

Wenn ich alt bin, möchte ich gern |_____|

|_____|

die Wohngemeinschaft
das Seniorenheim
betreutes Wohnen
…

Politikerbiografien

Was interessiert Sie am Leben eines wichtigen Politikers aus Ihrem Land?
Formulieren Sie drei Fragen.

1. |_____|

2. |_____|

3. |_____|

Haustürgeschäfte

Wie begegnen Sie Vertretern an der Haustür und ihren Produkten? Ergänzen Sie.

Das kaufe ich: |_____|

Das möchte ich sehen: |_____|

Das mache ich nicht: |_____|

Widerruf

Was möchten Sie in Ihrem Leben gerne rückgängig machen (z. B. den letzten Friseurbesuch, einen Streit, …)?
Schreiben Sie einen kurzen absurden Widerruf.

Sehr geehrte |_____|,

|_____|

|_____|

|_____|

widerrufen
nicht entsprechen
bestätigen
überweisen
…

So sage ich: etwas präsentieren

Sie begrüßen die Zuhörer: |_____|

Sie wehren eine Zwischenfrage ab: |_____|

Sie leiten zu einem neuen Thema über: |_____|

Sie beenden die Präsentation: |_____|

Präteritum

	ich	du	er / es / sie	wir	ihr	sie	Sie
leben	lebte	lebtest	lebte	lebten	lebtet	lebten	lebten
gründen	gründete	gründetest	gründete	gründeten	gründetet	gründeten	gründeten
kennen	kannte	kanntest	kannte	kannten	kanntet	kannten	kannten
denken	dachte	dachtest	dachte	dachten	dachtet	dachten	dachten
beginnen	begann	begannst	begann	begannen	begannt	begannen	begannen

▪ Markieren Sie den Verbstamm. Welche Besonderheiten erkennen Sie?

Temporaler Nebensatz mit als, während und bevor

Hauptsatz	Nebensatz		
Er trat in die Partei ein,	als	er 25 Jahre alt	war.
Er war schon politisch aktiv,	während	er noch	studierte.
Die Bewohner haben viel gemeinsam unternommen,	bevor	sie in der Villa	zusammenzogen.

Nebensatz			Hauptsatz	
Als	ich in der Schule	war,	habe	ich schwimmen gelernt.
Während	mein Freund	schläft,	bereite	ich das Frühstück vor.
Bevor	Ben in die neue Wohnung	einzieht,	muss	er noch renovieren.

um ... zu + Infinitiv

Hauptsatz	Nebensatz		
Wir lernen für den Test,	um	eine gute Note	zu bekommen.
Viele Menschen gehen ins Fitnessstudio,	um	besser	auszusehen.
Ich lese täglich Zeitung und höre Nachrichten,	um	bei aktuellen Themen	mitreden zu können.

▪ Markieren Sie die Position von *zu*.

▪ Markieren Sie das Subjekt. In welchem Satzteil steht es?

1   Lebensgeschichte

_23/1   a | Das ist Gerda Rudolph. Sehen Sie den Film, Teil 1 ohne Ton. Beobachten Sie, was passiert, und spekulieren Sie über ihr Leben.

- Hat sie eine Familie?
- Was für einen Beruf hat sie?
- Was für Hobbys hat sie wohl?
- Was vermuten Sie über ihre Zukunft?
- Worauf freut sie sich?
- Was wünscht sie sich?
- Was ist ihr wichtig?
- ...

_23/1   b | Vergleichen Sie Ihre Vermutungen. Sehen und hören Sie den Film, Teil 1. Wer hatte Recht?

2   Steckbrief

_23   a | Sehen Sie jetzt den ganzen Film. Füllen Sie danach den Steckbrief aus. Teilen Sie die Arbeit und geben Sie sich gegenseitig Informationen. Sehen Sie dann den Film noch einmal und überprüfen Sie Ihre Antworten.

Vorname, Nachname:	Gerda Rudolph
Alter:	
Wohnort:	
verheiratet:	mit _____ seit _____
Kinder, Enkelkinder:	
Berufe:	1. _____ 2. _____
Hobbys / Freizeit:	1. _____ 2. _____
Autofarbe:	
...	

b | Welche Sehenswürdigkeiten zeigt Gerda ihren Gästen in Göttingen?

c | Recherchieren Sie im Internet unter www.goettingen.de über die Sehenswürdigkeiten und was Gerda ihren Gästen sonst noch zeigen könnte.

3 Gerdas Lebensphilosophie

a | Arbeiten Sie in 4er-Gruppen. Jede Gruppe notiert ihre Ergebnisse.

Gruppe 1 beschreibt das Filmbild 1 und gibt ihm eine Bildunterschrift.

Gruppe 2 beschreibt das Filmbild 2 und gibt ihm eine Bildunterschrift.

_23/2 Gruppe 3 hört sich Gerdas Gedanken zum Filmbild 1 an und schreibt diese auf.

_23/5 Gruppe 4 hört sich Gerdas Gedanken zum Filmbild 2 an und schreibt diese auf.

Wie unterscheiden sich die Texte: Was sieht man? Was hört man? Lesen Sie sich Ihre Texte vor und vergleichen Sie.

_23 b | Finden Sie weitere Filmbilder, zu denen Gerda erzählt, was sie denkt. Worüber macht sie sich Gedanken? Hören und sehen Sie noch einmal den Film. Vergleichen Sie Ihre Ergebnisse.

4 Ganz schön salzig

_23/2 Sehen Sie den Film, Teil 2. Hören Sie Gerda bei der Salinenführung genau zu. Welche Aussagen stimmen, welche nicht?

	stimmt	stimmt nicht
1. In der Saline Luisenhall wird Salz hergestellt.	☐	☐
2. Man kann die Salzkristalle im Sieb nicht gut erkennen.	☐	☐
3. Die Saline Luisenhall gibt es schon seit mehr als 150 Jahren.	☐	☐
4. Die Sole kommt aus der großen Pfanne.	☐	☐

5 Gestandene Leute

a | Wählen Sie ein Bild aus dem Film, das Gerda und eine weitere Person zeigt. Stellen Sie das Bild als Statue nach. Die anderen raten, welche Situation dargestellt wird.

b | Spielen Sie Schatten: Stellen Sie sich zu zweit hinter das Statuenpaar und erzählen Sie bitte, was die Personen gerade denken. Fantasie ist erlaubt.

6 Quizfrage

Wie alt ist die älteste Teilnehmerin bei Gerdas Wassergymnastik?

Nomen

die Unternehmensversammlung, -en		die Ohrfeige, -n	
der Abteilungsleiter, - die Abteilungsleiterin, -nen		das Pech (nur Sg.)	
die Konjunktur, -en		das Verfahren, - das Gerichtsverfahren, -	
das Vertrauen (nur Sg.)		der Täter, - die Täterin, -nen	
das Verständnis (nur Sg.)		der Richter, - die Richterin, -nen	
die Beschwerde, -n		der / die Verurteilte, -n	
das Protokoll, -e das Ergebnisprotokoll, -e		die Haft (nur Sg.)	
der Protokollant, -en		die Kultur, -en	
der Tagesordnungspunkt, -e	= TOP	die Ausstellung, -en	
der / die Verantwortliche, -n		die Eröffnung, -en	
die Gleitzeit (nur Sg.)		die Unterhaltung, -en	
der Freizeitausgleich (nur Sg.)		die Höflichkeit (nur Sg.)	
der Abbau (nur Sg.)	Abbau von Überstunden	das Häppchen, -	
das Organigramm, -e		der Stoff, -e	
die Ebene, -n		das Werk, -e	
das Personal (nur Sg.)		der Autor, -en die Autorin, -nen	
die Entwicklung, -en		der Gesichtsausdruck, ¨e	
die Produktion, -en		der Hintergrund (nur Sg.)	im Hintergrund
der Verkauf, ¨e		der Vordergrund (nur Sg.)	
das Marketing (nur Sg.)		das Publikum (nur Sg.)	
die EDV (nur Sg.)	= Elektronische Datenverarbeitung	der Laie, -n	↔ der Profi
das Controlling (nur Sg.)		die Wirkung, -en	
die Finanzen (nur Pl.)		der Geschmack, ¨er	
die Papiere (nur Pl.) die Fahrzeugpapiere (nur Pl.)			
der Strafzettel, -			
der Beamte, -n die Beamtin, -nen			
die Uniform, -en			
die Beleidigung, -en			
der Finger, -			

Verben

unterbrechen, hat unterbrochen	
fortsetzen	
erkennen, hat erkannt	
beantragen	
begleiten	
abbauen	

TIPP

Lernen Sie Wörter zusammen in einem Satz, am besten in einem ungewöhnlichen und humorvollen.

entfallen, ist entfallen	
zählen zu + D	
zusammenarbeiten	
sich einsetzen für + A	
vorzeigen	
beleidigen	
eröffnen	
sich aussuchen	
wiedergutmachen	
wirken	
besitzen, hat besessen	
betreffen, hat betroffen	
stehlen, hat gestohlen	
abschleppen	*ein Auto abschleppen*

Adjektive

qualifiziert	
vertrauensvoll	
verständlich	
anwesend	
betrunken	
still	
schüchtern	
ärgerlich	
ungerecht	
witzig	
berühmt	
unerträglich	
abwechslungsreich	
unterhaltsam	
grandios	
einzigartig	
erstaunlich	
lebendig ↔ tot	

Kleine Wörter

woanders	

Wendungen

Sorry!	
Halt!	
Das lass ich mir nicht gefallen!	
Das tut mir furchtbar leid!	
Das wäre wirklich sehr freundlich von Ihnen!	
Stellen Sie sich nicht so an!	
dran sein	
eine Entscheidung treffen	
in die Tasche greifen	

▪ Wie heißt das Gegenteil? Notieren Sie fünf Adjektivpaare.

> *berühmt – unbekannt,*

▪ Suchen Sie drei neue Nomen, die Sie lernen möchten, und bilden Sie mit ihnen einen lustigen Satz. Lernen Sie den Satz auswendig.

Diese Wörter sind für mich wichtig:

→ KB 1

1 Kein Problem – oder doch?

Was passt zusammen? Verbinden Sie.

1. Könnte ich mich bitte setzen? ○	○ Langsam, langsam. Ich hab' auch wenig Zeit.
2. Platz da! Ich hab's eilig! ○	○ Nein danke, ist schon okay.
3. Still! Ruhe jetzt! ○	○ Aber gerne. Bitte schön.
4. Darf ich Sie unterbrechen? ○	○ Wie bitte? Ich lass' mir doch den Mund nicht verbieten!
5. Wie peinlich! Kann ich Ihnen helfen? ○	○ Kein Problem, was möchten Sie denn sagen?

→ KB 2

2 Eine offizielle Anfrage

Ⓟ

Sie müssen in der Firma in ein anderes Büro umziehen. Sie haben dort weniger Platz und brauchen einen kleineren Schreibtisch. Schreiben Sie eine Anfrage per E-Mail an den Hausmeister Herrn Hoshida.

Schreiben Sie über folgende Punkte:

- wer Sie sind (Abteilung, Büro)
- Grund für Ihr Schreiben
- Farbe und Ausstattung (Schubladen, …)
- Lieferung: wann?

> TIPP
>
> Vergessen Sie Betreff, Anrede und Gruß nicht.

Betreff | _____

_____

_____

_____

_____

→ KB 4

3 Nachtschichten gehen nicht.

🎧 _12 a | Hören Sie das Gespräch. Einige Sätze fehlen. Welche Formulierungen passen? Kreuzen Sie an.

1. ☐ Wäre es möglich, dass …
   ☐ Können Sie verstehen, dass …

2. ☐ Ich verstehe nicht, warum …
   ☐ Könnte ich vielleicht …?

3. ☐ Das muss sein.
   ☐ Ich bitte um Ihr Verständnis.

4. ☐ Wir müssen einen Kompromiss finden.
   ☐ Das muss möglich sein.

5. ☐ Ich bin dafür, dass …
   ☐ Ich bin dagegen, dass …

🎧 _13 b | Hören Sie das ganze Gespräch und kontrollieren Sie.

→ KB 5 **4** ## Wie sieht ein Ergebnisprotokoll aus?

Welches Merkmal passt nicht? Streichen Sie durch.

1. am Anfang steht: Adresse | Anlass | Anwesende | Protokollant
2. in der Tabelle stehen: TOPs | Diskussionen | Entscheidungen | To-do-Liste
3. am Ende steht: nächste Besprechung | wichtige Ergebnisse | Protokollant | Datum
4. notiert werden: Ergebnisse | Aufgaben | Verantwortliche | Diskussionen
5. man formuliert: in Stichworten | in langen Sätzen | kurz | sachlich

5 ## Was ist wichtig?

_14   a | Hören Sie eine Besprechung und entscheiden Sie: Was sind die wichtigsten Informationen? Markieren Sie.

> Weihnachten vor der Tür
> alle sollen Resturlaub dieses Jahr nehmen
> Antrag auf Übertragung ins neue Jahr möglich
> Antrag an Frau Theis persönlich oder per Mail
> man muss Resturlaub bis 31.3. nehmen
> manche planen vielleicht Ski- oder Faschingsurlaub

 STRATEGIE

Sie brauchen Informationen aus einem Gespräch? Machen Sie sich beim Hören Notizen zu den wesentlichen Punkten.

   b | Welche Informationen haben Sie ausgewählt? Was finden Sie wichtig, was unwichtig? Vergleichen Sie mit Ihrer Lernpartnerin / Ihrem Lernpartner.

c | Schreiben Sie mit den Notizen ein Ergebnisprotokoll. Ergänzen Sie die Tabelle.

Thema	Inhalte / Entscheidungen	To-do-Liste
TOP: Resturlaub		

→ KB 6

6 Firmen-Wegweiser

In welches Zimmer gehen Sie? Markieren Sie bitte.

Elektronik Marquardt			
4. Stock	Geschäftsleitung	Herr Marquardt	Zimmer 401
	Personal Leitung	Frau Özlü	Zimmer 403
	Controlling	Herr Stein	Zimmer 404
3. Stock	Marketing Leitung	Frau van Wetten	Zimmer 301
	Entwicklung Leitung	Frau Müller	Zimmer 303
2. Stock	Vertrieb Leitung	Herr Sandfuchs	Zimmer 201
	EDV-Abteilung		Zimmer 205
1. Stock	Produktion Leitung	Herr Tan	Zimmer 103
	Betriebsrat		Zimmer 102
	Sekretariat	Frau Meyer	Zimmer 101
Erdgeschoss	Produktion		Halle 1–3

1. Sie haben ein Vorstellungsgespräch.

a. 404

b. 403

c. anderes Zimmer

2. Sie suchen Frau Müller.

a. 303

b. 101

c. anderes Zimmer

3. Sie sind Mitarbeiter und brauchen einen Drucker.

a. 401

b. 205

c. anderes Zimmer

4. Sie bringen eine Lieferung.

a. 404

b. 102

c. anderes Zimmer

7 Im Büro des Chefs

a | Was passt zusammen? Verbinden Sie.

Herr Marquardt ist Geschäftsleiter in einer Firma, ○   ○ von dem andere nur träumen können.

Er hat ein riesiges Büro, ○   ○ mit denen die Firma viel Erfolg hatte.

In seinem Büro steht ein Schreibtisch, ○   ○ in der Elektrogeräte produziert werden.

Und an der Wand hängen Bilder von Produkten, ○   ○ an dem schon sein Großvater gearbeitet hat.

b | Markieren Sie in den Sätzen das Relativpronomen und ergänzen Sie die Tabelle. Welche Form ist besonders?

	maskulin	neutral	feminin	Plural
Dativ				

c | Schreiben Sie einen Satz in die Tabelle. Wo steht das Relativpronomen? Wo die Präposition?

Hauptsatz	Nebensatz		

8 Aus zwei mach eins

a | Welches Wort kommt in beiden Sätzen vor? Markieren Sie es mit Artikel und Präposition und verbinden Sie die Sätze mit Relativsätzen.

1. Aprikosen sind Früchte, _____

(Aus diesen Früchten kann man leckere Marmelade machen.)

2. Baseball ist eine Sportart, _____

(Für diese Sportart braucht man spezielle Handschuhe.)

3. Ein Sessel ist ein Möbelstück, _____

(Auf diesem Möbelstück kann man sich gut ausruhen.)

4. Kunst ist ein Thema, _____

(Über dieses Thema kann man lange nachdenken.)

5. Ein iPod ist ein Gerät, _____

(Mit diesem Gerät hört man Musik.)

6. Ein Stau ist ein Problem, _____

(Mit diesem Problem muss man auf der Autobahn rechnen.)

b | Suchen Sie im Wörterbuch fünf interessante Nomen und schreiben Sie sie auf Zettel. Definieren Sie die Nomen mit Relativsätzen und schreiben Sie diese auf fünf weitere Zettel. Tauschen Sie Ihre Zettel mit einer anderen Gruppe. Wer kombiniert die meisten Nomen und Definitionen richtig?

Es ist eine Maschine, mit der ...

→ KB 9

9 Wie lautet die Anklage?

Wie heißen die Nomen? Ergänzen Sie. Notieren Sie die Buchstaben aus den Kästchen und bilden Sie daraus das Lösungswort.

1. Eine Person, die für den Staat arbeitet: ☐ E __ __ T __ R

2. Eine Person, die etwas Verbotenes getan hat: __ Ä __ ☐ __

3. Ein Prozess vor Gericht gegen eine Person: V __ __ F __ __ R __ ☐

4. Er entscheidet über die Strafe: R ☐ C __ T __ __ __

5. Ein Angeklagter, der eine Strafe bekommt: V __ R ☐ __ T __ ☐ L __ __ __

6. Wenn der Angeklagte ins Gefängnis kommt: H __ F __ S __ __ __ __ F ☐

7. Wenn der Angeklagte bezahlen muss: ☐ __ L __ S __ __ __ F __

der Angeklagte

Lösungswort: Wenn man zu jemandem *Trottel* sagt: __ __ L __ __ D __ G __ __ __

→ KB 10   **10** **Höfliche Bitten**

a | Ergänzen Sie bitte die Sprechblasen.

| Könnten | Sie sich bitte beruhigen?

_____ Sie mir bitte die Pistole geben?

wäre | dürfte | könnten | würden | hätten

_____ Sie vielleicht einen Schnaps für mich?

_____ ich bitte den Laptop behalten?

Das _____ wirklich sehr freundlich von Ihnen

b | Ergänzen Sie die Tabelle. Was fällt Ihnen auf?

	sein	haben	können	dürfen	werden
Präteritum	war			durfte	
Konjunktiv II			könnte		würde

FOKUS SPRACHE

Mit dem Konjunktiv II formuliert man ☐ höfliche ☐ unhöfliche Bitten und Aufforderungen.
Die Formen bildet man aus dem Präteritum: a, o, u → _____ (Ausnahmen: *wollen* und *soll*

11 **Ich hätte da noch eine Frage.**

a | Herr Leguen spricht mit seinem Chef. Lesen Sie und markieren Sie die Verben.

▪ Ich muss dringend zu einem Termin und hab' daher ein paar Bitten an Sie: Bringen Sie doch bitte meine Briefe zur Post und besorgen Sie für Frau Dietz Blumen zum Geburtstag. Können Sie vielleicht auch das Angebot für Herrn Selassie schreiben? Und danach bereiten Sie bitte die Unterlagen für das Gespräch mit Lach und Partner vor. Ach ja, seien Sie doch so nett und räumen Sie die Spülmaschine ein.

▫ Mmh, ich habe eigentlich auch eine Frage an Sie: Darf ich heute früher gehen?

b | Formulieren Sie die Bitten höflicher. Benutzen Sie den Konjunktiv II.

Würden Sie bitte meine Briefe zur Post bringen? _____

_____

_____

FOKUS SPRACHE

Bei allen Verben außer *sein*, *haben* und den Modalverben benutzt man *würde* + _____

12 Ihre Sprache / Andere Sprachen

Im Deutschen gibt es verschiedene Möglichkeiten, Höflichkeit auszudrücken. Wie ist es in Ihrer Sprache? Und in anderen Sprachen, die Sie kennen? Notieren Sie in einer Tabelle und vergleichen Sie.

Sprache	Wie?	Beispiele
Deutsch	Modalverben indirekte Fragen Konjunktiv II bestimmte Wörter: *bitte, vielleicht, …* steigende Melodie	Können Sie mir helfen? Wissen Sie, wann der Zug kommt? Hätten Sie einen Moment Zeit? Wie komme ich bitte von hier zum Bahnhof? Hätten Sie einen Moment Zeit? ↗

→ KB 11

13 Kleine Unterschiede mit großer Wirkung!

_15   a | Was sagen die Personen am Telefon? Hören Sie und kreuzen Sie an.

1. Hallo, hier ist ☐ Krieger ☐ Krüger. Es geht um meine ☐ Tochter ☐ Töchter und die letzte Hausaufgabe. Die konnten wir nämlich zu Hause alle nicht ☐ lesen ☐ lösen.

2. Hallo, hier ist ☐ Moller ☐ Möller, ☐ Haustier ☐ Haustür GmbH, München. Ich möchte fragen, ob wir Ihnen das Angebot zuschicken ☐ durften ☐ dürften?

3. Hallo, hier ist ☐ Dorte ☐ Dörte, sag mal, ☐ konntest ☐ könntest du den Tisch für die Feier ☐ schon ☐ schön decken?

4. Hallo mein Schatz, hier ist die Mama, hast du alles ☐ schon ☐ schön erledigt? ☐ Boden ☐ Böden gewischt? ☐ Vogel ☐ Vögel gefüttert? Geschirr abgewaschen? Du weißt ja: Erst ☐ spielen ☐ spülen, dann ☐ spielen ☐ spülen!

b | Vergleichen Sie mit der Lösung und lesen Sie vor. Worin unterscheiden sich jeweils die beiden alternativen Wörter?

c | Lesen Sie Ihrer Lernpartnerin / Ihrem Lernpartner verschiedene Satzvarianten vor. Benutzen Sie jeweils eines der alternativen Wörter. Hören Sie die Unterschiede und können Sie sie gut aussprechen?

→ KB 13 **14 Die spannendste Aufgabe der Lektion!?**

a | Ergänzen Sie passende Sätze aus Aufgabe 13 im Kursbuch und markieren Sie die Adjektive.

1. ▪ Die haben hier immer diese leckeren Häppchen. ▫ Ja, aber |_____|

2. ▪ Oh, das war aber kein origineller Satz. |_____|

3. ▪ Hast du die gute Ausstellung im Café X gesehen? ▫ Ja, |_____|

4. ▪ Das sind wirklich schöne Fotos. ▫ |_____|

5. ▪ Schau mal, der interessante Typ da drüben.

   ▫ Was? |_____| steht doch neben dir!

b | Welche Silben kommen im Komparativ und Superlativ immer vor? Ergänzen Sie.

		Komparativ	Superlativ
Re	der originelle Satz ein origineller Satz	der originell___e Satz ein originell___er Satz	der originell___e Satz
Se	das schöne Kleid ein schönes Kleid	das schön___e Kleid ein schön___es Kleid	das schön___e Kleid
Ee	die gute Ausstellung eine gute Ausstellung	die bess___e Ausstellung eine bess___e Ausstellung	die be___e Ausstellung
Een	die leckeren Häppchen leckere Häppchen	die lecker___en Häppchen lecker___e Häppchen	die lecker___en Häppchen

FOKUS SPRACHE

Adjektive im Komparativ und Superlativ haben vor dem Nomen dieselben Endungen wie die Grundfor...

15 Ein schöneres Hemd

Wer gefällt Ihnen besser? Wählen Sie ein Paar aus und vergleichen Sie.

Der Mann rechts hat eine lustigere Frisur.

Die Frau links trägt höhere Stiefel!

16 Der / Die interessanteste Deutsche?

a | Ergänzen Sie die Artikel und Adjektive im Superlativ.

Für mich ist Helmut Kohl _____ (interessant) Deutsche. Er war 16 Jahre

Kanzler: Das ist _____ (lang) Amtszeit für einen Kanzler in Deutschland.

In diese Zeit fielen _____ (wichtig) Ereignisse nach dem Zweiten Weltkrieg: die

Wiedervereinigung und die Gründung der EU. Helmut Kohl war auch _____ (dick)

Kanzler Deutschlands. Vielleicht gibt es deshalb _____ (viel) Witze über ihn?

Sein Sohn Walter hat auf jeden Fall _____ (spannend) Buch geschrieben,

das es über einen deutschen Politiker-Vater gibt.

b | Schreiben Sie einen Text über eine Persönlichkeit, die Sie interessant finden, mit möglichst vielen Superlativen. Tauschen Sie den Text mit Ihrer Lernpartnerin / Ihrem Lernpartner und korrigieren Sie.

→ KB 15

17 Im Straßenverkehr

a | Kombinieren Sie neu und bilden Sie sieben Wörter.

> STRAFPLATZ | NAVIGATIONSPAPIERE | POLIZEISCHEIN | FÜHRERGERÄT | AUTOZETTEL | FAHRZEUGFAHRER | PARKBEAMTER

b | Schreiben Sie eine kurze Geschichte über ein Ereignis im Straßenverkehr. Nutzen Sie dabei mindestens fünf Wörter aus a.

→ KB 16

18 Wie war's?

a | Wie fanden die Personen die Veranstaltung? Hören Sie die Kurzkritiken und kreuzen Sie an.

	Kritik 1	Kritik 2	Kritik 3
gut			
nicht gut			

b | Sie waren auf Veranstaltungen und erzählen davon. Was passt zusammen? Verbinden Sie.

Die Ausstellung war wirklich toll, ○   ○ das müsst ihr euch auf jeden Fall ansehen.
Das Konzert war echt langweilig, ○   ○ ich kann sie euch wirklich empfehlen.
Die Lesung war unglaublich interessant, ○   ○ da könnt ihr hin, wenn ihr nichts Besseres vorhabt.
Das Theaterstück war total aufregend, ○   ○ das Buch müsst ihr unbedingt lesen.
Die Show war ganz okay, ○   ○ da habt ihr nichts verpasst.

c | Berichten Sie Ihrer Lernpartnerin / Ihrem Lernpartner von einer Veranstaltung, die Sie besucht haben. Machen Sie sich vorher Notizen zu den Fragen.

Was für eine Veranstaltung?   Was gut? / Was schlecht?   Wie?   Tipp?

19 Kleine Kinder – große Talente

a | Was trifft Ihrer Meinung nach zu? Vergleichen Sie die beiden Sätze und diskutieren Sie.

Kleine Kinder können sehr viel, weil sie nicht darüber nachdenken.
Kleine Kinder können sehr viel, obwohl sie nicht darüber nachdenken.

b | Welcher Satz passt? Kreuzen Sie an.

1. Kleine Kinder können nicht lesen.

☐ Trotzdem lieben sie Bücher.
　　☐ Trotzdem finden sie Bücher langweilig.

2. Kleine Kinder singen gern,

☐ obwohl sie alle eine gute Stimme haben.
　　☐ obwohl sie keine Noten lesen können.

3. Kleine Kinder haben keine Ahnung von Kunst.

☐ Sie malen trotzdem schöne Bilder.
　　☐ Sie können trotzdem nicht malen.

c | Notieren Sie einen Satz mit *obwohl* und einen Satz mit *trotzdem* in den Tabellen.

Hauptsatz	Nebensatz		
	obwohl		

Hauptsatz	Hauptsatz		
		Position 2	
	Trotzdem		

> **FOKUS SPRACHE**
>
> Mit *trotzdem* und *obwohl* geben Sie eine unerwartete Reaktion.
> *Obwohl* leitet einen ☐ Nebensatz ☐ Hauptsatz ein.
> *Trotzdem* leitet einen ☐ Nebensatz ☐ Hauptsatz ein.
> *Trotzdem* kann auch nach dem konjugierten Verb stehen.

20 Obwohl ich viel lernen muss …

Ergänzen Sie die Sätze.

1. Ich lerne Deutsch. Trotzdem |_____|

2. Obwohl ich viel lernen muss, |_____|

3. Ich bin müde, obwohl |_____|

4. Eigentlich möchte ich gerne |_____|. Ich |_____| trotzdem
|_____|

5. Obwohl ich |_____|, habe ich manchmal keine Lust.

Übungen zum Gebrauch des Imperativs

a | Lesen Sie das Stück. Wer ist höflich, wer nicht? Woran erkennen Sie das? Welche sprachlichen Strukturen nutzen die Personen?

b | Wählen Sie eine Rolle und bereiten Sie sie vor. Wie möchten Sie sprechen (Melodie, Betonung, Pausen, …)?

Der Chef zum Ersten:	Darf ich Sie bitten, mir einen Stuhl zu bringen.
Der Erste zum Zweiten:	Bringen Sie dem Chef bitte einen Stuhl!
Der Zweite zum Dritten:	Bitte einen Stuhl für den Chef!
Der Dritte zum Vierten:	Bring dem Chef einen Stuhl, los!
Der Vierte:	Sofort!
Der Vierte tut jeweils, was ihm befohlen wird.	
Der Chef zum Ersten:	Vielen Dank, mein Lieber. Wären Sie jetzt so freundlich, mir die Zeitung zu holen.
Der Erste zum Zweiten:	Holen Sie dem Chef bitte die Zeitung!
Der Zweite zum Dritten:	Bitte die Zeitung für den Chef!
Der Dritte zum Vierten:	Hast du nicht gehört? Hol dem Chef die Zeitung!
Der Vierte:	Ich geh ja schon!
Der Chef zum Ersten:	Vielen Dank, mein Lieber. Dürfte ich Sie jetzt bitten, mir eine Zigarre zu besorgen.
Der Erste zum Zweiten:	Besorgen Sie dem Chef bitte eine Zigarre!
Der Zweite zum Dritten:	Bitte eine Zigarre für den Chef!
Der Dritte zum Vierten:	Besorg dem Chef eine Zigarre, und zwar ein bisschen dalli!
Der Vierte:	Aber ja doch.
Der Chef zum Ersten:	Vielen Dank, mein Lieber. Wären Sie jetzt so freundlich, mir Feuer zu geben.
Der Erste zum Zweiten:	Geben Sie dem Chef bitte Feuer!
Der Zweite zum Dritten:	Bitte Feuer für den Chef!
Der Dritte zum Vierten:	Gib dem Chef Feuer! Na wird's bald!
Der Vierte:	Nein!
Der Dritte:	Wieso nein?
Der Vierte:	Ich mag nicht!
Der Dritte zum Zweiten:	Er mag nicht. Und ich mag auch nicht.
Der Zweite zum Ersten:	Er mag nicht. Und ich habe auch keine Lust.
Der Erste zum Chef:	Er hat keine Lust. Und ich verspüre auch keine Neigung.
Der Chef:	Das ist ärgerlich … Was schlagen Sie vor?
Der Erste:	Ich schlage vor, die Übungen zum Imperativ an dieser Stelle abzubrechen.
Der Chef zum Ersten:	Darf ich Sie dann freundlichst bitten, die Übungen abzubrechen.
Der Erste zum Zweiten:	Brechen Sie die Übung bitte ab!
Der Zweite zum Dritten:	Bitte!
Der Dritte zum Vierten:	Brich die Übung ab, du Idiot!
Der Vierte:	Bitte sehr!

aus: Helmut Müller: Der eine und der andere

c | Spielen Sie das Stück. Wer klingt höflich, wer neutral, wer unhöflich? Achten Sie auf die Unterschiede.

Abteilungen und Funktionen in Unternehmen

Wo haben Sie oder Personen, die Sie kennen, schon gearbeitet?

die Produktion
das Controlling
…
die Geschäftsleitung
der Abteilungsleiter
…

Verkehrssünden

Welche Verkehrssünden haben Sie schon begangen oder gesehen?

Kulturtipps geben

Wie finden Sie die Veranstaltungen?

Lesungen:

Konzerte:

Ausstellungen:

fantastisch
einzigartig
unerträglich
langweilig
…

Haben Sie in letzter Zeit eine kulturelle Veranstaltung besucht? Wie war sie? Schreiben Sie eine Kritik.

So sage ich: höflich um etwas bitten

Sie brauchen kurzfristig zwei Wochen Urlaub. Formulieren Sie höfliche Fragen an Ihre Chefin / Ihren Chef.

1.

2.

3.

Relativsätze mit Präpositionen

	maskulin	neutral	feminin	Plural
Nominativ	der	das	die	die
Akkusativ	den	das	die	die
Dativ	dem	dem	der	denen

▪ Welche Form ist nicht identisch mit dem bestimmten Artikel? Markieren Sie.

Hauptsatz	Nebensatz		
Der Betriebsrat ist eine Gruppe,	an die	man sich bei Problemen	wenden kann.
Im Betriebsrat sind Personen,	zu denen	die Mitarbeiter Vertrauen	haben.

Konjunktiv II: Höfliche Bitten und Aufforderungen

Bei allen Verben außer *sein, haben* und den Modalverben benutzt man *würde* + Infinitiv.

	sein	haben	können	dürfen	werden
ich	wäre	hätte	könnte	dürfte	würde
du	wärst	hättest	könntest	dürftest	würdest
er/es/sie	wäre	hätte	könnte	dürfte	würde
wir	wären	hätten	könnten	dürften	würden
ihr	wärt	hättet	könntet	dürftet	würdet
sie/Sie	wären	hätten	könnten	dürften	würden

Wäre das in Ordnung für Sie? Hätten Sie einen Moment Zeit für mich?
Könnten Sie mir helfen? Dürfte ich Sie etwas fragen?
Würden Sie bitte das Fenster schließen? Würdest du mich vielleicht vorlassen?

Komparativ und Superlativ vor Nomen

Komparativ und Superlativ haben vor Nomen dieselben Endungen wie das Adjektiv (Grundform).

▪ München hat die schönsten Biergärten!
▫ Aber in Hamburg gibt es die schöneren Kanäle.

Unerwartete Reaktionen mit trotzdem und obwohl

Hauptsatz	Hauptsatz		
		Position 2	
Er ist müde.	Trotzdem	geht	er arbeiten.
Es regnet.	Er	geht	trotzdem gerne spazieren.

▪ Wo steht *trotzdem*? Markieren Sie.

▪ Markieren Sie in den Sätzen die unerwartete Reaktion. Wo steht sie?

Hauptsatz	Nebensatz		
Wir haben heute 20°C,	obwohl	es erst Anfang März	ist.

1 So ist Recht!

a | Das ist Natascha. Mit einigen Gesetzen kennt sie sich sehr gut aus. Warum wohl? Spekulieren Sie.

- Sie ist Polizistin.
- Sie arbeitet bei einer Versicherung.
- Sie arbeitet im Gefängnis.
- Sie ist Betriebsrätin.
- Sie ist Richterin.
- Sie ist Fahrlehrerin.
- …

_24/3 b | Vergleichen Sie Ihre Vermutungen. Sehen Sie den Film, Teil 3. Wer hatte Recht?

2 Steckbrief

_24 a | Sehen Sie jetzt den ganzen Film. Füllen Sie danach den Steckbrief aus. Sehen Sie dann den Film noch
einmal und überprüfen Sie Ihre Antworten.

Vorname:	
Alter:	
Wohnort:	.... im Allgäu
Arbeitsort:	.... am Bodensee
Erster Beruf:	
Jetziger Beruf:	
Name des Chefs:	N _ _ _ _ _ _ T _ _ _ _ le
Name des Haustiers:	
Automarke:	
…	

b | Recherchieren Sie im Internet zur Region Allgäu und zur Region Bodensee – welche Länder-
und Landesgrenzen finden Sie?

c | Sammeln Sie Informationen zum Ferienort Lindau am Bodensee. Was kann man dort unternehmen?

3 Im Rückwärtsgang

_24/3 a | Sehen Sie den Film, Teil 3 noch einmal ohne Ton. Welche Anweisungen gibt Natascha wohl ihrer Fahrschülerin beim Einparken?

b | Hören Sie anschließend, was sie wirklich sagt.

  c | Spielen Sie die Situation nach – geben Sie sich Anweisungen. Wechseln Sie die Rollen.

d | Suchen Sie im Film andere Fahrsituationen, die Sie nachspielen können.

4 Strafbar

_24/4 a | Sehen Sie den Film, Teil 4. Welche Strafen im Straßenverkehr werden genannt? Notieren Sie.

1. _____ 2. _____

3. _____

b | Was wissen Sie über die einzelnen Strafen? Tauschen Sie sich aus und recherchieren Sie im Internet.

5 Theorie und Praxis

a | Führerschein in Deutschland: Mit wie viel Jahren darf man ihn machen? Ab wann darf man alleine fahren? Wie und wo lernt man das Autofahren? Wie lange dauert es? Wie teuer ist es? Was wissen Sie bereits? Tauschen Sie sich aus.

b | Welche Informationen fehlen? Fragen Sie bei einer Fahrschule oder recherchieren Sie im Internet.

c | Wie ist es in Ihrem Herkunftsland? Was ist anders? Diskutieren Sie die Vor- und Nachteile.

6 Quizfrage

Wie heißt diese große Segelregatta in Lindau?

Bearbeiten Sie die Aufgaben. Vergleichen Sie mit den Lösungen auf S. 210. Notieren Sie Ihre Punktzahl. Markieren Sie in der Rubrik **Ich kann**: 4–6 Punkte = gut, 0–3 Punkte = nicht so gut.

1 Einer Besprechung folgen   ___/6 P

_17   Die Notizen enthalten leider Fehler. Hören Sie die Besprechung und korrigieren Sie.

> neues Thema: Heizung im Hauptgebäude
> Veranstaltung in Frankfurt war großer Erfolg
> TeilnehmerInnen an Präsentationen insgesamt: 22
> Frau Jeschel ist als Referentin nicht geeignet
> auf Bestellzettel ist Fehler in der Telefonnummer
> bitte Namensschilder zum Betriebsausflug mitbringen

1. _____
2. _____
3. _____
4. _____
5. _____
6. _____

	gut ☺	nicht so gut ☹
Ich kann einer Arbeitsbesprechung folgen.		

2 Höflich um etwas bitten   ___/6 P

Ergänzen Sie bitte.

1. _____ Sie einen Moment warten, bitte?

2. _____ ihr bitte etwas leiser sein?

3. _____ Sie vielleicht einen Stift für mich?

4. _____ du mir das noch einmal erklären?

5. _____ Sie jetzt bitte gehen? Ich habe kein Interesse.

6. _____ es möglich, dass ich morgen später komme?

	gut ☺	nicht so gut ☹
Ich kann höfliche Bitten und Aufforderungen formulieren.		

3 Über Vor- und Nachteile sprechen   ___/6 P

Ergänzen Sie passende Konnektoren.

„Ich arbeite in der Entwicklung einer Firma mit über 1000 Mitarbeitern. _____ ich dort angefangen habe, war ich in einem Familienbetrieb. Das war anstrengend. Ich finde es besser, in einem großen Unternehmen zu arbeiten, _____ hier auch nicht alles toll ist. Die Wege sind zum Beispiel ziemlich lang. Ich brauche 10 Minuten, _____ meine Kollegen in der Produktion _____ besuchen. _____ ich unterwegs bin, habe ich aber oft gute Ideen. Für mich ist eine große Firma ideal, _____ mein Job relativ sicher ist und ich viele Möglichkeiten habe.“

	gut ☺	nicht so gut ☹
Ich kann zusammenhängend über Vor- und Nachteile sprechen.		

4 Eine Kurzbiografie verstehen ___/6 P

Lesen Sie den Text. Was ist richtig? Kreuzen Sie an.

Der bekannteste Österreicher?!

Arnold Schwarzenegger ist wohl der bekannteste Österreicher seit Mozart. Er wurde 1947 in Thal in der Steiermark geboren. Schon als kleiner Junge wollte er möglichst muskulös sein. Als er 15 Jahre alt war, fing er an, Bodybuilding zu trainieren. Mit 20 Jahren gewann Schwarzenegger seinen ersten Titel. Insgesamt hat er später 13 gewonnen, darunter Mr. Universum und Mr. World. 1968 wanderte er in die USA aus und wurde in den 70er und 80er Jahren als Schauspieler in verschiedenen Action- und Science-Fiction-Filmen zum Hollywood-Star. Der endgültige Durchbruch gelang ihm 1984 mit „Der Terminator". Schwarzeneggers politisches Engagement begann Anfang der 90er Jahre, als er eine Stiftung ins Leben rief. 1990 ernannte ihn George Bush zum Vorsitzenden des nationalen Rates für Fitness und Sport. Am 7. August 2003 gab Schwarzenegger öffentlich seine Kandidatur für das Amt des Gouverneurs von Kalifornien bekannt. Er gewann die Wahl und war von November 2003 bis Januar 2011 der 38. Gouverneur von Kalifornien.

1. ☐ Bevor Schwarzenegger politisch aktiv wurde, war er als Schauspieler bekannt.
2. ☐ 1968 gewann er seinen ersten Titel im Bodybuilding.
3. ☐ Sein erfolgreichster Film kam 1984 in die Kinos.
4. ☐ Schwarzenegger war über 7 Jahre Gouverneur.
5. ☐ Er spielte schon als kleiner Junge in Filmen mit.
6. ☐ 1990 wurde er zum ersten Mal in ein politisches Amt gewählt.

	gut ☺	nicht so gut ☹
Ich kann eine Kurzbiografie verstehen.		

5 Eine Kündigung schreiben ___/6 P

Sie sind Mitglied im ADAC (Allgemeiner Deutscher Automobil-Club), haben aber schlechte Erfahrungen mit den Leistungen gemacht. Sie möchten deshalb aus dem Verein austreten. Schreiben Sie eine Kündigung. Geben Sie den Grund an und bitten Sie darum, die Kündigung innerhalb von 10 Werktagen zu bestätigen.

	gut ☺	nicht so gut ☹
Ich kann eine Kündigung schreiben.		

MEIN ERGEBNIS

Übung	Punkte
1	
2	
3	
4	
5	
Summe	

0-14 Punkte: Das ist noch nicht so gut!
Wiederholen Sie noch einmal.
15-20 Punkte: Gutes Ergebnis, lassen Sie nicht nach.
21-30 Punkte: Herzlichen Glückwunsch! Weiter so!

Nomen

die Initiative, -n

die Gemeinschaft, -en

der Stammtisch, -e

der Verein, -e

der / die Gleichgesinnte, -n

die Leidenschaft, -en

der Mut (nur Sg.)

der Austausch (nur Sg.)

die Begleitung, -en

das Malen (nur Sg.)

das Fotografieren (nur Sg.)

die Handarbeit, -en

das Basteln (nur Sg.)

die Wolle (nur Sg.)

die Bühne, -n

die Rolle, -n

das Schachbrett, -er

der Anfänger, -
die Anfängerin, -nen

der / die Fortgeschrittene, -n

das Genie, -s

das Plakat, -e

die Umwelt (nur Sg.)

die Menschenrechte (nur Pl.)

die Hilfe, -n

die Unterstützung, -en

der Abfall, ̈e

der Lohn, ̈e

der Skandal, -e

die Krise, -n

die Verhältnisse (nur Pl.)

die Bildung (nur Sg.)

die Forschung (nur Sg.)

die Beziehung, -en

der Fleiß (nur Sg.)

die Ehrlichkeit (nur Sg.)

die Staatsangehörigkeit, -en

die Armee, -n

die Partei, -en

die Kommunalwahl, -en

der Bundestag (nur Sg.)

der Bundeskanzler, -
die Bundeskanzlerin, -nen

die Europäische Union (nur Sg.)

der Inhaber, -
die Inhaberin, -nen

der Leiter, -
die Leiterin, -nen

der Buchhalter, -
die Buchhalterin, -nen

der Mediengestalter, -
die Mediengestalterin, -nen

der Augenoptiker, -
die Augenoptikerin, -nen

der Altenpfleger, -
die Altenpflegerin, -nen

die Branche, -n

die Bewerbungsmappe, -n

das Bewerbungsgespräch, -e

die Fähigkeit, -en

die Qualifikation, -en

die Eigenschaft, -en

die Herausforderung, -en

die Chance, -n

die Ausrede, -n

die Einrichtung, -en

das Pflegeheim, -e

die Veranstaltung, -en

die Statistik, -en

der Titel, -

Verben

mitreden	
sich einmischen	
verletzen	ein Recht verletzen
belästigen	
sich wehren	
sich einsetzen für + A	
halten, hat gehalten von + D	
sich aufregen über + A	
schieben, hat geschoben auf + A	
wählen	
stimmen für + A	
erwarten von + D	
verbessern	
sich bemühen um + A	
gründen	eine Band gründen
zählen	
flüchten	
beibringen, hat beigebracht	
stricken	
recherchieren	
beobachten	
sich zutrauen	
vermitteln	
absolvieren	
einsetzen	Fähigkeiten einsetzen
umgehen, ist umgegangen mit + D	mit dem Computer umgehen
führen	

Wendungen

im Mittelpunkt stehen	
Es hat keinen Sinn.	
den Eindruck haben	
sich stark machen für + A	
am Herzen liegen	
Es stinkt mir / uns.	
in Ruhe lassen	

Adjektive

gleichberechtigt	
liberal	
verrückt	
sinnlos	
selbstbewusst	
eigenständig	
erfolgreich	
effektiv	
motiviert	
zuverlässig	
flexibel	
hervorragend	
fließend	
abwechslungsreich	

Kleine Wörter

wohl	Das gibt's ja wohl nicht.

- Welche Wörter bezeichnen Personen? Markieren Sie.
- Wichtige Wörter für Bewerbungen. Markieren Sie in einer anderen Farbe.
- Welche Suffixe sind typisch für feminine Nomen? Suchen Sie in der Liste.

TIPP
Lernen Sie Verben mit Ergänzung / mit Präposition in Beispielsätzen.

Diese Wörter sind für mich wichtig:

➥ KB 1   **1** **Wiederholen Sie: etwas begründen**

a | Ergänzen Sie *weil, deshalb* und *nämlich*.

1. Ich bin Mitglied bei den Grünen, _____ ich mich nicht nur über die Politik ärgern, sondern selbst aktiv sein will.

2. Mir ist es wichtig, dass Nicht-Deutsche und Deutsche friedlich zusammenleben. _____ arbeite ich im Ausländerbeirat meiner Stadt mit.

3. Ich finde es schrecklich, wie viele Menschen auf der ganzen Welt unschuldig im Gefängnis sitzen. Dagegen möchte ich etwas unternehmen. _____ bin ich bei Amnesty International.

4. Ich engagiere mich in der Bürgerinitiative *Höchste Zeit*, _____ ich das Leben in meiner Gemeinde mitgestalten will. Ich möchte _____ nicht zu denen gehören, die sich immer nur beschweren.

🔘 _18   b | Hören Sie und kontrollieren Sie.

➥ KB 2   **2** **Gesucht und gefunden**

a | Auf welche Anzeige aus Aufgabe 2 im Kursbuch reagieren die Personen? Lesen Sie und notieren Sie ein Stichwort.

1. Liebe Malgruppe, ich male leidenschaftlich gern Aquarelle und bin neu in Erfurt. Freue mich sehr, dass ihr euch treffen wollt und komme gern dazu. Wann ist denn der erste Termin?

2. Hallo, suchst du immer noch einen Tandempartner? Ich habe Interesse und möchte dich gern im Café treffen. Ich komme aus Schottland, mache ein Praktikum in Berlin und will unbedingt mein Deutsch verbessern.

3. Hallo zusammen! Ich habe zufällig eure Anzeige entdeckt und traue mich jetzt einfach mal. Ich habe noch nie Theater gespielt, möchte es aber sehr gerne lernen. Wo und wann probt ihr denn? Kann ich einfach vorbeikommen?

b | Wie stellen die Personen den Bezug zur Anzeige her? Markieren Sie Formulierungen und sammeln Sie weitere Möglichkeiten.

Ich interessiere mich auch für …

c | Schreiben Sie eine Antwort auf eine Anzeige, die Sie interessiert.

3 Jeder ist willkommen.

a | Lesen Sie.
Um welches Hobby geht es?

Verstärkung für laufenden Kurs gesucht.

Alles, was du brauchst, ist ein bisschen Rhythmusgefühl. Vielleicht trittst du deinem Partner mal auf die Füße. Aber das ist das Schlimmste, was passieren kann. Also nur Mut. Es gibt nichts, was du verlieren könntest. Auch Fortgeschrittene sind herzlich willkommen. Wir holen dich da ab, wo du gerade stehst.

b | Markieren Sie die Relativpronomen im Text. Worauf beziehen sie sich? Ergänzen Sie.

1. _____ , was du brauchst.

2. Das ist _____ , was dir passieren kann.

3. Es gibt _____ , was du verlieren könntest.

4. Wir holen dich _____ ab, wo du gerade stehst.

FOKUS SPRACHE

Der Relativsatz beginnt mit _____ , wenn er sich auf Indefinitpronomen (*etwas, nichts, alles, vieles*) oder auf den Superlativ als Nomen bezieht. Bezieht er sich auf eine Lokalangabe, verwendet man _____ .

4 Wer wagt, gewinnt!

a | Was passt zusammen? Verbinden Sie.

Wer oft Sport treibt, ○   ○ (der) sollte lieber nicht Aerobic machen.
Wen Tanzen nicht interessiert, ○   ○ (der) sollte wenigstens oft zu Fuß gehen.
Wem Sport nicht gefällt, ○   ○ (der) ist in unserer Tanzgruppe genau richtig.
Wer sich gerne zu Musik bewegt, ○   ○ (der) lebt gesünder.

b | Stehen die Pronomen im Nominativ, Akkusativ oder Dativ? Markieren Sie die Verben im Nebensatz und analysieren Sie.

FOKUS SPRACHE

Wer, wen und *wem* leiten den Relativsatz bei nicht näher bezeichneten Personen ein. Der Relativsatz steht immer vor dem Hauptsatz.

5 Mehr Spaß am Fotografieren

Ergänzen Sie den Text mit passenden Relativpronomen.

„Wir sind eine Gruppe von Fotobegeisterten und fotografieren so ziemlich alles, _____ uns vor die Kamera kommt. Im Sommer machen wir oft Spaziergänge und suchen gemeinsam nach Motiven. Eigentlich gibt es nichts, _____ sich nicht lohnt zu fotografieren. Die besten Bilder entstehen aber oft dort, _____ man es nicht vermutet. In einer Fabrik, _____ nichts mehr produziert wird oder im Biergarten, _____ wir nach der Tour eigentlich nur noch gemeinsam etwas essen wollten. Manchmal fotografieren wir uns auch gegenseitig. _____ das nicht mag, muss ja nicht zu den Treffen kommen. Bei uns sind wirklich alle willkommen, auch die, die nur manchmal dabei sind."

→ KB 3 **6** ## Immer den passenden Spruch . . .?!

_19 a | Szenen im Tanzkurs. In welcher Reihenfolge hören Sie die Sprichwörter?
Nummerieren Sie.

☐ Wer A sagt, muss auch B sagen.
☐ Wer zuletzt lacht, lacht am besten.
☐ Wer wagt, gewinnt.
☐ Wer schön sein will, muss leiden.
☐ Wer rastet, der rostet.

_20 b | Hören Sie die Sprichwörter noch einmal. Markieren Sie in jedem Satz die Pause und in jeder Wortgruppe
das betonte Wort.

> Wer wagt, / **gewinnt**.

c | Lesen Sie die Sprichwörter vor. Rufen Sie dann Ihrer Lernpartnerin / Ihrem Lernpartner ein Sprichwort sehr
emotional zu. Wenn Sie möchten, können Sie die Tanzkurs-Szene auch spielen.

→ KB 5 **7** ## Politische Diskussionen

_21 a | Wie stehen die Personen zu den Aussagen? Hören Sie und kreuzen Sie an. Zu Jeder Aussage hören Sie
zwei Reaktionen.

		stimmt zu	lehnt ab	zweifelt
1. Demonstrationen von Radikalen sollte man verbieten.	a.	☐	☐	☐
	b.	☐	☐	☐
2. Man sollte Schulgebühren für alle einführen.	a.	☐	☐	☐
	b.	☐	☐	☐
3. Man sollte das Arbeitslosengeld kürzen.	a.	☐	☐	☐
	b.	☐	☐	☐
4. Wir brauchen eine Kindergartenpflicht für alle.	a.	☐	☐	☐
	b.	☐	☐	☐
5. Man könnte die Hundesteuer erhöhen.	a.	☐	☐	☐
	b.	☐	☐	☐

b | Wie ist Ihre Meinung? Wählen Sie ein Thema aus, machen Sie sich Notizen und diskutieren Sie in Gruppen.

↪ KB 8

8 Zivilcourage zeigen

a | Welche Redemittel passen? Sortieren Sie bitte.

> Sind Sie verrückt? | Brauchen Sie Hilfe? | Ich rufe die Polizei! | Gehen Sie da weg! |
> Lassen Sie mich ausreden. | Lassen Sie das Mädchen in Ruhe! | Hören Sie sofort auf! |
> Kann ich Ihnen helfen? | Passen Sie doch auf! | Das gibt's ja wohl nicht!

Ärger ausdrücken	sich wehren	sich einmischen
Sind Sie verrückt?		

b | Sie beobachten folgende Szenen. Wie würden Sie reagieren? Spielen Sie Dialoge.

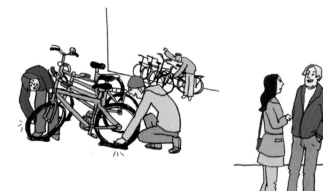 

↪ KB 10

9 Politisch aktiv sein?!

a | Was passt? Markieren Sie.

1. seine Stimme einer Partei: glauben | geben | sagen
2. eine Partei: wählen | machen | denken
3. den Politikern kein Wort: trauen | geben | glauben
4. den Einbürgerungstest: bestehen | lernen | wissen
5. Arbeitsplätze: verbringen | lernen | schaffen

b | Wie ist Ihre Einstellung zu Politik? Schreiben Sie 3–4 Sätze mit den Formulierungen aus a.

10   Wenn Politiker anders wären, . . .

a | Sehen Sie die Bilder an und lesen Sie. Wie ist die Situation?
Worin unterscheiden sich die Sätze?

> Wenn ich in Spanien
> wäre, würde ich sofort
> an den Strand gehen.

> Wenn ich in Spanien
> bin, gehe ich sofort
> an den Strand.

b | Was passt zusammen? Verbinden Sie bitte.

Wenn Politiker jünger wären,   ○   ○   würde ich alle Grenzen abschaffen.

Wenn sie klarer sprechen würden,   ○   ○   wäre unsere Gesellschaft bunter.

Wenn Ausländer wählen dürften,   ○   ○   könnten sie alle Menschen verstehen.

Wenn ich Bundeskanzler/in wäre,   ○   ○   hätten sie mehr Chancen bei jungen Wählern.

c | Schreiben Sie zwei Sätze in die Tabelle.

Nebensatz			Hauptsatz
Wenn		sprechen würden,	

d | Schreiben Sie Sätze mit *wenn* und Konjunktiv II. Ergänzen Sie weitere Wünsche an Politiker.

Es wäre gut, wenn Politiker . . .

offen und ehrlich sein | besser aussehen | mehr Geld in Erziehung und Bildung investieren |
das Kindergeld erhöhen | menschlicher sein | besser reden können

11   Wenn ich du wär'

_22   a | Hören und lesen Sie das Gedicht, achten Sie auf den Rhythmus und sprechen Sie leise mit.

> Wennich**du**wär', . . .

Wenn ich du wär', . . .
    . . . würd' ich mir die Haare schneiden.   . . . würde ich viel öfter lachen.
    . . . wär' ich nicht so depressiv.   . . . wäre ich mehr motiviert.
    . . . würde ich mich besser kleiden.   . . . würd' ich alles anders machen.
    . . . wär' ich sicher attraktiv.   . . . hätte ich das längst kapiert.

Und diesen letzten Satz hab ich zum Schluss für dich:
Wenn ich du wär', wär' ich lieber wieder ich!

K. Reinke

b | Lesen Sie das Gedicht vor. Sprechen Sie die erste Wortgruppe immer zusammenhängend.

c | Bilden Sie weitere Sätze mit *Wenn ich du wär'* . . . oder *Wenn ich reich wär'* . . .

12 Was würden Sie machen, wenn . . .

Fragen Sie Ihre Lernpartnerin / Ihren Lernpartner und machen Sie Notizen.

> Wenn ich im Lotto gewinnen würde, würde ich eine Weltreise machen!

> Was würden Sie machen, wenn Sie im Lotto gewinnen würden?

	Ihre Lernpartnerin / Ihr Lernpartner	Sie
Sie gewinnen im Lotto.		
Sie leben in der Antarktis.		
Sie sprechen 10 Fremdsprachen.		
Sie haben sechs Kinder.		
Sie sind berühmt.		
Sie können die Gedanken von anderen lesen.		
Sie können die Zukunft voraussehen.		

→ KB 11

13 Träumen nicht verboten!

a | Ergänzen Sie die irrealen Bedingungssätze ohne *wenn*.

> meine Freundin in den USA besuchen können

> auf einer Yacht in der Karibik sein

> in Urlaub fliegen

> einen persönlichen Jet haben

Hätte ich nicht so viel Arbeit, _____

Würde mir der Chef frei geben, _____

Wäre ich reich und berühmt, _____

Könnte ich mir alles leisten, _____

> **FOKUS SPRACHE**
>
> **Irreale Bedingungssätze ohne *wenn***
> Das Verb steht im Nebensatz ☐ auf Position 1. ☐ am Satzende.

b | Wovon träumen Sie? Was spricht dagegen? Schreiben Sie drei Sätze wie in a.

→ KB 12   **14 Auf Jobsuche**

a | Welche Überschrift passt? Sehen Sie die Statistik an und wählen Sie aus.

A Die beliebtesten Internetseiten in Deutschland
B Die größten Online-Jobbörsen
C Die erfolgreichsten Wege bei der Jobsuche

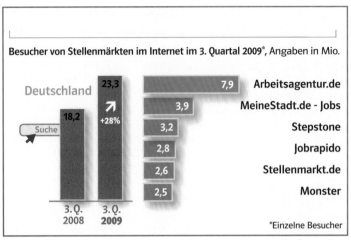

STRATEGIE

Lesen Sie bei Statistiken zuerst die Übersch
Sie gibt Hinweise darauf, welche Information
Sie in der Grafik bekommen.

b | Sprechen Sie mit Ihrer Lernpartnerin / Ihrem Lernpartner über die Statistik. Fassen Sie zuerst die wichtigsten Informationen zusammen und diskutieren Sie dann über das Thema.

Ⓟ Die Grafik zeigt / gibt Auskunft über …
Auf Platz 1 steht … | Besonders beliebt ist … | Die meisten … / Viele …
Ich habe selbst Erfahrungen mit … | Ich kenne … | Ich finde es interessant, dass …

→ KB 13   **15 Flexibel, kreativ, teamfähig**

a | Wie heißen die Adjektive? Kombinieren Sie.

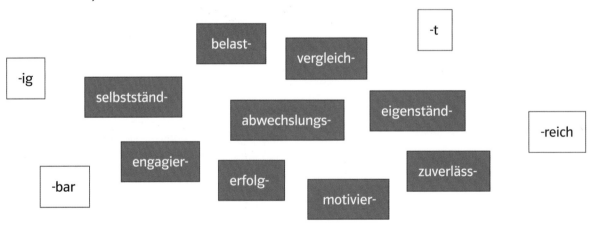

b | Kennen Sie weitere Adjektive, die oft in Stellenanzeigen vorkommen? Sammeln Sie.

c | Ergänzen Sie im Stellengesuch passende Adjektive. Es gibt mehrere Möglichkeiten.

Ich, 35, männl., suche Stelle in Privathaushalt. Habe eine ⎣_____⎦ abgeschlossene

Ausbildung als Erzieher und kümmere mich gern um Ihre Kinder. Bin zeitlich ⎣_____⎦ ,

⎣_____⎦ und arbeite gern ⎣_____⎦ . Durch mehrjährige Erfahrung in einem

Kinderheim bin ich Stress gewohnt und daher extrem ⎣_____⎦ . Ich bin sehr

⎣_____⎦ und verstehe es, Kinder für meine Ideen zu begeistern.

d | Sie suchen einen Job. Schreiben Sie ein Stellengesuch.

➡ KB 14 **16** # Warum bin ich für die Stelle geeignet?

a | Was passt zusammen? Ordnen Sie bitte zu.

1. Ich möchte mich bei Ihnen bewerben,
2. Ich bin mit allen wichtigen Arbeiten auf Baustellen vertraut,
3. Ich möchte mich Ihnen gern vorstellen,
4. Eigenständiges und zielorientiertes Arbeiten ist mir nicht fremd,
5. Ich verfüge über sehr gute PC-Anwenderkenntnisse,

a. denn ich bringe die notwendigen Voraussetzungen für die Stelle mit.
b. denn ich habe über 10 Jahre als Baufacharbeiter gearbeitet.
c. denn ich habe bis zum letzten Sommer ein eigenes Atelier geführt.
d. denn in meiner Freizeit beschäftige ich mich viel mit Computern.
e. denn Ihre Anzeige passt genau zu meinem Profil.

1	2	3	4	5

b | Schreiben Sie zwei Sätze in die Tabelle.

Hauptsatz		Hauptsatz
....	denn	....
....	denn	....

💬 **FOKUS SPRACHE**

Mit *denn* können Sie zwei Hauptsätze verbinden. Es steht zwischen den beiden Sätzen. Die Positionen in Satz 2 bleiben unverändert.

c | Ergänzen Sie die Sätze.

Ich bin genau der / die Richtige für die Stelle, denn ⎣_____⎦

⎣_____⎦

Ich bringe viel Erfahrung ⎣_____⎦ mit, denn ⎣_____⎦

⎣_____⎦

17 Beruf mit Zukunft: Umweltingenieurin

Welches Wort passt in die Lücke? Kreuzen Sie an.

_____ (1) Sabine Schäfer, 31, einen Beruf mit Zukunft haben wollte, hat sie Umwelttechnik studiert. Für viele Mädchen ist Technik nicht attraktiv, _____ (2) sie sich in der Schule selten damit beschäftigen. Doch Sabines Bruder hat Elektrotechnik studiert. _____ (3) fand sie den technischen Beruf hoch interessant. Relativ früh hat sich die junge Frau für den Bereich Energie entschieden, _____ (4) sie schon immer wissen wollte, wie man sinnvoll Strom produziert. Alle wissen: Kohle, Erdöl und Erdgas gibt es nicht für immer, Wind und Sonne sind die Energiequellen der Zukunft. „_____ (5) will ich die Menschen für neue Energien begeistern", sagt Sabine Schäfer. „Ich finde es wichtig, dass Deutschland sich endlich stärker für neue Energien einsetzt, _____ (6) das ist der einzig richtige Weg aus der Klimakatastrophe."

1.	2.	3.
a. Denn	a. weil	a. Da
b. Da	b. darum	b. Deswegen
c. Nämlich	c. denn	c. Weil

4.	5.	6.
a. denn	a. Darum	a. weil
b. trotzdem	b. Aber	b. denn
c. weil	c. Obwohl	c. darum

→ KB 15

18 Was wirkt motiviert?

a | Lesen Sie die Sätze aus Bewerbungen. Welche drücken das Gleiche aus? Finden Sie Paare.

A Ich könnte mir vorstellen, als Bürokaufmann in Ihrer Firma zu arbeiten.

B Bei meiner jetzigen Tätigkeit habe ich mit Kunden zu tun.

C Über eine Einladung zu einem Vorstellungsgespräch freue ich mich.

D Ich kann ganz gut organisieren und bin ziemlich kreativ.

E Es wäre sehr schön, wenn Sie mich zu einem Vorstellungsgespräch einladen würden.

F Im Bereich Kundenservice konnte ich viele Erfahrungen sammeln und den Umgang mit Kunden professionalisieren.

G Meine persönlichen Stärken liegen in den Bereichen Organisation und Kreativität.

H Mit großem Interesse habe ich Ihre Anzeige im „Münchner Kurier" gelesen und möchte mich bei Ihnen als Bürokaufmann bewerben.

A –

b | Vergleichen Sie die Sätze. Welche klingen selbstbewusster / motivierter? Warum?

Quiz: Wahlen und Parteien

a | Können Sie die Fragen beantworten? Kreuzen Sie an.

1. Wer wählt den Bundeskanzler / die Bundeskanzlerin?
☐ das Volk
☐ die Bundesregierung
☐ der Bundestag

2. Welche Partei ist die älteste Partei in Deutschland?
☐ die CDU
☐ die SPD
☐ die FDP

3. Ab welchem Alter darf man Parteimitglied werden?
☐ ab 18
☐ ab 16
☐ ab 21

4. Wie viele Parteien gibt es in Deutschland?
☐ 6
☐ 12
☐ über 25

5. An welchen Wahlen dürfen alle Ausländer teilnehmen?
☐ die Bundestagswahl
☐ die Europawahl
☐ die Wahl des Ausländerbeirats

b | Welche Parteien sind aktuell im Deutschen Bundestag vertreten? Welche anderen größeren Parteien gibt es in Deutschland? Recherchieren Sie im Internet.

Stichwort Zivilcourage

Wählen Sie ein Zitat. Wie verstehen Sie es? Erläutern Sie und nennen Sie Beispiele.

Politisch bleibt man, bis man stirbt. Das kann man nicht abschalten.
Peter Gauweiler, Politiker

WO DIE ZIVILCOURAGE KEINE HEIMAT HAT, REICHT DIE FREIHEIT NICHT WEIT.
Willy Brandt, Bundeskanzler

Niemand ist wichtiger als der Andere.
Walter Sittler, Schauspieler

Je mehr Bürger mit Zivilcourage ein Land hat, desto weniger Helden wird es einmal brauchen.
Franca Magnani, Journalistin

Persönliche Interessen

Was ist Ihre Lieblingsbeschäftigung? Was brauchen Sie dafür?
Wo können Sie sie ausüben? Beschreiben Sie.

Schach spielen
basteln
…
das Schachbrett
die Wolle
…

Politisches Engagement

Wie und wofür möchten / könnten Sie sich politisch engagieren?

einen Stammtisch / … gründen
sich für die Umwelt / … einsetzen
auf die Straße gehen
wählen
…

Auf Jobsuche

Schreiben Sie ein kurzes Stellengesuch für Ihre Traumstelle.

sucht Stelle in

Bin

Telefon:

So sage ich: sich wehren, sich einmischen

Jemand hört neben Ihnen in der U-Bahn sehr laut Musik. Es ist Ihnen unangenehm.

Zwei Jugendliche wollen einem Kind seinen Ball nicht zurückgeben. Das Kind fängt an zu weinen.

Relativsätze mit wer, was, wo

Nebensatz			Hauptsatz
Wer	Spaß an Bewegung	hat,	ist bei uns herzlich willkommen.

Hauptsatz	Nebensatz		
An meinem Arbeitsplatz gibt es vieles,	was	mir leider nicht	gefällt.
Nordic Walking ist etwas,	was	vielen Menschen Spaß	macht.
Wir treffen uns immer in einem kleinen Café,	wo (in dem)	sich fast alle persönlich	kennen.

▪ Markieren Sie das Relativpronomen. Worauf bezieht es sich? Wo steht das konjugierte Verb?

Irrealer Bedingungssatz mit wenn

Nebensatz			Hauptsatz
Wenn	ich in Deutschland	wählen dürfte,	würde ich die CDU wählen.
Wenn	mein Freund mehr Zeit	hätte,	könnten wir zu zweit in Urlaub fahren.

Irrealer Bedingungssatz ohne wenn

Nebensatz		Hauptsatz
Hätte	ich die deutsche Staatsbürgerschaft,	dürfte ich den Bundestag wählen.
Würde	mir mein Chef heute frei geben,	würde ich schwimmen gehen.

▪ Wo steht das konjugierte Verb im Nebensatz? Markieren Sie.

Sätze mit denn

Hauptsatz		Hauptsatz
Ich habe viel Erfahrung mit Kunden,	denn	ich habe lange im Außendienst gearbeitet.
Für mich ist das Thema Forschung wichtig,	denn	ich arbeite zurzeit an meiner Doktorarbeit.

▪ Formen Sie eine der Aussagen in einen *weil*-Satz und in einen Satz mit *deshalb* um:

1 Soziale Netzwerke

a | In welchen sozialen Netzwerken ist Aytekin wohl aktiv? Spekulieren Sie.

- in Facebook
- in einem Kunstverein
- in einem Jugendverein
- in einem interkulturellen Verein
- in einem Sportverein
- in einem politischen Verein
- …

_25   b | Vergleichen Sie Ihre Vermutungen und sehen Sie dann den Film. In welchen sozialen Netzwerken ist Aytekin wirklich aktiv? Finden Sie Bilder oder Sätze, die das beweisen.

2 Steckbrief

_25   a | Sehen Sie jetzt den Film noch einmal, ergänzen Sie die Lücken und korrigieren Sie die falsch geschriebenen Wörter. Aus Versehen gibt es hier nur „*" statt Vokale. Vergleichen Sie Ihre Ergebnisse in der Gruppe. Sehen Sie den Film noch einmal und überprüfen Sie Ihre Antworten.

Vorname, Nachname:	*yt*k*n C*l*k
Geboren in welchem Land:	
Aufgewachsen in welchem Land:	
Wohnort und Stadtteil:	
Arbeitsstelle beim:	St*dtj*g*ndr*ng
Beruf und Tätigkeit:	*ff*ntl*chk*ts*rb*t
Alter:	
Engagiert sich ehrenamtlich als:	Sch*ff*
Seine Freizeit verbringt er mit:	
Mitbegründer vom:	
Lebensweise „straight edge", das heißt:	Kein/e: _____ , _____ , _____ ,
…	

b | Sammeln Sie Informationen zum Skateboardmuseum Stuttgart im Internet.

3 Dauerndunterwegs!

_25 **a |** Wo oder wohin geht oder fährt Aytekin? Sehen Sie den Film noch einmal. Sortieren Sie die Bilder in der richtigen Reihenfolge und schreiben Sie bitte zu jedem Bild einen Satz. Die Stichwörter helfen.

| Skateboard fahren | Museum gehen | Gerichtssaal gehen | Rikscha fahren |

b | Welche Bilder gehören in welchen Bereich: privat - beruflich - öffentlich? Begründen Sie Ihre Antwort.

c | Stellen Sie sich vor, dass Sie gemeinsam mit Aytekin etwas unternehmen dürfen. Für welche Tätigkeit würden Sie sich entscheiden? Warum?

4 Schöffe sein

_25/4 Was ist ein Schöffe? Hören Sie bei Teil 4 genau zu und kreuzen Sie die richtigen Antworten an.

Schöffen ...

☐ sind ehrenamtliche Richter.

☐ werden für die Dauer von drei Jahren gewählt.

☐ sind einfache, normale Leute aus der Bevölkerung.

☐ müssen beruflich etwas mit der Rechtsprechung zu tun haben.

☐ legen zusammen mit dem Richter nach der Verhandlung fest, wie hoch die Strafe ist.

5 Integration gelungen?

Aytekin Celik sagt über sich selbst:

> „ ... viele fragen mich immer, ob ich mich mehr deutsch oder mehr türkisch fühle, aber diese Frage stellt sich mir gar nicht."

a | Wie sehen Sie das? Finden Sie, dass seine Integration gelungen ist?

b | Diskutieren Sie: Spielt Ihre Herkunft für Sie eine wichtige Rolle?

6 Quizfrage

Sehen Sie sich Aytekin im Film genau an. Was fällt Ihnen auf, was hat sich an seinem Äußeren verändert?

Spielen Sie zu viert. Sie brauchen einen Würfel und vier Spielfiguren. Sie machen eine Reise durch Deutschland, Österreich und die Schweiz. Dabei müssen Sie mindestens sechs verschiedene Orte mit dem Namen Neustadt besuchen und die passenden Aufgaben richtig lösen, bevor Sie am Ziel ankommen können. Wählen Sie eine Person als Spielleiterin / Spielleiter. Sie notiert, wer wie viele richtige Antworten hat. Setzen Sie Ihre Spielfigur auf einen Startpunkt Ihrer Wahl. Würfeln Sie reihum. Würfeln Sie z. B. eine 4, gehen Sie vier Punkte weiter. Welchen Weg Sie wählen, können Sie selbst entscheiden. Sie können sich aber nicht auf einen Ort stellen, auf dem schon eine andere Figur steht. Kommen Sie auf ein Ortsfeld Neustadt, lösen Sie bitte die Aufgabe. Ist die Lösung richtig, dürfen Sie noch einmal würfeln (max. zweimal). Ist die Lösung falsch, würfelt direkt die nächste Spielerin / der nächste Spieler. Gewonnen hat, wer zuerst im Ziel (Luzern-Neustadt) angekommen ist.

Neustadt in Holstein
Beenden Sie die Sätze:
Es lohnt sich, …
Ich bin es gewohnt, …

Neustadt am Rübenberge
Sie brauchen kurzfristig morgen Urlaub. Formulieren Sie eine höfliche Bitte an Ihre Chefin.

Neustadt-Glewe
Bitten Sie Ihre Mitspielerin / Ihren Mitspieler um einen Gegenstand im Raum.

Neustadt (Dosse)
Berichten Sie von einem Ereignis in Ihrer Kindheit.
Als ich … Jahre alt war, …

Neustadt / Harz
Beenden Sie die Sätze:
Wenn ich du wäre, …
Hätte ich drei Wünsche frei, …

Neustadt (Spree)
Was machen Sie leidenschaftlich gern? Warum? Nennen Sie drei Gründe.

Neustadt (Hessen)
Was wird täglich im Supermarkt gemacht? Beschreiben Sie drei Aktionen im Passiv.

Neustadt in Sachsen
Wie sind Sie? Beschreiben Sie sich mit sowohl … als auch und weder … noch.

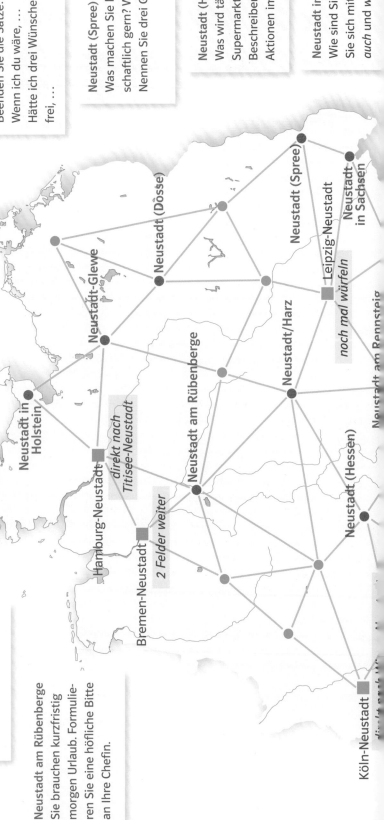

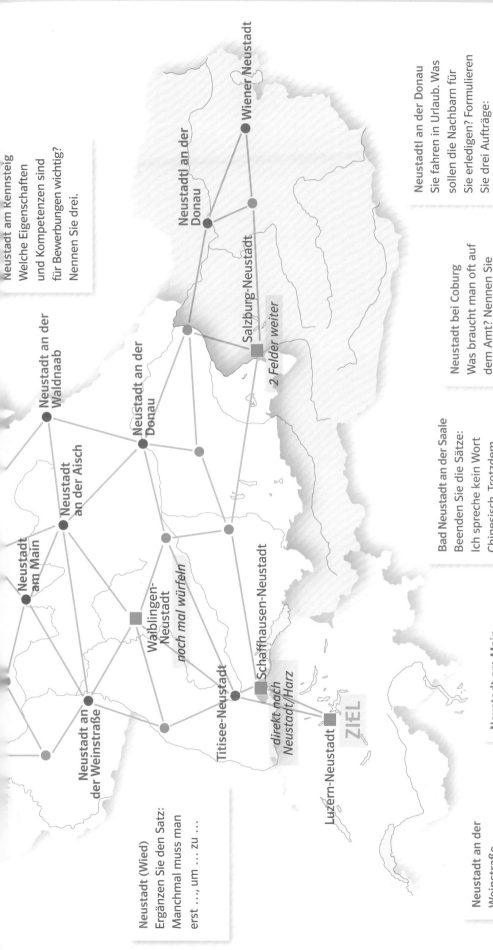

Neustadt am Rennsteig
Welche Eigenschaften und Kompetenzen sind für Bewerbungen wichtig? Nennen Sie drei.

Neustadtl an der Donau
Sie fahren in Urlaub. Was sollen die Nachbarn für Sie erledigen? Formulieren Sie drei Aufträge:
… sollten … … werden.

Wiener Neustadt
Nennen Sie drei Abteilungen in einem großen Unternehmen.

Neustadt bei Coburg
Was braucht man oft auf dem Amt? Nennen Sie drei Dokumente.

Neustadt an der Waldnaab
Jemand drängelt sich an der Supermarktkasse vor Sie. Reagieren Sie.

Bad Neustadt an der Saale
Beenden Sie die Sätze:
Ich spreche kein Wort Chinesisch. Trotzdem …
Ich habe nie genug Zeit. Trotzdem …

Neustadt an der Donau
Formulieren Sie drei Lerntipps.

Neustadt am Main
„Tischsitten sind heute nicht mehr wichtig." Welche Meinung haben Sie dazu?

Neustadt an der Aisch
Beschreiben Sie Ihre Stadt mit drei Superlativen:
… hat die schönst__ …,
…

Neustadt an der Weinstraße
Wählen Sie ein Produkt und stellen Sie es in einer Mini-Präsentation mit drei Sätzen vor.

Titisee-Neustadt
An der Haustür: „Guten Tag, darf ich Ihnen unsere neuen Pfeffermühlen zeigen?" Reagieren Sie freundlich.

Neustadt (Wied)
Ergänzen Sie den Satz:
Manchmal muss man erst …, um … zu … …

Wiener Neustadt

Neustadtl an der Donau

Salzburg-Neustadt
2 Felder weiter

Neustadt an der Waldnaab

Neustadt an der Aisch

Neustadt an der Donau

Neustadt am Main

Waiblingen-Neustadt
noch mal würfeln

Schaffhausen-Neustadt

Titisee-Neustadt

Neustadt an der Weinstraße

Luzern-Neustadt
direkt nach Neustadt/Harz
ZIEL

1 Sätze

Satzarten

Aussagesatz

	Position 1	Position 2 Verb Teil 1		Satzende Verb Teil 2
	Ich	bin	Alexis.	
	Am Wochenende	haben	wir frei.	
Trennbare Verben	Sie	steht	morgens früh	auf.
Nicht trennbare Verben	Er	besucht	einen Deutschkurs.	
Verb + Infinitiv	Am Abend	gehen	die Freunde	tanzen.
Modalverb + Infinitiv	Chao	kann	Auto	fahren.
Perfekt	Lisa	ist	mit dem Bus	gefahren.
Passiv	Abends	wird	ein 3-Gänge-Menü	serviert.

W-Frage

	Wo	wohnst	du?	
Trennbare Verben	Wann	steht	Herr Langner	auf?
Nicht trennbare Verben	Wie viel	verdienen	Sie?	
Verb + Infinitiv	Wie oft	geht	sie im Supermarkt	einkaufen?
Modalverb + Infinitiv	Was	möchtet	ihr heute	essen?
Perfekt	Wer	hat	die Rechnung	bezahlt?
Passiv	Wo	wird	das Auto	geparkt?

Ja- / Nein-Frage

	Haben	Sie	heute Abend Zeit?	
Trennbare Verben	Siehst	du	auch so gern	fern?
Nicht trennbare Verben	Gefällt	Ihnen	die Wohnung?	
Verb + Infinitiv	Geht	ihr	mittags zusammen	essen?
Modalverb + Infinitiv	Können	Sie	gut im Team	arbeiten?
Perfekt	Hat	es	sehr	wehgetan?
Passiv	Werden	die Koffer	aufs Zimmer	gebracht?

Imperativ-Satz

Bitte	denk	an die Briefe!	
	Räumt	endlich das Geschirr	weg!
Bitte	entnehmen	Sie die Karte.	

Positionen im Satz

Position 1	Position 2 Verb Teil 1	Mittelfeld	Satzende Verb Teil 2
Cynthia	lebt	seit Sommer 1985 in Berlin.	
Im Sommer 1985	ist	Cynthia nach Berlin	gekommen.

Auf Position 1 steht meistens das Subjekt. Wenn eine Information besonders wichtig oder neu ist, kann diese Information Position 1 besetzen. Im Mittelfeld stehen Temporalangaben meist vor Lokalangaben.

Satzteile und Sätze verbinden

Satzteile verbinden

Das sind Lena und Pjotr.
Fährst du mit dem Zug oder mit dem Auto?
Martina möchte einen Kuchen backen, aber ohne Ei.
Viele Mütter wollen sowohl Kinder als auch einen Job.
Sie möchten weder auf das eine noch auf das andere verzichten.
Denn sie lieben nicht nur die Familie, sondern auch ihren Beruf.
Aber viele Frauen entscheiden sich immer noch entweder für das eine oder für das andere.

Vor *aber* und zwischen *nicht nur* und *sondern auch* steht ein Komma.
Die Konnektoren können auch ganze Sätze verbinden.
Sie lieben nicht nur ihre Familie, sondern sie arbeiten auch sehr gerne.

Hauptsatz + Hauptsatz mit *und, oder, aber, denn*

Hauptsatz		Hauptsatz		
			Position 2	
Ich bin Lena	und	das	ist	Pjotr.
Er fährt mit dem Zug	oder	er	geht	zu Fuß.
Martina möchte backen,	aber	sie	hat	kein Mehl.
Ich arbeite sehr viel,	denn	meine Arbeit	macht	mir Spaß.

Vor *aber* und *denn* steht ein Komma.

Hauptsatz + Hauptsatz mit *deshalb / darum / deswegen*
Frage: Warum? Weshalb?

Hauptsatz	Hauptsatz		
		Position 2	
Meine Arbeit macht mir Spaß,	deshalb	arbeite	ich sehr viel.
Ich arbeite sehr viel,	darum	bin	ich oft müde.
Oft bin ich müde,	deswegen	schlafe	ich sonntags aus.

Hauptsatz + Hauptsatz mit *trotzdem*
Drückt eine unerwartete Reaktion aus.

Hauptsatz	Hauptsatz		
		Position 2	
Seine Ausbildung ist nicht anerkannt.	Trotzdem	arbeitet	er in seinem Beruf.

Trotzdem kann auch in der Satzmitte stehen.
Sie arbeitet nicht in ihrem Beruf. Die Arbeit macht ihr trotzdem Spaß.

Hauptsatz + Nebensatz mit *weil, da*

Frage: Warum?

Hauptsatz	Nebensatz		
Wir fahren mit dem Auto in den Urlaub,	weil	wir immer viel Gepäck	haben.
Wir reisen mit viel Gepäck,	da	wir eine große Familie	sind.

Hauptsatz + Nebensatz mit *dass*

Frage: Was?

Hauptsatz	Nebensatz		
Es ist sehr wichtig,	dass	die Schule Spaß	macht.
Alle Eltern hoffen,	dass	ihre Kinder glücklich	werden.
Ich glaube,	dass	Petra einen Job	gefunden hat.

Hauptsatz + Nebensatz mit *damit / um zu* + Infinitiv

Frage: Warum? Wozu?

Hauptsatz	Nebensatz		
Ich rufe meinen Mann an,	damit	er unsere Tochter von der Schule	abholt.
Sofia macht einen Deutschkurs,	damit	ihre Sprachkenntnisse besser	werden.

Hauptsatz	*um zu* + Infinitiv		
Sofia macht einen Deutschkurs,	um	ihre Sprachkenntnisse	zu verbessern.

Bei *um zu* steht kein Subjekt, das Subjekt ist dasselbe wie im Hauptsatz. Bei *damit* stehen meist zwei verschiedene Subjekte.

Hauptsatz + Nebensatz mit *obwohl*

Drückt eine unerwartete Reaktion aus.

Hauptsatz	Nebensatz		
Er arbeitet in seinem Beruf,	obwohl	sein Abschluss nicht anerkannt	ist.

Hauptsatz + realer / irrealer Bedingungssatz mit *wenn*

Frage: Unter welcher Bedingung?

Hauptsatz	Nebensatz		
Sie macht eine Weltreise,	wenn	sie genug Zeit und Geld	hat.
Er wäre glücklich,	wenn	er im Lotto	gewinnen würde.

Der Bedingungssatz kann auch ohne *wenn* gebildet werden. Er steht dann meist vorn.

Hätte ich mehr Zeit, würde ich Vokabeln lernen.

Hauptsatz + temporaler Nebensatz mit *wenn, als, während, bevor*

Frage: Wann?

Hauptsatz	Nebensatz		
Ich freue mich immer,	wenn	meine Tochter mich	besucht.
Einmal ist sie gekommen,	als	ich gerade unter der Dusche	war.
Ich konnte sie nicht hören,	während	sie 20 Minuten lang	klingelte.
Jetzt ruft sie immer an,	bevor	sie zu Besuch	kommt.

Einmalige Ereignisse in Gegenwart / Zukunft und wiederkehrende Ereignisse in allen Zeiten: *wenn*. Einmalige Ereignisse in der Vergangenheit: *als*. Etwas passiert gleichzeitig: *während*. Etwas passiert vor einem anderen Ereignis: *bevor*.

Manche Nebensätze können vor dem Hauptsatz stehen, z.B. der *wenn*-Satz oder der *damit*-Satz. Dann steht der Nebensatz auf Position 1 und das konjugierte Verb des Hauptsatzes auf Position 2.

Nebensatz			Hauptsatz
Wenn	das Wetter so schön	bleibt,	fahren wir in die Berge.
Damit	deine Deutschkenntnisse besser	werden,	musst du viel lernen.

Hauptsatz + Relativsatz

Frage: Welche/r/s? Was für ein/e?

Hauptsatz	Nebensatz		
Das ist die Lehrerin,	die	Mar im Deutschkurs	unterrichtet.
Wer ist der Mann,	den	du gegrüßt	hast?
Das ist die Ärztin,	der	ich den Überweisungsschein	gebracht habe.
Und das ist der Kollege,	mit dem	ich morgen nach Nürnberg	fahre.

Die Nordsee ist der Ort,	wo / an dem	wir am liebsten Urlaub	machen.
Das kann nur verstehen,	wer	schon dort	war.
Ein bisschen Sonne ist alles,	was	man für den Urlaub dort	braucht.

Relativpronomen → S. 195

Indirekte Frage: Hauptsatz + Nebensatz mit Fragewort

Hauptsatz	Nebensatz		
Yusuf weiß noch nicht,	wohin	er im Urlaub	fährt.
Wir möchten gerne wissen,	wann	der Betriebsausflug	stattfindet.

Die indirekte Frage mit Fragewort kann auch verkürzt sein. Was gemeint ist, ergibt sich aus dem Kontext.

Yusuf weiß noch nicht,	wohin.		
Wir möchten gerne wissen,	wann.		

Indirekte Frage: Hauptsatz + Nebensatz mit *ob*

Hauptsatz	Nebensatz		
Können Sie mir sagen,	ob	dieser Zug nach Schwerin	fährt?

***zu* + Infinitiv**

nach Verben und Wendungen mit Adjektiven und Nomen

Hauptsatz	*zu* + Infinitiv	
Er hat beschlossen,	eine Weiterbildung in Buchhaltung	zu machen.
Für die Arbeit ist es wichtig,	neueste Entwicklungen	zu kennen.
Außerdem macht es ihm Freude,	neue EDV-Programme	auszuprobieren.

2   Verben

Verben im Präsens

haben, sein und werden

	haben	sein	werden
ich	habe	bin	werde
du	hast	bist	wirst
er/es/sie	hat	ist	wird

	haben	sein	werden
wir	haben	sind	werden
ihr	habt	seid	werdet
sie	haben	sind	werden

	haben	sein	werden
Sie	haben	sind	werden

Die Verben *haben* und *sein* brauchen Sie auch zur Perfektbildung. ⤳ S. 189

Das Verb *werden* brauchen Sie zur Bildung von Passiv. ⤳ S. 191

Regelmäßige und unregelmäßige Verben, trennbare und nicht trennbare Verben

regelmäßig			unregelmäßig a → ä , e → i/ie		trennbar	nicht trennbar
Personal-pronomen	kochen	antworten	fahren	nehmen	ein|steigen	bezahlen
ich	koche	antworte	fahre	nehme	steige ein	bezahle
du	kochst	antwortest	fährst	nimmst	steigst ein	bezahlst
er/es/sie	kocht	antwortet	fährt	nimmt	steigt ein	bezahlt

	kochen	antworten	fahren	nehmen		
wir	kochen	antworten	fahren	nehmen	steigen ein	bezahlen
ihr	kocht	antwortet	fahrt	nehmt	steigt ein	bezahlt
sie	kochen	antworten	fahren	nehmen	steigen ein	bezahlen

	kochen	antworten	fahren	nehmen		
Sie	kochen	antworten	fahren	nehmen	steigen ein	bezahlen

auch:	warten, finden, rechnen, …	schlafen, laufen, …	essen, sehen, …		

- Verbstamm auf -*eln*: ich lächle, ich klingle, …
- Verbstamm auf -*ß*, -*s*, -*z*: du heißt, er heißt, … du liest, er liest, …

Trennbare Verben

Die trennbaren Verben haben zwei Teile. Im Infinitiv bilden sie ein Wort, im Satz werden sie oft getrennt. Der Wortakzent liegt auf dem Präfix.

Machen Sie bitte den Mund auf! Wann zieht Markus bei Jan ein? Können Sie bitte die Tür aufmachen?

ab-	absagen, …
an-	anfangen, …
auf-	aufstehen, …
aus-	aussehen, …
ein-	einladen, …
hin-/her-	hingehen, …
los-	losfahren, …

mit-	mitmachen, …
rein-/raus-	reinkommen, …
vor-	vorstellen, …
weg-	weggehen, …
zu-	zuhören, …
zurück-	zurückkommen, …

auch:
fern\|sehen, statt\|finden, teil\|nehmen, …

Nicht trennbare Verben

Bei den nicht trennbaren Verben bleiben Präfix und Verb in allen Formen zusammen. Der Wortakzent liegt auf dem Verbstamm.

B̲estätigen Sie die Eingabe. Das gef̲ällt mir. Was hast du erl̲ebt? Erz̲ähl mal.

be-	bekommen, …
emp-	empfehlen, …
ent-	entschuldigen, …
er-	erzählen, …

ge-	gefallen, …
ver-	verdienen, …
zer-	zerbrechen, …

auch: übersetzen,
sich unterhalten,
widerrufen, …

sich-Verben

Es gibt zwei Arten von _sich_-Verben:

▪ Manche stehen immer mit dem Reflexivpronomen: Ich freue mich. Wir beeilen uns.

▪ Viele können mit oder ohne das Reflexivpronomen stehen: Ich wasche die Wäsche bei 40 Grad. Ich wasche mich kalt.

Das Reflexivpronomen steht meistens im Akkusativ, nur selten im Dativ: Ich wasche mir die Hände.

sich beeilen		
ich	beeile	mich
du	beeilst	dich
er / es / sie	beeilt	sich
wir	beeilen	uns
ihr	beeilt	euch
sie	beeilen	sich
Sie	beeilen	sich

heute Morgen

sich (das Wort) merken		
ich	merke	mir
du	merkst	dir
er / es / sie	merkt	sich
wir	merken	uns
ihr	merkt	euch
sie	merken	sich
Sie	merken	sich

das Wort

Die Reflexivpronomen im Plural können eine wechselseitige Beziehung ausdrücken.

Er liebt sie. Sie liebt ihn. = Sie lieben sich.

Deshalb schreiben sie sich viele Briefe und schenken sich schöne Sachen.

Modalverben

Mit den Modalverben können Sie verschiedene Einstellungen ausdrücken:
Ich kann / will / muss / darf / möchte einen Deutschkurs besuchen.
Sie stehen meist mit dem Infinitiv.

	können	**wollen**	**müssen**	**dürfen**	**sollen**	**möchte-**
ich	k̲ann	w̲ill	m̲uss	d̲arf	soll	möchte
du	k̲annst	w̲illst	m̲usst	d̲arfst	sollst	möcht̲est
er / es / sie	k̲ann	w̲ill	m̲uss	d̲arf	soll	möchte
wir	k̲önnen	wollen	müssen	dürfen	sollen	möchten
ihr	k̲önnt	wollt	müsst	dürft	sollt	möcht̲et
sie	k̲önnen	wollen	müssen	dürfen	sollen	möchten
Sie	k̲önnen	wollen	müssen	dürfen	sollen	möchten

Bedeutungen

Anna will ihre Wohnung renovieren.	Absicht, Plan, starker Wunsch
Am Samstag möchte ich mit dir ins Kino gehen.	Wunsch (Ich habe Lust.)
Milan kann sehr gut kochen.	Fähigkeit
Kann man in der VHS auch Yoga machen?	Möglichkeit
In einer Familie müssen alle mithelfen.	Aufgabe, Pflicht
Ich muss zu Hause bleiben, mein Kind ist krank.	Notwendigkeit
Du kannst mir beim Umzug helfen, aber du musst nicht.*	keine Notwendigkeit
Beim Autofahren dürfen Sie Musik hören und rauchen.	Erlaubnis
Aber Sie dürfen nicht mit dem Handy telefonieren.	Verbot
Soll ich das Fenster aufmachen?	Frage nach einem Auftrag
Der Koch soll zwei Pizzas backen.	Wunsch / Aufforderung einer anderen Person

*Mit *nicht brauchen zu* + Infinitiv kann man *nicht müssen* ausdrücken.

Martin muss viel lernen. Maria braucht nicht viel zu lernen.

Verben mit Infinitiv

Auf die Verben bleiben, gehen, fahren, hören, sehen, lernen, lassen folgt ein Verb im Infinitiv.

	Position 2 Verb 1 konjugiert		Satzende Verb 2 im Infinitiv
Sie	geht	hier gerne	wandern.
Außerdem	lernt	sie jeden Tag besser Deutsch	sprechen.

Verben im Imperativ

Mit dem Imperativ können Sie eine Bitte, eine Aufforderung, eine Anweisung formulieren.
Bringt bitte Bananen mit. Biegen Sie jetzt rechts ab. Iss mehr Obst und Gemüse.

Infinitiv	du-Imperativ	ihr-Imperativ	Sie-Imperativ (Sg. + Pl.)
kommen	Komm!	Kommt bitte!	Kommen Sie bitte!
lesen, du liest	Lies bitte laut!*	Lest bitte laut!	Lesen Sie bitte laut!
los|fahren (trennbare Verben)	Fahr jetzt los!	Fahrt jetzt los!	Fahren Sie jetzt los!
beschreiben (nicht trennbare Verben)	Beschreib bitte das Bild.	Beschreibt bitte das Bild.	Beschreiben Sie bitte das Bild.
sich freuen (*sich* im Akkusativ)	Freu dich doch!	Freut euch doch!	Freuen Sie sich doch!
sich merken (*sich* im Dativ)	Merk dir die Telefonnummer!	Merkt euch die Telefonnummer!	Merken Sie sich die Telefonnummer!

* Ebenso: sprechen, du sprichst → Sprich!; essen, du isst → Iss!; helfen, du hilfst → Hilf!

Manche Verben haben im Imperativ Singular -e, im Plural -et.
Antworte / Antwortet bitte! Lade / Ladet Verena auch ein! Zeichne / Zeichnet bitte ein Bild!

Verben im Perfekt

Das Perfekt besteht aus dem Partizip Perfekt und den Hilfsverben *sein* und *haben*.
Perfekt mit *haben*: Die meisten Verben, alle Verben mit Akkusativ und alle *sich*-Verben.
Perfekt mit *sein*: Verben der Bewegung (*fahren, gehen, laufen, rennen, …*), Verben der Veränderung (*aufwachen, aufstehen, einschlafen, …*) und die Verben *passieren, bleiben, sein*.

Partizip Perfekt

regelmäßige Verben	
	ge … t / et
hat	gekauft
hat	gemacht
hat	gefeiert
hat	geantwortet*
ist	gestürzt
	… ge … t (trennbare Verben)
hat	angemacht
hat	abgehört
ist	aufgewacht
	… t (nicht trennbare Verben)
hat	bezahlt
hat	erzählt
hat	verdient
	… t (Verben auf -ieren)
hat	telefoniert
ist	passiert

unregelmäßige Verben	
	ge … (Vokalwechsel) … en
hat	gelesen
hat	genommen
hat	gefunden
ist	gefahren
ist	gekommen
	… ge … en (trennbare Verben)
hat	abgehoben
hat	angerufen
ist	angekommen
	… en (nicht trennbare Verben)
hat	beschrieben
hat	entnommen
hat	verbunden

*Verbstamm auf -*t, -d, -chn*: hat gearbeitet, gebildet, gezeichnet, …

Verben im Präteritum

Wenn Sie etwas Vergangenes erzählen, benutzen Sie meist das Perfekt, bei den Verben *sein* und *haben* und bei den Modalverben das Präteritum.

	haben	sein	können	wollen	müssen	dürfen	sollen
ich	hatte	war	konnte	wollte	musste	durfte	sollte
du	hattest	warst	konntest	wolltest	musstest	durftest	solltest
er / es / sie	hatte	war	konnte	wollte	musste	durfte	sollte
wir	hatten	waren	konnten	wollten	mussten	durften	sollten
ihr	hattet	wart	konntet	wolltet	musstet	durftet	solltet
sie	hatten	waren	konnten	wollten	mussten	durften	sollten
Sie	hatten	waren	konnten	wollten	mussten	durften	sollten

In der Schriftsprache benutzt man für Vergangenes meistens das Präteritum für alle Verben.

	regelmäßige Verben	unregelmäßige Verben		Mischverben
	spielen	**gehen**	**kommen**	**kennen**
ich	spiel<u>te</u>	ging	kam	kann<u>te</u>
du	spiel<u>te</u>st	ging<u>st</u>	kam<u>st</u>	kann<u>te</u>st
er / es / sie	spiel<u>te</u>	ging	kam	kann<u>te</u>
wir	spiel<u>te</u>n	ging<u>en</u>	kam<u>en</u>	kann<u>te</u>n
ihr	spiel<u>te</u>t	ging<u>t</u>	kam<u>t</u>	kann<u>te</u>t
sie	spiel<u>te</u>n	ging<u>en</u>	kam<u>en</u>	kann<u>te</u>n
Sie	spiel<u>te</u>n	ging<u>en</u>	kam<u>en</u>	kann<u>te</u>n

Verbstamm auf -t, -d, -chn: du antwort<u>e</u>test, er bad<u>e</u>te, sie rechn<u>e</u>te, …

Verben im Konjunktiv II

Sein, haben und die Modalverben haben eigene Formen (abgeleitet von der Präteritum-Form).
Die anderen Verben benutzt man mit *würde* + Infinitiv.

	sein	**haben**	**können**	**müssen**	**dürfen**	**sollen**	**werden**
ich	wäre	hätte	könnte	müsste	dürfte	sollte	würde
du	wärst	hättest	könntest	müsstest	dürftest	solltest	würdest
er / es / sie	wäre	hätte	könnte	müsste	dürfte	sollte	würde
wir	wären	hätten	könnten	müssten	dürften	sollten	würden
ihr	wärt	hättet	könntet	müsstet	dürftet	solltet	würdet
sie	wären	hätten	könnten	müssten	dürften	sollten	würden
Sie	wären	hätten	könnten	müssten	dürften	sollten	würden

auch: wollen

Einen Vorschlag machen oder einen Wunsch äußern
Ich würde jetzt gern etwas essen.
Wir könnten doch ins Kino gehen.
Möchten Sie zum Fest kommen?

Einen Ratschlag geben
Du solltest nach der Arbeit Sport treiben, das ist gut für die Gesundheit.
Ihr solltet eure Nachbarn kennen lernen.

Höfliche Bitten und Aufforderungen
Könnten Sie mir bitte helfen? Würden Sie mir die Tür aufmachen? Dürfte ich Sie kurz stören?

Irreale Bedingungen
Wenn ich der König von Deutschland wäre, würde ich alle gut bezahlen.
Niemand wäre arbeitslos und alle könnten Urlaub machen.
Hätte ich die Macht, müsste niemand Steuern zahlen.

Verben im Passiv

Beim Passiv steht nicht ein Subjekt bzw. Akteur, sondern eine Aktion im Mittelpunkt.
Aktiv: Der Arzt operiert den Jungen. – Passiv: Der Junge wird operiert.
Der Akteur kann mit der Präposition *von* genannt werden: Der Junge wird vom Chefarzt operiert.
Das Passiv bildet man mit *werden* + Partizip Perfekt.

	Position 2		Satzende
Deutsch	wird	in vielen Ländern	gelernt.
Das Auto	wurde	schnell	repariert.
Der Junge	muss	sofort	operiert werden.

3 Nomen

Nomen bezeichnen Lebewesen, Gegenstände oder Abstraktes. Es gibt maskuline, neutrale und feminine Nomen (= Genus).

Bestimmter und unbestimmter Artikel

Unbestimmter Artikel: zum ersten Mal genannt / nicht näher definiert
Bestimmter Artikel: schon bekannt / schon genannt / näher definiert
Gibt es hier ein Café? – Ja, da vorn, das Café Einstein.

Artikel	maskulin (m)	neutral (n)	feminin (f)	Plural (m, n, f)
bestimmt	**der** Bruder	das Mädchen	**die** Schwester	die Brüder, Mädchen, Schwestern
unbestimmt	**ein** Bruder	ein Mädchen	**eine** Schwester	Brüder, Mädchen, Schwestern

Negation des unbestimmten Artikels (kein / keine) ⇥ S. 195
Bestimmter Artikel als Demonstrativpronomen ⇥ S. 194

Possessivartikel

Der Possessivartikel nennt Zugehörigkeit, Besitz. Er hat dieselben Endungen wie *ein / kein*.

ich	mein Onkel, meine Tante
du	dein Onkel, deine Tante
er / es sie	sein Onkel, seine Tante ihr Onkel, ihre Tante

wir	unser Onkel, uns(e)re Tante
ihr	euer Onkel, eu(e)re Tante
sie Sie	ihr Onkel, ihre Tante Ihr Onkel, Ihre Tante

er / es → sein: Er trinkt **seine** Cola. (die Cola)   sie → ihr: Sie trinkt **ihren** Kaffee. (der Kaffee)

Zugehörigkeit bei Namen auch mit *-s / '* oder *von*:
Driss ist Carmens Mann. Leila ist Driss' Tochter. Lisa ist die Tochter von Sabine und Günther.

Demonstrativartikel

Mit dem Demonstrativartikel kann man etwas stärker betonen und es als besonders wichtig hervorheben.

Mein Sohn geht auf eine Realschule. Diese Realschule hat einen guten Ruf.

Der Demonstrativartikel hat die gleichen Endungen wie der bestimmte Artikel.

	maskulin (m)	neutral (n)	feminin (f)	Plural (m, n, f,)
Nominativ	dieser Mann	dieses Kind	diese Frau	diese Männer, Kinder, …
Akkusativ	diesen Mann	dieses Kind	diese Frau	diese Männer, Kinder, …
Dativ	diesem Mann	diesem Kind	dieser Frau	diesen Männern, Kindern, …

Nomen im Satz

Nomen haben verschiedene Funktionen im Satz, z.B. Subjekt (Nominativ) oder Ergänzung. Es gibt verschiedene Ergänzungen. Das Verb bestimmt die Art der Ergänzung.

Nominativ: Wo ist der Arzt?
Akkusativ: Bitte holen Sie den Arzt / ihn.   (jemanden holen: holen + A)
Dativ: Der Arzt hilft der Patientin / ihr.   (jemandem helfen: helfen + D)
D + A: Der Arzt gibt der Patientin / ihr ein Rezept.   (jemandem etwas geben: geben + D + A)

Es gibt nur wenige Verben mit einer Dativ-Ergänzung. Diese muss man lernen:
antworten, danken, fehlen, folgen, gefallen, gehören, glauben, gratulieren, helfen, schmecken.

Die Akkusativ-Ergänzung steht als Nomen nach dem Dativ, als Pronomen vor dem Dativ.
Die Gäste schenken dem Gastgeber / ihm einen guten Wein.
Die Gäste schenken ihn dem Gastgeber / ihm.

Die Präpositional-Ergänzung ist im Dativ oder im Akkusativ.

warten auf + A	Wir warten auf den Bus.
sich interessieren für + A	Ich interessiere mich für die deutsche Sprache.
sich freuen über + A	Ich habe mich über deinen Brief gefreut. Danke.
sich bewerben um + A	Kira bewirbt sich um eine Stelle als Arzthelferin.
träumen von + D	Erika träumt von einem Haus am Strand.
sich bewerben bei + D	Ben will sich bei der Firma Siemens bewerben.
sich entschuldigen bei + D für + A	Der Lehrer entschuldigt sich bei den Schülern für den Fehler.
sich bedanken bei + D für + A	Die Mitarbeiter bedanken sich beim Chef für das Sommerfest.

Fragewörter mit Präposition → S. 199

Artikelwörter im Nominativ

	maskulin (m)	neutral (n)	feminin (f)	Plural (m, n, f)
bestimmter Artikel	der Sohn	das Kind	die Tochter	die Söhne, Kinder, …
unbestimmter Artikel	ein Sohn	ein Kind	eine Tochter	Söhne, Kinder, …
Negativartikel	kein Sohn	kein Kind	keine Tochter	keine Söhne, Kinder, …
Possessivartikel	mein Sohn	mein Kind	meine Tochter	meine Söhne, Kinder, …

Artikelwörter im Akkusativ

	maskulin (m)	neutral (n)	feminin (f)	Plural (m, n, f)
bestimmter Artikel	den Sohn	das Kind	die Tochter	die Söhne, Kinder, …
unbestimmter Artikel	einen Sohn	ein Kind	eine Tochter	Söhne, Kinder, …
Negativartikel	keinen Sohn	kein Kind	keine Tochter	keine Söhne, Kinder, …
Possessivartikel	meinen Sohn	mein Kind	meine Tochter	meine Söhne, Kinder, …

Artikelwörter im Dativ

	maskulin (m)	neutral (n)	feminin (f)	Plural (m, n, f)
bestimmter Artikel	dem Sohn	dem Kind	der Tochter	den Söhnen, Kindern, …
unbestimmter Artikel	einem Sohn	einem Kind	einer Tochter	Söhnen, Kindern, …
Negativartikel	keinem Sohn	keinem Kind	keiner Tochter	keinen Söhnen, Kindern, …
Possessivartikel	meinem Sohn	meinem Kind	meiner Tochter	meinen Söhnen, Kindern, …

Plural

der Apfel – drei Äpfel – 1 Kilo Äpfel

-n / -en	Schulen, Kisten, Kollegen, Familien, Schwestern, Studenten, Türen, Zeichnungen, …
-e / ⸚e	Tage, Tiere, Filme, Kurse, Freunde, Söhne, Plätze, Züge, Bahnhöfe, …
-er / ⸚er	Kinder, Fahrräder, Länder, Schwimmbäder, …
- / ⸚	Lehrer, Computer, Kugelschreiber, Kuchen, Lebensmittel, Äpfel, Brüder, Väter, Kindergärten, …
-s	Taxis, Autos, Fotos, Handys, Babys, Partys, DVDs, iPods, Notebooks, …
-nen	Lehrerinnen, Psychologinnen, Studentinnen, Lernpartnerinnen, Schwägerinnen, …

Manche Nomen haben nur Singular, z. B. das Salz, das Gemüse, der Sport, die Polizei, …
Manche Nomen haben nur Plural, z. B. die Leute, die Geschwister, die Möbel, …

4 Pronomen

Personalpronomen

Das Personalpronomen steht für (= pro) Personen und Nomen.

Nominativ	ich	du	er	es	sie		wir	ihr	sie		Sie
Akkusativ	mich	dich	ihn	es	sie		uns	euch	sie		Sie
Dativ	mir	dir	ihm	ihm	ihr		uns	euch	ihnen		Ihnen

Für Personen:

Ich mag ihn und er mag mich auch. Er will mit mir zusammen sein.

Frau Moor, wann kommen Sie? Soll ich Ihnen helfen?

Für Nomen:

Wo ist der Leergutautomat? – Er ist dort hinten.

Die Leute lachen. Der Film gefällt ihnen.

Unpersönliches Pronomen *man*

Generelle Aussage: In der Volkshochschule kann man viele verschiedene Kurse besuchen.

Allgemeine Regel (Erlaubnis / Verbot): Hier darf man (nicht) rauchen.

Unpersönliches Pronomen *es*

Aussagen über das Wetter:

Verben:	Es regnet.	Es schneit.	(Es hat geregnet. / Es hat geschneit.)
Adjektive:	Es ist sonnig.	Es ist windig.	Es ist kalt / warm.

Possessivpronomen

Das Possessivpronomen ist wie der Possessivartikel – außer im Nominativ maskulin und neutrum.

Hier trägt das Pronomen die Signalendungen R (Nominativ maskulin) oder S (Nominativ neutrum).

Ist das dein Schal? – Nein, das ist nicht meiner, meiner ist nicht blau, sondern schwarz.

Du hast ein tolles Fahrrad! – Ja, das ist toll, aber es ist nicht meins. – Ach, ich dachte, es ist deins.

Demonstrativpronomen

Bestimmter Artikel ↪ S. 191

Welcher Fernseher gefällt Ihnen? – Der hier, aber auch der da.

Welchen wollen Sie nehmen? Ich glaube, den da, der ist nicht so teuer.

Welche Kamera empfehlen Sie mir? Die da, die ist sehr gut getestet.

Indefinitpronomen

Unbestimmte Personen

Jeder denkt nur an sich.	Alle wollen nur feiern.
Keiner will aufräumen.	Einige haben gerne Gäste.
Einer hilft schließlich doch.	Viele haben ungern Gäste.

Unbestimmte Angaben

Hast du schon etwas gegessen? – Nein, ich habe noch nichts gegessen. (Negation)

Er hat mir alles erzählt, alles. – Mir hat er leider nichts erzählt.

Er hat gestern Abend viel getrunken. – Ich habe nichts getrunken.

Ich brauche einen Kuli. – Hier ist einer.
Und dann brauche ich auch noch ein Blatt Papier. – Hier ist eins.
Haben Sie auch Briefumschläge? – Hier sind welche.
Und Briefmarken? – Da habe ich leider keine.

Jeder, alle, viele, einige, etwas, alles und *viel* können auch als Artikelwort in Verbindung mit einem
Nomen stehen.
Einige Arbeitgeber erlauben die private Internetnutzung am Arbeitsplatz. Jeder Arbeitnehmer
muss die Regeln beachten.

Relativpronomen

	maskulin (m)	neutral (n)	feminin (f)	Plural (m, n, f)
Nominativ	der	das	die	die
Akkusativ	den	das	die	die
Dativ	dem	dem	der	denen

Die Relativpronomen sind – außer im Dativ Plural – identisch mit dem bestimmten Artikel.

maskulin   feminin

Wer ist der Mann, den du gegrüßt hast?   Das ist die Frau, die an der Tür steht.

Akkusativ   Nominativ

Pronomen *einander*

Das Pronomen *einander* drückt eine wechselseitige Beziehung aus. Es steht oft in Kombination
mit einer Präposition.
Ich feiere mit meiner Familie und meine Familie feiert mit mir. = Wir feiern miteinander.
Unsere Kinder lernen von uns und wir lernen von ihnen. = Wir lernen voneinander.

5 Negation

Bei Verben: Heute Abend koche ich nicht. Wir gehen ins Restaurant. – Ich gehe nicht mit.
Bei Nomen: Sie kann keinen Kuchen backen, sie hat kein Mehl und keine Eier.
Bei Adjektiven: Er ist nicht nervös.

Mit *nicht mehr, noch nicht* kann man eine Negation differenzieren.
Er ist nicht mehr nervös. Ich habe noch nicht gekocht. Sie hat kein Mehl mehr.

6 Adjektive

Adjektive nach Nomen

Wenn das Adjektiv rechts vom Nomen steht, hat es keine Endung.
Die Schuhe sind neu. Das Kleid ist teuer.

Adjektive vor Nomen

Wenn das Adjektiv links vom Nomen steht, hat es eine Endung. Die Endung hängt vom Artikelwort ab.

	maskulin (m)	neutral (n)	feminin (f)	Plural (m, n, f)
Nominativ	Re	Se	Ee	Een
Akkusativ	Nen	Se	Ee	Een
Dativ	Men	Men	Ren	Nen

Die Signalendungen (R, S, E, N, M) können entweder am Artikel oder am Adjektiv stehen.
- Wenn das Artikelwort keine Signalendung hat oder wenn es kein Artikelwort gibt, dann hat das Adjektiv die Signalendung: ein großer Mann; sein kleines Haus; schönes Auto!
- Wenn das Artikelwort die Signalendung hat, dann hat das Adjektiv die Endungen e oder en: der große Mann, unsere kleinen Häuser

Komparation

Komparativ und Superlativ

Mit Komparativ und Superlativ zieht man Vergleiche. Wenn die Adjektive im Komparativ oder Superlativ rechts vom Nomen stehen, haben sie keine Endung.

	Komparativ	Superlativ
klein	kleiner	am kleinsten
warm	wärmer	am wärmsten
laut	lauter	am lautesten

Eine Maus ist klein, eine Fliege ist kleiner, ein Floh ist am kleinsten.

Umlaut: kurze Adjektive mit a, o, u z. B. lang / länger, kurz / kürzer
+ -e: Adjektive auf -d / -t und S-Laute (-s, -ß, -x, -z, -sch) z. B. am süßesten, am hübschesten, am kürzesten

unregelmäßige Formen:
hoch–höher–am höchsten, nah–näher–am nächsten, groß–größer–am größten, teuer–teurer–am teuersten, dunkel–dunkler–am dunkelsten, gut–besser–am besten, sehr / viel–mehr–am meisten, gern–lieber–am liebsten

Vor Nomen werden Komparativ und Superlativ dekliniert:
München hat die schönsten Biergärten. Aber Hamburg hat die schöneren Brücken.

Vergleich mit wie und als

Es gibt zwei Arten von Vergleichen:
- Bei Gleichheit benutzt man (genau)so + Adjektiv in der Grundform + wie.
- Bei Unterschiedlichkeit benutzt man Adjektiv im Komparativ + als.

Markus ist (genau)so alt wie Sabine, nämlich 28. Aber er ist 30 cm größer als sie.

7 Präpositionen

Präpositionen stehen vor einem Nomen (mit oder ohne Artikelwort) oder vor einem Pronomen.
Die Präposition bestimmt den Kasus.

Präpositionen mit Akkusativ	Präpositionen mit Dativ	Präpositionen mit Akkusativ oder Dativ (Wechselpräpositionen)
gegen, für, ohne	mit, nach, aus, zu, von, bei, seit	an, auf, in, neben, vor, hinter, über, unter, zwischen

Gülnur kommt aus der Türkei, aber sie lebt seit einem Jahr mit ihrem Mann in Deutschland.
Spartak Moskau spielt heute gegen den SV Werder Bremen. Es steht 1:0 für Spartak.
Der Teppich liegt im Wohnzimmer vor dem Bett.

Einige Präpositionen bilden zusammen mit dem bestimmten Artikel eine Kurzform.

in dem = im, an dem = am, von dem = vom, bei dem = beim, zu dem = zum, zu der = zur,
in das = ins, an das = ans, auf das = aufs

8 Lokalangaben

Mit Wechselpräpositionen

	Akkusativ: Wohin stellt / legt / kommt / gehört…?	Dativ: Wo ist / steht / liegt / hängt…?
in	Der Kühlschrank gehört in die Küche.	Der Kühlschrank ist in der Küche.
an	Wir hängen das Bild an die Wand.	Das Bild hängt an der Wand.
auf	Der Fernseher kommt auf den Schrank.	Der Fernseher steht auf dem Schrank.
neben	Das Regal hängen wir neben das Fenster.	Das Regal hängt neben dem Fenster.
über	Der Poster gehört über das Bett.	Der Poster hängt über dem Bett.
unter	Wir stellen die Schuhe unter den Tisch.	Die Schuhe sind unter dem Tisch.
vor	Der Tisch gehört vor das Regal.	Der Tisch steht vor dem Regal.
hinter	Der Papierkorb kommt hinter den Schrank.	Der Papierkorb ist hinter dem Schrank.
zwischen	Die Zeitung kommt zwischen die Bücher.	Die Zeitung ist zwischen den Büchern.

Mit anderen Präpositionen

nach + Ortsname	Wohin?	Wir fahren im Sommer nach Spanien.
zu + D	Wohin?	Geh doch bitte zum Arzt.
bei + D	Wo?	Warst du beim Frisör?
aus + D	Woher?	Lars kommt um 12 aus der Schule.
von + D	Woher?	Wann kommen Sie von der Arbeit nach Hause?

Geografische Angaben ⤳ Aussichten A1 / A2
Lokalangaben mit Adverbien ⤳ S. 198

9 Temporalangaben

Zeitpunkt

um + A	genaue Uhrzeit	Ich stehe um halb acht auf.
gegen + A	ungenaue Uhrzeit	Wir kommen erst gegen Abend. Das Fest beginnt so gegen 9.
an + D	Tag	Wir fahren am Donnerstag nach Berlin.
	Tageszeit	Ich habe am Nachmittag Zeit. aber: In der Nacht hat es geregnet.
	Datum	Silke ist am 12. Januar geboren.
	Feiertag	An Weihnachten kommt die ganze Familie zusammen.
in + D	Woche	In der nächsten Woche schreiben wir einen Test.
	Monat	Im August habe ich Urlaub.
	Jahreszeit	Ostern ist im Frühling.
nach + D		Nach dem Abendessen sieht er oft fern.
vor + D		Wasch deine Hände vor dem Essen. Wir sind vor einem Jahr nach München gekommen.
zwischen + D		Man soll zwischen den Mahlzeiten nichts essen.
– + A		Einen Vormittag / Einen Tag / Eine Woche / Einen Monat vor dem Urlaub. Diese Woche. Letztes Jahr.

Zeitdauer

ab + D	Beginn in der Gegenwart / Zukunft	Ab morgen gelten andere Regeln.
seit + D	Beginn in der Vergangenheit	Wir wohnen seit einem halben Jahr in der Mozartstraße.
von + D … bis (zu) + D		Von neun bis eins. Vom Frühstück bis zum Mittagessen. Von Mittwoch bis Freitag. Von Januar bis März.
bei + D		Beim Joggen höre ich iPod.
– + A		Einen Tag / Eine Woche / Einen Monat (lang).

Temporalangaben mit Adverbien ⇨ S. 198

10 Adverbien

Lokale Adverbien

hier	rechts	(he)rauf
dort	links	(he)raus
da	oben	(he)rein
	unten	(he)runter
	vorn	(he)rüber
	hinten	

Temporale Adverbien

Zeitpunkt	zeitliche Abfolge	Häufigkeit	Wiederholung	zeitliche Einordnung
heute	zuerst	immer	täglich	schon
gestern	dann	oft	jährlich	noch
morgen	danach	manchmal	dienstags	erst
	zum Schluss	selten	abends	
		nie	nachmittags	

Modaladverbien

sicher(lich)	hoffentlich	gut / schlecht
bestimmt	zum Glück	laut, schnell, …
wahrscheinlich	leider	gern
vermutlich	wirklich	anders
vielleicht	natürlich	…
	…	

Manche Adverbien kann man steigern: oft–öfter
gern–lieber–am liebsten

11 Fragewörter

	Nach Personen fragen:	Nach Sachen fragen:
Nominativ	Wer zieht bei Jan ein?	Was ist das?
Akkusativ	Wen ladet ihr ein?	Was brauchst du noch?
Dativ	Wem helfen die Erklärungen?	

Nach Angaben fragen:

Lokalangaben: Woher kommen Sie? Wo wohnen Sie? Wohin fahren Sie im Sommer?

Temporalangaben: Wann ist der Kurs? Wie oft hast du Kurs? Wie viel Uhr ist es?

Art und Weise: Wie findest du die Musik?

Grund, Ziel: Warum lernst du Deutsch? Wozu machst du diesen Job?

Menge: Wie viel Geld haben Sie dabei?

Typ, Art: Was für ein Buch würden Sie gern lesen?

Auswahl (genauer fragen): Welches Land besuchen Sie im Sommer?

Das Fragewort *was für (ein/e)* dekliniert man wie den unbestimmten Artikel.

Was für einen Fernseher möchtest du dir kaufen?

Das Fragewort *welche/r/s* dekliniert man wie den bestimmten Artikel.

Welches Handy können Sie mir empfehlen?

Fragewörter mit Präpositionen

Wofür interessieren Sie sich? – Für Sprachen. – Dafür interessiere ich mich auch. (Sache)

Auf wen warten Sie? – Auf meinen Mann. – Auf den warte ich auch. (Person)

12 Wortbildung

Zusammengesetzte Nomen	das Arbeitszimmer (Nomen + Nomen) der Wickelraum (Verb + Nomen) das Kleinkind (Adjektiv + Nomen) die Nebenkosten (Präposition + Nomen)
Nomen aus Verben	das Schwimmen, das Lesen, … der Wunsch, der Besuch, …
Adjektive aus Verben	das Kind ist verwöhnt, das verwöhnte Kind
Wortbildung mit Präfixen	unsympathisch, unmodern, unpraktisch, …
Wortbildung mit Suffixen	Nomen: der Lehrer, die Mitarbeiterin, die Frage, die Fahrt, die Wohnung, das Schweinchen, das Kindlein Adjektive aus Verben: verstellbar, lieferbar, … Adjektive aus Nomen: alkoholfrei, geduldig, glücklich, kritisch, erfolgreich, …

Die Wortliste enthält alle Wörter und Ausdrücke der Basisaufgaben in *Aussichten B1.1* (bei Lese- und Hörtexten nur die Wörter, die für das Lösen der Aufgaben wichtig sind).

Die Worteinträge enthalten folgende Informationen:

■ Nomen

Fabrik, die, -en

Wortakzent (lang) Artikel Pluralform

Ärger, der *(nur Sg.)*

Wortakzent (kurz)   kein Plural

■ Verben

beleidigen

Infinitiv

abbauen, baut ab

bei trennbaren und unregelmäßigen Verben auch 3. Person Singular

halten, hält von + D

bei Verben mit Präpositionalergänzung Hinweis auf Präposition und Kasus

Presse, die, -n *(Werkzeug)*

bei Wörtern mit mehreren Bedeutungen Hinweis zur Unterscheidung

Die Zahl hinter dem Wort zeigt, auf welcher Seite das Wort zum ersten Mal vorkommt.
Wörter für die Prüfung *Zertifikat Deutsch* sind mit einem Punkt markiert.

Abkürzungen:
Sg. = Singular
Pl. = Plural
jmdn. = jemanden
jmdm. = jemandem
etw. = etwas
A = Akkusativ
D = Dativ
ugs. = umgangssprachlich

A Abbau, der *(nur Sg.)* 60
abbauen, baut ab 60
• Abfall, der, ⸚e 77
abfragen, fragt ab 50
Ablauf, der, ⸚e 60
ablegen, legt ab (Prüfung) 17
• abnehmen, nimmt ab 53
Abonnement, das, -s 48
abschalten, schaltet ab 77
abschleppen, schleppt ab 67
Absendung, die *(nur Sg.)* 49
absolvieren 85
Abteil, das, -e 65
Abteilungsleiter, der, - 59
Abwechslung, die *(nur Sg.)* 15
abwechslungsreich 68
abwehren, wehrt ab 52
abweichen, weicht ab von + D 49
Abwicklung, die *(nur Sg.)* 83
ahnungsvoll 50
aktualisieren 76
allergisch 30
• als *(Konnektor)* 44
Altenpflegerin, die, -nen 84
altersgerecht 46
Altersvorsorge, die *(nur Sg.)* 12
ambulant 17
anderthalb 50
Anfänger, der, - 75
anfertigen, fertigt an 17
anfühlen, sich, fühlt sich an 10
angeben, gibt an (Daten) 35
• ängstlich 10
anhören, sich, hört sich an 47
ankündigen, kündigt an 48
anlegen, legt an (Geld) 12
Anregung, die, -en 51
• anschaffen, schafft an 47
anschreien, schreit an 79
Ansprechpartner, der, - 51
Ansprechpartnerin, die, -nen 51
anstarren, starrt an 79
anstellen, sich, stellt sich an 56
• anwesend 60
Anzahlung, die, -en 35
Arbeitszeiterfassung, die *(nur Sg.)* 61
Architekt, der, -en 43
• Ärger, der *(nur Sg.)* AB 96
• ärgerlich 64
Ärgernis, das, -se 62
Armee, die, -n 81
Arzneimittel, das, - 51
Assoziation, die, -en 69
• Atmosphäre, die *(nur Sg.)* 25

Krise, die, -n 80
Kuh, die, ¨-e 29
Kultur, die, -en 66
• kulturell 68
Kundendienst, der, -e 60
Kundgebung, die, -en 77
Kurtaxe, die (nur Sg.) 34
L Laborassistentin, die, -nen 84
Laie, der, -n 68
Lappen, der, - 53
• Lärm, der (nur Sg.) 13
Lärmbelastung, die, -en 58
• lassen, lässt
    in Ruhe lassen 57
lauschen 13
lebendig 69
Lehrgang, der, ¨-e 84
Lehrwerk, das, -e 51
• leiden unter + D 30
Leidenschaft, die, -en 75
leidenschaftlich 84
Leiter, der, - 83
Lesung, die, -en 40
• liberal 80
liebevoll 11
liegen
    am Herzen liegen jmdm. etw. 72
Literatur, die, -en 16
Logistik, die (nur Sg.) 51
• Lohn, der, ¨-e 77
Lotto, das, -s 12
M Magnet, der, -e 35
• Malen, das (nur Sg.) 74
Marketing, das (nur Sg.) 61
• Maschine, die, -n 49
massieren 33
Mediengestalter, der, - 83
Mediengestalterin, die, -nen 83
melden, sich 21
Menschenrechte, die (nur Pl.) 72
Menü, das, -s 26
Mischung, die, -en 51
mitgestalten, gestaltet mit 72
mitmachen, macht mit 73
mitreden, redet mit 72
• Mode, die, -n 41
Modenschau, die, -en 40
Molke, die (nur Sg.) 30
motiviert 84
Müllofen, der, ¨- 77
Muschel, die, -n 29
Muttersprachler, der, - 72
N Nachname, der, -n AB 110
•   Nahrungsmittel, das, - 30

Navigationsgerät, das, -e 62
Neugier, die (nur Sg.) AB 96
• neugierig 10
neulich 51
nicht nur …, sondern auch … 19
niedlich 18
niemals 13
• niemand 53
Niveau, das, -s 17
• Note, die, -n 17
• notieren 21
• Notiz, die, -en 17
• Nudel, die, -n 27
Nuss, die, ¨-e 30
O • obwohl 68
Odyssee, die (nur Sg.) 19
Ohrfeige, die, -n 63
ökologisch 32
optimieren 15
Organigramm, das, -e 61
Ostern, das, - 34
P • packen jmdn. etw. 68
Panik, die (nur Sg.) 17
Pantoffel, die, -n 53
• Papiere, die (nur Pl.) 62
parallel 28
Parkett, das, -s 53
• Parlament, das, -e 40
Passbild, das, -er 20
• Pech, das (nur Sg.) 67
• Pension, die, -en 32
Pensionär, der, -e 42
• pensioniert 42
Personal, das (nur Sg.) 59
Personalausweis, der, -e 20
Pfeffermühle, die, -n 27
Pflege, die (nur Sg.) 17
Pflegeheim, das, -e 84
Pforte, die, -n 36
piepegal (ugs.) 64
Plakat, das, -e 77
• Plastik, die, -en 67
Plausch, der, -e 13
Portfolio, das, -s 17
• Praktikant, der, -en 82
Präparat, das, -e 51
präsentieren 41
Presse, die, -n (Werkzeug) 60
• probieren 27
• Produkt, das, -e 32
• Produktion, die, -en 61
Prost! 26
Protokoll, das, -e 58

Protokollant, der, -en 60
• Publikum, das (nur Sg.) 68
Pumpe, die, -n 51
pur 26
Q Qual, die, -en 30
Qualifikation, die, -en 83
qualifiziert 59
Qualitätsmanagement, das, -s 60
R Ratgeber, der, - 48
rauben 10
Rauschen, das (nur Sg.) 13
rausstrecken, streckt raus 63
recherchieren 85
Rechtsanwalt, der, ¨-e 44
Rechtswissenschaft, die, -en 44
Referent, der, -en 51
• Regierung, die, -en 42
• reich 35
reichen (geben) 17
reingehen, geht rein 82
• Reisebüro, das, -s 31
Richter, der, - 63
riesengroß 12
riesig 10
• Rind, das, -er AB 116
Ritual, das, -e 42
• Rolle, die, -n 19
rostrot 67
• Rückgabe, die, -n 49
rückgängig machen 48
rumhüpfen, hüpft rum (ugs.) 68
S Sachverhalt, der, -e 68
Salzstreuer, der, - 27
• Sänger, der, - 74
Sängerin, die, -nen 74
Sau, die, ¨-e 21
sauber 77
saugen 50
Säugling, der, -e 30
Sauna, die, -s / Saunen 24
Schachbrett, das, -er 76
Schatz, der, ¨-e 21
Scheibenwischer, der, - 63
Scheidung, die, -en 8
schieben auf + A 72
• schließen 47
• Schloss, das, ¨-er (an der Tür) 35
schlüpfen 53
Schlürfen, das (nur Sg.) 28
Schmatzen, das (nur Sg.) 28
Schmutz, der (nur Sg.) 53
• schneiden 28
schonen 53
Schrubber, der, - 53

schüchtern 62
schwerfallen, fällt schwer jmdm. etw. 12
See, der, -n 24
• selbst 48
selbstbewusst 82
Sellerie, der, - 20
Senat, der, -e 42
Senator, der, -en 42
servieren 32
Serviette, die, -n 27
signalisieren 28
Sinn, der (hier nur Sg.) 77
sinnlos 81
Sitte, die, -n 28
Skandal, der, -e 78
Smalltalk, der, -s 16
Software, die, -s 60
Sohle, die, -n 53
Soja, die (nur Sg.) 29
• Sonderangebot, das, -e 31
Song, der, -s 68
Sonnenbrand, der, ¨e 29
sorgfältig 48
Sorry! 66
sowie 44
• sowohl … als auch … 19
• Sozial- 42
Soziologie, die (nur Sg.) 44
spätestens 36
SPD, die (Abkürzung für Sozialdemo-
kratische Partei Deutschlands) 42
spenden 12
spezialisiert 85
Sprachkenntnisse, die (nur Pl.) 72
• Staatsangehörigkeit, die, -en 80
Stäbchen, das, - 28
stahlblau 67
Stammtisch, der, -e 72
• Standesamt, das, ¨er 20
stark machen, sich für + A 72
Statistik, die, -en 82
Staub, der (nur Sg.) 30
Steckbrief, der, -e 17
stehen
zur Verfügung stehen 19
• stehlen, stiehlt 67
Stellengesuch, das, -e 82
• Stempel, der, - 48
• sterben, stirbt 43
• still 56
Stille, die (nur Sg.) 13
• stimmen für + A 81
• stinken 77

• Stoff, der, -e (Textil) 67
Stoff, der, -e (Lernstoff) 15
• stolz 10
Strafzettel, der, - 62
streifen 50
stricken 76
Studentenparlament, das, -e 72

T Tagebuch, das, ¨er 17
Tagesmutter, die, ¨ 18
Tagesordnungspunkt, der, -e 60
• Täter, der, - 63
tätig sein 51
• Tätigkeit, die, -en 44
Telefonanlage, die, -n 61
• Terrasse, die, -n 32
• Test, der, -s 20
Theorie, die, -n 17
• Titel, der, - 82
• Tod, der, -e 8
todlangweilig (ugs.) 18
Traum, der, ¨e 10
treffen, trifft (Entscheidung) 61
Trottel, der, - 62

U • Übernachtung, die, -en 35
• übernachten AB 120
überrascht 10
• überreden 37
übertrieben 65
• überweisen 49
• überzeugen jmdn. 51
überzeugen, sich 40
• üblich 26
• um … zu … (Konnektor) 51
umfassend 68
umgehen, geht um mit + D 85
umgehend 49
umstrukturieren, strukturiert um 59
• Umwelt, die (nur Sg.) 72
umziehen, zieht um 46
unabhängig 45
unangenehm 37
unbedingt 36
undurchschaubar 80
unerlässlich 51
unerträglich 58
ungerecht 64
Uniform, die, -en 63
unpassend 47
unterbrechen, unterbricht 56
unterhaltsam 68
• Unterhaltung, die, -en 56
Unterlagen, die (hier nur Pl.) 20
• unternehmen, unternimmt 43

Unternehmensversammlung, die, -en 59
• unterscheiden, sich 42
unterschiedlich 28
Unterschlupf, der (nur Sg.) 42
• untersuchen 32
Unterweisung, die, -en 60

V Veilchen, das, - 50
Veränderung, die, -en 12
• Veranstaltung, die, -en 83
Verantwortliche, der/die, -n 60
• Verantwortung, die (nur Sg.) 42
verärgert 10
• verbessern 72
verbrennen 63
vereinen 81
• Verfahren, das, - 63
verfügen über + A 32
• Verhältnisse, die (hier nur Pl.) 81
Verkauf, der (hier nur Sg.) 61
Verlag, der, -e 51
• verletzen etw. 72
verliebt 13
Verlust, der, -e 8
vermitteln 81
• Vermittlung, die, -en 82
vernehmen, vernimmt 50
• verrückt 78
Versehen, das, -
aus Versehen 49
verständlich 59
• Verständnis, das (nur Sg.) 59
vertragen, verträgt 30
Vertragsbedingung, die, -en 48
Vertrauen, das (nur Sg.) 59
vertrauensvoll 59
• Vertreter, der, - 47
Vertrieb, der, -e 51
Verurteilte, der/die, -n 63
verwöhnen 31
Villa, die, Villen 12
Vision, die, -en 68
Vollpension, die (nur Sg.) 35
• vorbereiten, bereitet vor (etw.) 50
Vordergrund, der (nur Sg.) 66
Vorlesung, die, -en 17
vornehmen, sich, nimmt sich vor 17
Vorsicht, die (nur Sg.) AB 96
Vorsitzende, der/die, -n 44
Vorstand, der, ¨e 44
vorzeigen, zeigt vor 62

W • während (Konnektor) 44
• während (Präposition) 44
Wahrung, die (nur Sg.) 49

Lektion 21

1 a 1. a.; 2. b.; 3. b.; 4. b.; 5. a.

1 b 1. der Einzug, der Auszug; 2. die Heirat, die Scheidung, 3. die Geburt, der Tod; 4. die Arbeit, die Rente; 5. die Immatrikulation, das Examen

2 a 1. B; 2. C; 3. D; 4. A

2 b *Zum Beispiel*: Wir wünschen euch von ganzem Herzen eine glückliche Zeit zu viert! Zum Geburtstag alles Gute und … Herzlichen Glückwunsch zum Geburtstag und die besten … Ich gratuliere dir zum Geburtstag und wünsche dir alles Gute.

3 a 1. b.; 2. a.; 3. a.; 4. b.; 5. a.; 6. b.

3 b begeistert / glücklich / freudig; verärgert / genervt / wütend; überrascht / erstaunt

4 a,b 1. geduldig; 2. ängstlich; 3. glücklich; 4. eifersüchtig; 5. vorsichtig; 6. Komik, komisch; 7. Politik, politisch; 8. -lich, ärgerlich; 9. Bürokratie, -isch, bürokratisch; 10. -ig, neugierig

5 a Ich finde meine Töchter manchmal richtig lustig, weil sie so komische Geschichten erzählen. Ich finde meine Lehrerin manchmal richtig neugierig, weil sie uns so viele Fragen stellt. Ich finde den Busfahrer von Linie 7 manchmal richtig freundlich, weil er mir beim Einsteigen hilft. Ich finde Politiker manchmal richtig komisch, …

6 a überrascht, verwöhnt, geöffnet, genervt, enttäuscht

7 a Peer hat in der Bundesliga ein Tor geschossen. Dadurch ist er bekannt geworden. Er soll oft Autogramme geben und ist erstaunt über seinen Erfolg.

7 b … zu geben. … bekannt zu sein. … zu spielen. … wegzugehen. … zu werden. … zu stehen. … leben zu können.

Ich bin ja nicht gewohnt,	ständig Autogramme	zu geben.
Es war schwer,	von zu Hause	wegzugehen.
Im Moment finde ich es toll,	meinen Traum	leben zu können.

Fokus **zu** + Infinitiv steht am Satzende.

7 c zu orientieren; zu bekommen; umzuziehen; kennen zu lernen; zu gehen; anzufangen

8 a nicht möglich bzw. ungewöhnlich: Er hat Angst, jede Woche aufzuräumen. Es ist nicht wichtig, mit dir ins Kino zu gehen. Es ist nicht wichtig, zu fliegen.

8 b

Verben	Nomen	Adjektive
sich freuen; entscheiden; anfangen; sich lohnen; versuchen	Ich habe keine Lust, …; Es macht Spaß, …; Es macht mir Freude, …	Sie findet es anstrengend, …; Es war schwer / schwierig, …; Ich war erstaunt, …; Ich bin nicht gewohnt, …

8 c 1. …, in den Sommerferien zu verreisen. 2. …, ein günstiges Angebot für eine Familie zu finden. 3. …, die Preise im Internet zu vergleichen. 4. …, sich frühzeitig umzusehen und zu buchen.

11a+b 1. Ich kann mit vollem Bauch nicht lernen. 2. Gehst du in den Pausen joggen? 3. Wir fahren nach dem Unterricht einkaufen. 4. Lassen Sie sich nach dem Lernen verwöhnen! 5. Sie bleibt morgens gern lange liegen. 6. Hört ihr die Vögel singen? 7. Die Kinder lernen ab nächster Woche schwimmen. 8. Ich sehe den Stress schon auf mich zukommen.

Fokus … folgt der Infinitiv ohne *zu*.

12 sprechen; zu machen; verbessern; zu hören; fernzusehen; essen; zu korrigieren; ablenken; gehen

14 a Personen: die Großeltern, der Babysitter, die Tagesmutter, das Au-pair; Institutionen: der Kindergarten, die Krippe, die Kita

15 a Martin F. ist Erzieher in einer Kindertagesstätte.

15 b 1. Sie teilen sich <u>sowohl</u> Haushalt <u>als auch</u> Erziehung. 2. Er kann <u>nicht nur</u> gut Fußball spielen, <u>sondern</u> hat oft <u>auch</u> eine andere Sicht auf die Dinge. 4. Bisher kann <u>weder</u> die Forschung <u>noch</u> die Erfahrung dies klar beantworten.

15 c … nicht nur die Jungen, sondern auch die Mädchen. … Entweder … oder er hilft … mag sowohl die Arbeit mit den Kindern als auch mit den Kolleginnen. Und weder die Eltern noch die Kolleginnen …

17 b Mein Traumprinz: Er ist nicht nur <u>reich</u>, / sondern auch **<u>schön</u>**. Und er ist nicht nur <u>groß</u>, / sondern auch **<u>kräftig</u>**, nicht nur <u>kreativ</u>, / sondern auch **<u>erfolgreich</u>**. Und er ist nicht nur <u>ehrlich</u>, sondern auch **<u>fair</u>**. Er ist sowohl <u>fleißig</u> / als auch **<u>gemütlich</u>**, sowohl <u>romantisch</u> / als auch **<u>leidenschaftlich</u>**, sowohl <u>sensibel</u> / als auch **<u>ernsthaft</u>**. Er ist weder <u>arm</u> / noch **<u>hässlich</u>**, und weder <u>klein</u> / noch **<u>schwach</u>**. Er ist weder <u>langweilig</u> / noch **<u>erfolglos</u>**.
In jedem Satz gibt es eine Pause, die den Satz in zwei Wortgruppen teilt. In jeder Wortgruppe ist ein Wort besonders betont. Das betonte Wort in der letzten Wortgruppe ist am stärksten betont.

Grammatik
Infinitiv mit zu: *Zum Beispiel:* Verben: beschließen, versuchen, anfangen; Nomen: Es macht Spaß, …, Ich habe keine Lust, … Ich habe Angst, …; Adjektive: Es ist schwierig, …, Es ist wichtig, …; Ich finde es anstrengend, …

Film ab!
1 b Arbeitslosigkeit

2 a Familienstand: ledig; Alter: 32; Wohnort: München, Olympiadorf; Arbeitsstelle: Kindergarten; Berufe: Altenpfleger, Erzieher; Grund für jetzige Berufswahl: möchte mit jungen Menschen arbeiten; Fahrzeuge: verschiedene Fahrräder; Hobbys: Fahrradfahren und Reisen; Reiseziele: Ostsee, Schweden

2 b Dort fanden 1972 die Olympischen Sommerspiele statt.

3 a Richtige Reihenfolge: 4, 2, 3, 1
1. Die Kinder sitzen beim Mittagessen und wünschen sich einen guten Appetit! 2. Frau Risse und Dana haben einen Termin zur Anmeldung im Kindergarten. 3. Fabio macht eine Führung durch den Kindergarten und zeigt Dana und Frau Risse die Turnhalle. 4. Fabio übt mit den Kindern einen Zungenbrecher.

3 b Wir Wiener Waschweiber würden weiße Wäsche waschen, wenn wir wüssten, wo warmes Waschwasser wär'.

4 a Kinder sind wissbegierig und neugierig.

b Bei einer Fahrradtour sind Pausen wichtig, damit man das, was man sieht, genießen kann.

6 Räder

Lektion 22

1. Tanzen, in der; 2. Schwimmen, im; 3. Rauchen, auf dem; 4. Surfen / Chatten, am

1. Prost! 2. Verzeihung! 3. Willkommen! 4. Guten Appetit!

a der (Brot)-Korb, ⸚e; der Salzstreuer, -; die Vase, -n; die Pfeffermühle, -n; das Sektglas, ⸚er; der Korkenzieher, -; die Serviette, -n; der Teelöffel, -; das Messer, -; die Gabel, -n; der Esslöffel, -; die Pfanne, -n; die Schüssel, -n; der Topf, ⸚e

b *Zum Beispiel:* 2. Ich würde ihnen das Messer gerne schenken. 3. Wie findest du die Vase eigentlich? 4. Vielleicht sollten wir uns die Pfeffermühle selbst kaufen! 5. Zeigen Sie mir den Salzstreuer doch mal in Grün, bitte!

Fokus Wenn die Akkusativ-Ergänzung ein Pronomen ist, steht Akkusativ vor Dativ.

1. es, ihr; 2. ihn, dir; 3. sie, dir; 4. ihn, ihm; 5. es, ihm

a 1. die, der, ~~das Hühnerei~~, die; 2. der, das, das, ~~der Schokopudding~~; 3. ~~die Bananenmilch~~, das, der, der; 4. ~~der Weizen~~, der, die, die; 5. die, ~~die Tiefkühlpizza~~, die, der

b 1. Milchprodukte; 2. Backwaren; 3. alkoholische Getränke; 4. Gemüse; 5. Kartoffelgerichte

a falsch; falsch; richtig

c erwacht, Ritual, Narzissen, gerochen, beträchtlich

0 a Zimmermädchen: räume … auf; mache; putze; fülle … auf; hat … sich beschwert; liegen; Gast: ist; wird … aufgeräumt; werden … gemacht; wird … geputzt; wird … aufgefüllt; liegen

0 b Ich putze jeden Tag das Bad. Das Bad wird jeden Tag geputzt.

0 c

Jeden Tag	wird	das Zimmer	aufgeräumt.
Die Betten	werden	täglich	gemacht.
Die Minibar	wird	ständig	aufgefüllt.

Fokus *werden* + Partizip Perfekt. *Werden* steht auf Position 2, das Partizip Perfekt am Satzende.

10 d *Zum Beispiel:* Die Koffer werden von den Hotelpagen getragen. Die Gäste werden vom Masseur massiert. Das Frühstück wird von der Köchin zubereitet. Das Essen wird von der Kellnerin serviert.

11 *Zum Beispiel:* In einem Jahr werden 100 l Bier getrunken. Pro Person werden 93,3 kg Gemüse verbraucht. In Deutschland werden in einem Jahr 69 kg Fisch und Fleisch konsumiert.

12 a Zuerst wird die Kuh gemolken. Dann wird die Milch von der Molkerei auf dem Bauernhof abgeholt. In der Molkerei wird die Milch verarbeitet und in Flaschen gefüllt. Danach werden die Flaschen in die Supermärkte gebracht. In den Supermärkten wird die Milch verkauft. Zum Schluss wird sie von den Kunden getrunken.

12 b Zuerst wird die Wäsche sortiert. Dann wird die Wäsche in die Waschmaschine gegeben. Danach wird ein Programm ausgewählt und die Waschmaschine eingeschaltet. Zum Schluss wird die Wäsche aus der Maschine genommen und zum Trocknen aufgehängt.

13 a Buchungsanfrage: A, D, H, I; Bestätigung vom Hotel: B, C, E, F, G

13 b Buchungsanfrage: Sehr geehrte Damen und Herren, A, H, D, I. Mit freundlichen Grüßen; Bestätigung vom Hotel: Sehr geehrte Frau … / Sehr geehrter Herr …, C, F, G, B, E. Mit freundlichen Grüßen

14 Anrufer/in: 1, 3, 4, 7, 9, 10; Angestellte/r: 2, 5, 6, 8

15 a 1. Muss ich Handtücher mitbringen? 2. Müssen wir die Wohnung putzen? 3. Sollen wir die Blumen gießen?

15 b

Sie	brauchen	die Blumen nicht	zu gießen.

16 a *Zum Beispiel:* Ein Hotelzimmer sollte gebucht werden. Die Flugtickets müssen unbedingt abgeholt werden. Die Blumen sollten gegossen werden. Der Termin mit Herrn Poll muss verschoben werden. Ein Taxi sollte bestellt werden. Der Schreibtisch sollte aufgeräumt werden. Die Unterlagen für das Treffen sollten vorbereitet werden. Frau Dankova muss die Ankunftszeit in Prag mitgeteilt werden.

16 b *Zum Beispiel:*

Die Flugtickets	müssen	unbedingt	abgeholt werden.
Der Schreibtisch	sollte		aufgeräumt werden.

Fokus Auf Position 2 steht das Modalverb, am Satzende stehen das Partizip Perfekt + *werden*.

18 1. b; 2. b; 3. a; 4. a

Lust auf mehr
b 1. Strickleiter; 2. Atemzählen; 3. Windmühle; 4. Hampelmann; 5. Adler

Film ab!

1 b Matthias Stein ist Weinbauer.

2 a Name: Matthias Stein; Familienstand: verheiratet; Kinder: eine Tochter; Alter: 50; Wohnort: Landau-Arzheim; Haus: Er wohnt seit 10 Jahren im Haus der Großeltern; Region: Pfalz; Arbeitsort: Karlsruhe; Aufgabe im Beruf: er kontrolliert Ökobetriebe; Nebenerwerb: Weinbau; Produkte: Weintrauben, Wein; Fahrzeug: Traktor.

2 b *Zum Beispiel*: Bockenheim, Grünstadt, Bad Dürkheim, Wachenheim, Deidesheim, Neustadt, Edenkoben, Bad Bergzabern, Schweigen-Rechtenbach (Deutsches Weintor)

3 Richtige Reihenfolge: 2, 3, 4, 1
2. Matthias fährt den Traktor. 3. Die Trauben werden geschnitten. 4. Die Trauben werden in die Wanne geschüttet. 1. Der Saft wird gepresst.

4 a Weinlese; Riesling; reif; Traube

6 35 km/h

Das kann ich schon! | Lektion 21 – 22

1 1, 2, 6

2 *Zum Beispiel:* Sehr geehrte Damen und Herren, ich möchte gerne bei Ihnen einen Abendkurs buchen. Ich habe schon einige Kurse besucht und bin aktuell auf dem Niveau B1. Ich brauche Deutsch für meinen Beruf und möchte vor allem lernen, korrekte E-Mails an meine Kollegen zu schreiben. Ich würde mich freuen, wenn wir im Kurs viel schreiben. Können Sie mir bitte mitteilen, wann und wie ich den Kurs bezahlen kann? Vielen Dank. Mit freundlichen Grüßen (für jeden korrekten Satz sowie für Anrede und Gruß jeweils 1 Punkt)

3 Zuerst werden bei einem offiziellen Essen die verschiedenen Personen vorgestellt. Dann werden Speisen und Getränke bestellt. Danach werden Reden gehalten und Gespräche geführt. Nach dem Essen wird Kaffee getrunken und zum Schluss werden meistens Telefonnummern ausgetauscht.

4 Einstieg: 2, 4; Nachfragen: 3, 6; Abschluss: 1, 5

5 1. ist inklusive; 2. andere; 3. surfen; 4. 22 Uhr; 5. nachts; 6. 12 Uhr

Lektion 23

1 fragte, dachte, gab, begann, gründete, ging, kannte, baute, blieb, war, musste, kam, kaufte, fand

2 a war, saß, vorbeiging, schoss, hatte, stand, sah, lächelte, waren, tippte, gab, sagte, ging, nahm, rief, lachten, wurde, lief

2 b regelmäßig: fragte, dachte, gründete, kannte, baute, musste, kaufte, hatte, lächelte, tippte, sagte, lachten; unregelmäßig: gab, begann, ging, blieb, war, kam, fand, saß, vorbeiging, schoss, stand, sah, waren, ging, nahm, rief

3 a 1: Zeile 1–7; 2: Zeile 7–13; 3: Zeile 13–18; 4: Zeile 18–23

3 b 1 A; 2 E; 3 D; 4 C; B und F passen nicht

4 b *Zum Beispiel:* Bis zum 10. Schuljahr besuchte sie eine Hauptschule. Danach ging sie auf ein Gymnasium und machte Abitur. 1983 trat sie in die SPD ein. Sie studierte Rechtswissenschaften in Saarbrücken und finanzierte ihr Studium durch verschiedene Arbeitsstellen. Nach dem Studium ging sie in die Neuen Bundesländer und fing 1995 als Richterin in Sachsen-Anhalt an. Von 1999 bis 2005 arbeitete sie beim Ministerium der Justiz. Seit 2005 lebt sie wieder in Zweibrücken und seit 2008 arbeitet sie als Richterin in Pirmasens.

5 a 1. Sheriff. 2. 24 Stunden Politiker sein kann keiner. 3. Wir haben gefeiert. 4. Faulenzen und spazieren gehen. 5. An Evelin aus der Parallelklasse.

5 b

Als	ich ein Kind	war,	wollte ich Sheriff werden.
Wenn	ich in der Schule nicht aufgepasst	habe,	dachte ich an Evelin aus der Parallelklasse.
Als	die Schule vorbei	war,	haben wir gefeiert.
Wenn	ich nicht	arbeite,	faulenze ich und gehe spazieren.

Fokus als, wenn, wenn

7 b Während Lisa frühstückt, macht Markus Feierabend. Während Markus Fußball spielt, kocht Lisa. Während Lisa fernsieht, trinkt Markus Bier. Während Markus schläft, arbeitet Lisa.

Fokus während

8 a pro: 1, 2, 6; contra: 3, 4, 5

8 b Frau Andres: 1, 2, 3; Herr Kienzle: 4, 5; Frau Büttner: 6

9 a Beide Frauen sind nicht interessiert. Frau Nasekin kauft die Pflanzen trotzdem. Frau Noll lehnt ab.

9 b Der Verkäufer spricht sehr persönlich mit den Frauen. Er nennt die Vorteile der Pflanzen. Er sagt nicht, dass es keine echten Pflanzen sind. Er vergleicht seinen Preis mit dem in einem Fachgeschäft. Er macht einen Sonderpreis. Frau Noll hat kein Interesse und wehrt den Verkäufer deutlich ab.

10 a Zuerst: 1. schaue ich sie mir genau an; 2. Ich informiere mich intensiv über die Stelle; 3. möchte ich Praktika machen und Erfahrung sammeln; 4. Ich habe im Internet die Preise verglichen.

Fokus Die Handlung im Hauptsatz passiert vor der Handlung im Nebensatz mit *bevor*.

10 b 1. Bevor ich koche, kaufe ich ein. 2. Bevor Anna die Wohnung verließ, räumte sie die Küche auf. 3. Bevor Ben aufsteht, bleibt er ein paar Minuten liegen und hört Musik. 4. Ich habe Thomas angerufen, bevor ich ihn besucht habe. 5. Ulrike zieht sich schick an und schminkt sich, bevor sie in die Disco geht.

11 a eine Wohnung: hiermit, fristgemäß, kündigen, bestätigen, die Kündigung; ein Mobilfunkvertrag: hiermit, fristgemäß, die Kündigung, Bestätigung

2 a 1. …, um viel direkten Kundenkontakt zu haben. 2. …, um seine Produkte interessierten Personen vorzustellen. 3. …, um sie von den Produkten zu überzeugen. 4. …, um möglichst viel verkaufen zu können.

2 b *Zum Beispiel:*

| Er organisiert Prä-sentationen, | um | seine Produkte inter-essierten Personen | vorzustel-len. |
| Herr Geißler ist sehr viel unterwegs, | um | möglichst viel | verkaufen zu können. |

2 c Herr Geißler verteilt viele Prospekte, damit **die Kunden** alle wichtigen Informationen bekommen.

Fokus …, verwendet man meistens *um … zu*. Bei verschiedenen Subjekten *damit*.

3 a …, um nicht an vollen Stränden zu liegen, um nicht im Stau zu stecken, damit ihr Geld auf ihrem Konto bleibt, um ungestört vom Urlaub träumen zu können, damit ihre Nachbarn nicht für sie Blumen gießen müssen, um keine dummen Postkarten schreiben zu müssen.

5 a links: viele praktische Taschen, rechts oben: Henkel zum Transport als Koffer, rechts unten: aus festem Stoff, abwaschbar

5 b *Zum Beispiel:* genervt, ideale Lösung: Leiter-Butler, an der Seite zwei Schlaufen für Hammer etc., zum Gebrauch einfach nach oben ziehen, alles bleibt in persönlicher Ordnung, auch Vesperbrot oder Zeitung, wenn fertig, weitertragen wie Werkzeugkoffer, absolutes Muss, Leben wird einfacher

5 c Folie: 1, 2, 3; Notizen: 2, 4, 5

Hm ab!

b Gerda Rudolph hat Familie. Sie ist Stadtführerin, früher war sie Lehrerin. Sie macht Wassergymnastik und spielt Theater. Sie ist noch nicht lange Großmutter und freut sich auf ihr Enkelkind. Sie möchte, so lange es geht, mit ihrem Mann in ihrem Haus wohnen. Familie und Freunde sind ihr sehr wichtig.

a Alter: 60; Wohnort: Göttingen; verheiratet: mit Peter Rudolph seit 30 Jahren; Kinder: 2 Töchter (Meile und Insa), eine Enkelin (Jona); Berufe: Grundschullehrerin, Stadtführerin; Hobbys: Wassergymnastik, Theater spielen; Autofarbe: blau

b das Deutsche Theater, das Rathaus, den Marktplatz, Gänseliesel, die Saline Luisenhall

1 und 3 stimmt; 2 und 4 stimmt nicht.

87 Jahre

Lektion 24

1. Aber gerne. Bitte schön. 2. Langsam, langsam. Ich hab' auch wenig Zeit. 3. Wie bitte? … 4. Kein Problem, … 5. Nein danke, ist schon okay.

3 a 1. Wäre es möglich, dass … 2. Könnte ich vielleicht …? 3. Ich bitte um Ihr Verständnis. 4. Wir müssen einen Kompromiss finden. 5. Ich bin dafür, dass …

4 1. Adresse; 2. Diskussionen; 3. wichtige Ergebnisse; 4. Diskussionen; 5. in langen Sätzen

5 a alle sollen Resturlaub dieses Jahr nehmen, Antrag auf Übertragung ins neue Jahr möglich, Antrag an Frau Theis persönlich oder per Mail, man muss Resturlaub bis 31.3. nehmen

5 c

| TOP: Resturlaub | - alle sollten ihren Resturlaub noch dieses Jahr nehmen
- Antrag auf Übertragung ins neue Jahr ist möglich und geht an Frau Theis persönlich oder per Mail
- Resturlaub muss bis 31.3. genommen werden | alle: Resturlaub beantragen bzw. Antrag auf Übertragung ins neue Jahr stellen |

6 1. b.; 2. a.; 3. b.; 4. c.

7 a … in einer Firma, in der Elektrogeräte produziert werden. … Büro, von dem andere nur träumen können. … Schreibtisch, an dem schon sein Großvater gearbeitet hat. … Produkten, mit denen die Firma viel Erfolg hatte.

7 b

maskulin	neutral	feminin	Plural
dem	dem	der	denen

7 c *Zum Beispiel:*

| Er hat ein riesiges Büro, | von dem | andere nur | träumen können. |

8 a 1. … Früchte, aus denen man leckere Marmelade machen kann. 2. … Sportart, für die man spezielle Handschuhe braucht. 3. … Möbelstück, auf dem man sich gut ausruhen kann. 4. … Thema, über das man lange nachdenken kann. 5. … Gerät, mit dem man Musik hört. 6. … Problem, mit dem man auf der Autobahn rechnen muss.

9 1. Beamter; 2. Täter; 3. Verfahren; 4. Richter; 5. Verurteilter; 6. Haftstrafe; 7. Geldstrafe; Lösungswort: Beleidigung

10 a Würden Sie mir bitte die Pistole geben? Hätten Sie vielleicht einen Schnaps für mich? Dürfte ich bitte den Laptop behalten? Das wäre wirklich sehr freundlich von Ihnen.

10 b

war	hatte	konnte	durfte	wurde
wäre	hätte	könnte	dürfte	würde

Fokus Mit dem Konjunktiv II formuliert man höfliche Bitten und Aufforderungen. a, o, u → ä, ö, ü

11 b Würden Sie für Frau Dietz Blumen zum Geburtstag besorgen? Könnten Sie vielleicht auch das Angebot für Herrn Selassie schreiben? Und würden Sie danach bitte die Unterlagen für das Gespräch mit Lach und Partner vorbereiten? Ach ja, wären Sie so nett und räumen Sie die Spülmaschine ein. Ich hätte eigentlich auch eine Frage an Sie: Dürfte ich heute früher gehen?

Fokus Bei allen Verben außer *sein*, *haben* und den Modalverben benutzt man *würde* + Infinitiv.

13 a 1. Krüger, Tochter, lösen; 2. Moller, Haustür, dürften; 3. Dörte, könntest, schon; 4. schön, Boden, Vögel, spülen, spielen

14 a 1. Ja, aber die leckersten Häppchen sind schon weg. 2. Ein originellerer Satz fällt Ihnen nicht ein? 3. Ja, die beste Ausstellung seit langem! 4. Na ja. Hab' schon schönere Fotos gesehen. 5. Was? Der interessanteste Typ steht doch neben dir!

14 b

der orignellere Satz ein originellerer Satz	der originellste Satz
das schönere Kleid ein schöneres Kleid	das schönste Kleid
die bessere Ausstellung eine bessere Ausstellung	die beste Ausstellung
die leckereren Häppchen leckerere Häppchen	die leckersten Häppchen

16 a der interessanteste, die längste, die wichtigsten, der dickste, die meisten, das spannendste

17 a Strafzettel, Navigationsgerät, Polizeibeamter, Führerschein, Autofahrer, Fahrzeugpapiere, Parkplatz

18 a Kritik 1: gut, Kritik 2: nicht gut; Kritik 3: gut

18 b … toll, ich kann sie euch wirklich empfehlen. … langweilig, da habt ihr nichts verpasst. … interessant, das Buch müsst ihr unbedingt lesen. … aufregend, das müsst ihr euch auf jeden Fall ansehen. … okay, da könnt ihr hin, wenn ihr nichts Besseres vorhabt.

19 b 1. Trotzdem lieben sie Bücher. 2. …, obwohl sie keine Noten lesen können. 3. Sie malen trotzdem schöne Bilder.

19 c *Zum Beispiel*:

Kleine Kinder singen gern,	obwohl	sie keine Noten	lesen können.
Kleine Kinder können nicht lesen.	Trotzdem	lieben	sie Bücher.

Fokus *Obwohl* leitet einen Nebensatz ein. *Trotzdem* leitet einen Hauptsatz ein

Film ab!

1 b Natascha ist Fahrlehrerin und kennt sich mit der Verkehrsordnung sehr gut aus.

2 a Vorname: Natascha; Alter: 26; Wohnort: Simmerberg im Allgäu; Arbeitsort: Lindau am Bodensee; Erster Beruf: Tierarzthelferin; Jetziger Beruf: Fahrlehrerin; Name des Chefs: Norbert Trenkle; Name des Haustiers: Mikesch; Automarke: Audi

2 b das Allgäu liegt in Bayern, Baden-Württemberg und Österreich; an den Bodensee grenzen Deutschland, Österreich und die Schweiz, der deutsche Teil gehört zu Bayern und Baden-Württemberg.

2 c Lindau liegt am östlichen Ufer des Bodensees im Dreiländereck Deutschland-Österreich-Schweiz, das historische Zentrum ist eine Insel im See.

3 a *Zum Beispiel*: Fahr gerade zurück, schlage das Lenkrad nach rechts ein, schau in den Spiegel, halte an.

4 a 1. Punkte in Flensburg, 2. Fahrverbot, 3. Nachschulung

4 b 1. Für bestimmte Verkehrsverstöße, wie zu schnell oder über eine rote Ampel fahren, bekommt man im Kraftfahrt-Bundesamt Flensburg so genannte Punkte. Bei 18 Punkten muss man den Führerschein abgeben. 2. Ein Fahrverbot für ein bis drei Monate wird bei schweren Verstößen gegen die Verkehrsregeln, wie z.B. Alkohol am Steuer, ausgesprochen. 3. Fahranfänger haben den Führerschein zunächst auf Probe. Bei bestimmten Verkehrsverstößen muss man eine Nachschulung machen.

5 a In Deutschland darf man den Führerschein mit 18 bzw. 17 Jahren machen. Beim Führerschein mit 17 Jahren muss man im ersten Jahr begleitet fahren. Das Autofahren lernt man in einer Fahrschule. Man hat theoretischen und praktischen Unterricht. 20 bis 25 Fahrstunden sind üblich. Die Kosten betragen dann etwa 1.200,- €.

6 Die Segelregatta in Lindau heißt ‚RUNDUM'.

Das kann ich schon! | Lektion 23 – 24

1 1. ~~Heizung~~ – Klimaanlage; 2. ~~Frankfurt~~ – Erfurt; 3. ~~22~~ – 200; 4. ~~nicht~~ – sehr gut; 5. ~~Telefonnummer~~ – Adresse; 6. ~~Betriebsausflug~~ – Messe

2 1. Könnten / Würden; 2. Würdet / Könntet; 3. Hätten; 4. Könntest / Würdest; 5. Würden; 6. Wäre

3 Bevor, obwohl, um, zu, Während / Wenn, weil / da

4 1, 3, 4

5 *Zum Beispiel:* Sehr geehrte Damen und Herren, hiermit möchte ich meine Mitgliedschaft im ADAC kündigen. Ich war 10 Jahre Mitglied in Ihrem Verein und habe Mitgliedsbeiträge bezahlt. Vor zwei Monaten ist mein Auto auf der Autobahn stehen geblieben und ich habe Ihren Service genutzt. Leider war ich sehr unzufrieden und möchte deshalb aus dem Verein austreten. Bitte bestätigen Sie mir die Kündigung innerhalb von 10 Tagen. Mit freundlichen Grüßen

Lektion 25

1 a 1. weil; 2. Deshalb; 3. Deshalb; 4. weil, nämlich

2 a 1. Malspaß; 2. Tandempartner; 3. Theater

2 b direkte Anrede: Liebe Malgruppe; nachfragen: Suchst du immer noch …; direkter Bezug auf die Anzeige: Ich habe zufällig eure Anzeige entdeckt …

a Tanzen

b 1. Alles; 2. das Schlimmste; 3. nichts; 4. da

Fokus Der Relativsatz beginnt mit *was*, wenn … Bezieht er sich auf eine Lokalangabe, verwendet man *wo*.

a … treibt, (der) lebt gesünder. … interessiert, (der) sollte lieber … gefällt, (der) sollte wenigstens oft zu Fuß gehen. … bewegt, (der) ist in unserer …

b Wer = Nominativ; Wen = Akkusativ; Wem = Dativ; Wer = Nominativ

was, was, wo, wo / in der, wo / in dem, Wer

a von oben nach unten: 2, 5, 1, 4, 3

b Wer <u>A</u> sagt, / muss auch <u>B</u> sagen. Wer <u>zuletzt</u> lacht, / lacht am <u>besten</u>! Wer <u>wagt</u>, / <u>gewinnt</u>. Wer <u>schön</u> sein will, / muss <u>leiden</u>. Wer <u>rastet</u>, / der <u>rostet</u>.

a 1. a. stimmt zu; 1. b. lehnt ab; 2. a. lehnt ab; 2. b. zweifelt; 3. a. stimmt zu; 3. b. zweifelt; 4. a. stimmt zu; 4. b. lehnt ab; 5. a. stimmt zu; 5. b. zweifelt

a Ärger ausdrücken: Passen Sie doch auf! Das gibt's ja wohl nicht! sich wehren: Lassen Sie mich ausreden. Hören Sie sofort auf! Ich rufe die Polizei! Gehen Sie da weg! sich einmischen: Brauchen Sie Hilfe? Lassen Sie das Mädchen in Ruhe! Kann ich Ihnen helfen? Ich rufe die Polizei!

a 1. geben; 2. wählen; 3. glauben; 4. bestehen; 5. schaffen

b … wären, hätten sie mehr Chancen bei jungen Wählern. … würden, könnten sie alle Menschen verstehen. … dürften, wäre unsere Gesellschaft bunter. … wäre, würde ich alle Grenzen abschaffen.

c *Zum Beispiel:*

Wenn	Politiker klarer	sprechen würden,	könnten sie alle Menschen verstehen.
Wenn	ich Bundes-kanzler/in	wäre,	würde ich alle Grenzen abschaffen.

d Er wäre gut, wenn Politiker offen und ehrlich wären, besser aussehen würden, mehr Geld in Erziehung und Bildung investieren würden, das Kindergeld erhöhen würden, menschlicher wären und besser reden könnten.

Was würden Sie machen, wenn Sie in der Antarktis leben würden? … wenn Sie 10 Fremdsprachen sprechen würden? … wenn Sie sechs Kinder hätten? … wenn Sie berühmt wären? … wenn Sie die Gedanken von anderen lesen könnten? … wenn Sie die Zukunft voraussehen könnten?

a *Zum Beispiel:* Hätte ich nicht so viel Arbeit, würde ich in Urlaub fliegen. Würde mir der Chef frei geben, könnte ich meine Freundin in den USA besuchen. Wäre ich reich und berühmt, hätte ich einen persönlichen Jet. Könnte ich mir alles leisten, wäre ich auf einer Yacht in der Karibik.

Fokus Das Verb steht im Nebensatz auf Position 1.

14 a B

15 a belastbar, vergleichbar, selbstständig, abwechslungsreich, eigenständig, engagiert, erfolgreich, motiviert, zuverlässig

15 c *Zum Beispiel:* erfolgreich, flexibel, engagiert, selbstständig, belastbar, kreativ

16 a 1. a / e; 2. b; 3. a / e; 4. c; 5. d

16 b *Zum Beispiel:*

Ich möchte mich bei Ihnen bewerben,	denn	Ihre Anzeige passt genau zu meinem Profil.
Ich verfüge über sehr gute PC-Anwender-kenntnisse,	denn	in meiner Freizeit beschäftige ich mich viel mit Computern.

17 1. b.; 2. a.; 3. b.; 4. c.; 5. a. ; 6. b.

18 a A – H; B – F; C – E; D – G

Lust auf mehr
Quiz: Wahlen und Parteien
1. der Bundestag; 2. SPD; 3. ab 16; 4. über 25; 5. die Wahl des Ausländerbeirats

Film ab!
1 b Skateboardmuseum, Stadtjugendring

2 a Name: Aytekin Celik; geboren in: der Türkei; aufgewachsen in: Deutschland; Wohnort: Stuttgart-Wangen; Arbeitsstelle: Stadtjugendring; Beruf und Tätigkeit: Bildungsreferent, Öffentlichkeitsarbeit; Alter: 41; ehrenamtliches Engagement: Schöffe; Freizeit: Skateboardfahren; Mitbegründer vom: Skateboardmuseum in Stuttgart; ‚straight edge' bedeutet: keine Drogen, kein Alkohol, kein Nikotin, keine tierischen Produkte

2 b Das Skateboardmuseum im Zentrum Stuttgarts zeigt ca. 100 Exponate zum Thema Skateboard, von den verschiedensten Brettern über typische Kleidung bis hin zu Zeitschriften und Plakaten.

3 a Richtige Reihenfolge: 4, 3, 1, 2
1. Aytekin geht mit dem Richter und der Schöffin in den Gerichtssaal. 2. Aytekin fährt mit der Rikscha zum Bahnhof. 3. Aytekin geht zum Skateboardmuseum. 4. Aytekin fährt Skateboard.

3 b privat: 4; öffentlich: 1, 3; beruflich: 2

4 Richtig ist: Schöffen sind ehrenamtliche Richter. Sie sind einfache, normale Leute aus der Bevölkerung. Sie legen zusammen mit dem Richter nach der Verhandlung fest, wie hoch die Strafe ist.

6 Er trägt am Ende einen Bart.

Bildquellennachweis

Cover Fotolia LLC (Benicce), New York; **8.1** Thinkstock (Hemera), München; **8.2** Klett-Archiv (Bernd Gallandi), Stuttgart; **8.3** shutterstock (StockLite), New York, NY; **8.4** VISUM Foto GmbH (Robert Kluba), Hamburg; **9.1** Getty Images RF (PhotoAlto/Laurence Mouton), München; **9.2; 9.3** Klett-Archiv (Bernd Gallandi), Stuttgart; **12.1** Avenue Images GmbH (Banana Stock), Hamburg; **12.2** iStockphoto (RF/Matt Ramos), Calgary, Alberta; **17** Fotolia LLC (Picture-Factory), New York; **22.1** Mauritius Images (Alamy), Mittenwald; **22.2** VISUM Foto GmbH (Wolfram Steinberg), Hamburg; **22.3** shutterstock (Vaclav Mach), New York, NY; **22.4** Fotolia LLC (charlottelake), New York; **22.5** Thinkstock (Hemera), München; **24.1** Avenue Images GmbH (Imgram Publishing), Hamburg; **24.2; 24.3** Imago, Berlin; **24.4** iStockphoto (Bryan Myhr), Calgary, Alberta; **24.5** Thinkstock (Comstock), München; **25.1** shutterstock (RF), New York, NY; **25.2** Klett-Archiv (Bernd Gallandi), Stuttgart; **25.3** shutterstock (Craig Hanson), New York, NY; **25.4** iStockphoto (mediaphotos), Calgary, Alberta; **26** Thinkstock (Comstock), München; **27** Klett-Archiv (Bernd Gallandi), Stuttgart; **32.1** Logo, Stuttgart; **32.2; 32.3; 32.4** Walfischhaus, Born a. Darß; **34.1** Logo, Stuttgart; **34.2** Walfischhaus, Born a. Darß; **36** Fotolia LLC (Daniel Rieder), New York; **38.1** Logo, Stuttgart; **38.2; 38.3; 38.4** Radio Bremen, Bremen; **39** Mauritius Images (Alamy), Mittenwald; **40.1** shutterstock (BEEE), New York, NY; **40.2** Imago, Berlin; **40.3** shutterstock (Yuri Arcurs), New York, NY; **40.4** Okapia (CMSP/OKAPIA), Frankfurt; **41.1** Imago, Berlin; **41.2** Klett-Archiv (H. Wittmann), Stuttgart; **41.3** Picture-Alliance (Arne Dedert), Frankfurt; **41.4** Picture-Alliance (photoshot), Frankfurt; **42** Verlag HERDER GmbH & Co. KG, Freiburg; **45.1; 45.2; 45.3** Avenue Images GmbH (Image Source/RF), Hamburg; **51.1** Klett-Archiv (Volker Blüher), Stuttgart; **51.2** Kolbenschmidt Pierburg AG, Neckarsulm; **51.3** Koch, Dr. Kristian, Hamburg; **52.1; 52.2; 52.3; 52.4; 52.5** Klett-Archiv (Bernd Gallandi), Stuttgart; **53.1** WENKO-WENSELAAR GmbH & Co. KG, Hilden; **53.2; 53.3; 53.4** Versandhaus Walz GmbH, Bad Waldsee; **56.1; 56.2; 56.3** Klett-Archiv (Bernd Gallandi), Stuttgart; **57.1; 57.2; 57.3** Klett-Archiv (Bernd Gallandi), Stuttgart; **59** shutterstock (Mauro), New York, NY; **64.1** ddp images GmbH (Joerg Koch), Hamburg; **64.2** Klett-Archiv (Stephan Klonk), Stuttgart; **69.1; 69.2** Staatsgalerie Stuttgart, Sammlung Fischer © Foto: Staatsgalerie Stuttgart; **70** www.die-kartenwerkstatt.de, Versmold; **71.1** Museumsberg Flensburg, Flensburg; **71.2** Museum für Kunst und Gewerbe, Hamburg; **72.1** © gruene-service.de/Bundesverband BÜNDNIS 90/DIE GRÜNEN; **72.2** Amnesty International, Berlin; **72.3** Logo, Stuttgart; **73.1** DGB, Berlin; **73.2; 73.3; 73.4** Logo, Stuttgart; **74.1** Fotolia LLC (.shock), New York; **74.2** Thinkstock (Stockbyte), München; **74.3** Klett-Archiv (Studio Leupold), Stuttgart; **74.4** Fotosearch Stock Photography (Stock Disc), Waukesha, WI; **74.5** Thinkstock (iStockphoto), München; **74.6** JupiterImages photos.com (photos.com), Tucson, AZ; **75.1** Thinkstock (istockphoto), München; **75.2** Thinkstock (Digital Vision), München; **75.3** Getty Images RF (Digital Vision), München; **75.4** Fotolia LLC (fotos4people), New York; **75.5** Thinkstock (Creatas), München; **75.6** iStockphoto (craftvision), Calgary, Alberta; **77.1** Bürgerinitiative gegen den Solvay-Abfallofen (BiSA, Bernburg); **77.2** DGB, Berlin; **77.3** Schule mit Zukunft e.V., Stuttgart; **77.4** Arbeitsgemeinschaft Schacht Konrad e.V. (© Marunde), Salzgitter; **80.1** Thinkstock (Creatas), München; **80.2** Thinkstock (Stockbyte), München; **81.1** Avenue Images GmbH (image 100), Hamburg; **81.2** Fotosearch Stock Photography (PhotoDisc), Waukesha, WI; **81.3** Thinkstock (Valueline), München; **87** Detlev Hoegen Bear Family Records GmbH, Hambergen; **94** Thinkstock (Digital Vision/Bärbel Schmidt), München; **95.1** Goethe Institut e.V., MÜNCHEN; **95.2** Fotolia LLC (Kai Krueger), New York; **95.3** shutterstock (Karkas), New York, NY; **98.1** Thinkstock (iStockphoto), München; **98.2** shutterstock (waterlilly), New York, NY; **98.3** Fotolia LLC (styleuneed), New York; **98.4** Fotolia LLC (banglds), New York; **101.1** Thinkstock (Hemera), München; **101.2** iStockphoto (Brian Rome), Calgary, Alberta; **110** Klett-Archiv, Stuttgart; **111.1; 111.2; 111.3; 111.4; 111.5** Klett-Archiv, Stuttgart; **114.1** Thinkstock (Digital Vision), München; **114.2; 114.3** Thinkstock (Photodisc), München; **114.4** Thinkstock (Allan Danahar), München; **126** Klett-Archiv, Stuttgart; **127.1; 127.2; 127.3; 127.4; 127.5** Klett-Archiv, Stuttgart; **133** Klett-Archiv (Heike Vosberg), Stuttgart; **139.1** Thinkstock (iStockphoto), München; **139.2** Klett-Archiv (Bernd Gallandi), Stuttgart; **140** Versandhaus Walz GmbH, Bad Waldsee; **141.1** Bökesch, Gerd (www.tankcomics.de), Gütersloh; **141.2** Mantel, Michael, Lüneburg; **141.3** Rahmenlos, Karlsfeld bei München; **144** Klett-Archiv, Stuttgart; **145.1; 145.2; 145.3** Klett-Archiv, Stuttgart; **154.1** Thinkstock (iStockphoto), München; **154.2** Thinkstock (Digital Vision), München; **155** AKG, Berlin; **160** Klett-Archiv, Stuttgart; **161.1; 161.2; 161.3** Klett-Archiv, Stuttgart; **171** Thinkstock (BananaStock), München; **178** Klett-Archiv, Stuttgart; **179.1; 179.2; 179.3; 179.4** Klett-Archiv, Stuttgart; **180.1** Klett-Archiv (Koma Amok), Stuttgart; **180.2** Fotosearch Stock Photography (Digital Wisdom), Waukesha, WI

Textquellen

KB 21/12, S. 17: „Lerntagebücher", Lernen im Förderunterricht aus Martiny, Kai & Plautz, Kathrin (2007): Mein Lerntagebuch; **KB 21/15, S. 19:** „Willkommen in der Wirklichkeit" © kidsgo Verlag GmbH, Göttingen, www.kidsgo.de; **KB 21/Ausklang, S. 23:** „Die Sehnsucht nach dem Neuanfang" © Markus Brauer, Stuttgarter Nachrichten, Stuttgart; **KB 22/9, S. 30:** „Genuss oder Qual?" © NetDoktor.de; **KB 22/11, S. 31:** „Wo darf man noch rauchen?" © www.wo-darf-man-noch-rauchen.de; **KB 22/12, S. 32:** „Eine kleine, aber feine Pension" © Pension Walfischhaus, Born a. Darß; **KB 22/14, S. 34:** „Preisliste" © Pension Walfischhaus, Born a. Darß; **KB 23/2, S. 42:** „Grau ist bunt - Was im Alter möglich ist" aus: Der Privatier von Verena Mayer, Der Tagesspiegel, Berlin; **KB 23/3, S. 44:** „Ein Politikerleben" © whoswho.de; **KB 23/12, 50:** „Ein Frühlingsgedicht" aus: Eduard Mörike, Sämtliche Werke in vier Bänden, Carl Hanser Verlag, München; **KB 23/13, S. 51:** „Produkte präsentieren, Kunden beraten" aus: Keine Branche ohne Außendienst: fünf Beispiele, von Franziska Roscher, F.A.Z-Hochschulanzeiger, Erstveröffentlichung 22.6.2009 © Alle Rechte vorbehalten. Frankfurter Allgemeine Zeitung GmbH, Frankfurt. Zur Verfügung gestellt vom Frankfurter Allgemeine Archiv; **KB 23/16, 53:** „Praktisch!?" © Wenko-Wenselaar GmbH & Co. KG; **KB 23/Ausklang, S. 54:** „sentimental journey" aus: Ernst Jandl, poetische Werke, hrsg. von Klaus Siblewski © 1997 Luchterhand Literaturverlag, München, in der Verlagsgruppe Random House GmbH; **KB 23/Ausklang, S. 55:** „Erster Frühlingstag", aus: Hans-Ulrich Treichel, Der einzige Gast. © Suhrkamp Verlag Frankfurt am Main 1994; **KB 23/Ausklang, S. 55:** „Sommerlich" © Marian Nakitsch, Berlin; **KB 23/Ausklang, S. 55:** „Herbst" aus: Inge Müller, Wenn ich schon sterben muß, Gedichte. Aufbau Verlag, Berlin und Weimar 1985; **KB 23/Ausklang, S. 55:** „heimwärts in Bern", aus: José F.A. Oliver, finnischer Wintervorrat. © Suhrkamp Verlag Frankfurt am Main 1995; **KB 24/9, S. 63:** „Beamtenbeleidigung" © www.rechte-gehabt.de; **KB 24/Ausklang, S. 70:** „Deutsch für Anfänger" aus: Wladimir Kaminer, Ich mache mir Sorgen, Mama © 2004 Manhattan Verlag, München, in der Verlagsgruppe Random House GmbH; **KB 25/10, S. 80/81:** „Wenn ich wählen dürfte" © Süddeutsche Zeitung, München, www.sueddeutsche.de; **KB 25/Ausklang, S. 86:** Eine absurde Stellenanzeige, Copyright by www.pickup-edition.de; **KB 25/Ausklang, S. 87:** „Wenn ich mir was wünschen dürfte", Friedrich Holländer, Frederick Holländer Music, Rolf Budde Musikverlag GmbH, Berlin; **AB 21/Lust auf mehr, S. 107:** „Gedächtnis richtig trainieren" © Gaby Miketta, FOCUS-SCHULE online; **AB 22/9, S. 117:** „Nichtraucher-Tagebuch: Genuss gegen die Sucht" von Björn Erichsen aus: stern.de, 6.5.2006, http://www.stern.de/gesundheit/gesundheitsnews/nichtraucher-tagebuch-genuss-gegen-die-sucht-560659.html; **AB 23/3, S. 133:** „65 Jahre lang verheiratet" © Heike Vosberg aus: HAN online (Harburger Anzeigen und Nachrichten), 25.01.2011; **AB 23/4, S. 134:** „Sabine Wilhelm, unsere Kandidatin für die Bundestagswahl", Interview von Eberhard Schock, SPD Rheinland-Pfalz, Unterbezirk Kaiserslautern; **AB 24/Lust auf mehr, S. 157:** „Übungen zum Gebrauch des Imperativs" aus: Helmut Müller: Der eine und der andere, Szenische Dialoge für den deutschen Sprachunterricht © Ernst Klett Verlage GmbH u. Co. KG, Stuttgart, 1975

Audio-CD Impressum

Sprecherinnen und Sprecher: Hede Beck, Marit Beyer, Heike Denkinger, Irene Fechau, Lukas Holtmann, Stela Katic, Guido Lang, Stephan Moos, Francesca Pisu, Mario Pitz, Yvonne Racine, Benno Schulz, Michaela Schulz, Kais Setti, Helge Sidow, Michael Speer, Barbara Stoll, Natia Verulidze, Johannes Wördemann

Regie: Hede Beck
Tontechnik: Michael Vermathen
Produktion: Bauer Studios GmbH, Ludwigsburg
Presswerk: P+O Compact Disc GmbH & Co. KG, Diepholz

© Ernst Klett Sprachen GmbH, Stuttgart 2011

DVD Impressum

Konzept, Drehbuch und Sprachregie: Angelika Lundquist-Mog, Angelika Reicherter, Jørn Precht
Redaktion: Renate Weber

DVD Produktion: Reissmedia, Angelika Reicherter, Kerstin Risse
Produktionsleitung & Regie: Angelika Reicherter
Kamera: Angelika Reicherter
Ton: Kerstin Risse
Schnitt: Kerstin Risse, Angelika Reicherter
Bild- und Tonbearbeitung: Clawprix Audiovisuelle Kommunikation
DVD-Authoring, Untertitel: Clawprix Audiovisuelle Kommunikation
Musik: Andreas Fischer
Gesamtlänge: 34 Min.

© Ernst Klett Sprachen GmbH, Stuttgart 2011

Audio-CD zum Kursbuch

Track	Lektion / Aufgabe	Titel
1	21 / 3 d	Ach, ist die süß!
2	21 / 3 e	
3	21 / 4 a	Ein Brief und viele Gefühle
4	21 / 4 b	
5	21 / 7	Liebeserklärung an meine Stadt
6	21 / 8	Ich halte es nicht mehr aus!
7	21 / 9 b	Mit Salamitechnik lernen
8	21 / 9 c	
9	21 / 14	Entweder gehen wir jetzt oder …
10	21 / 17	Ich habe noch ein paar Fragen.
11	21 / 18	Ein Gespräch mit Missverständnissen
12	21 / Ausklang	Was kann ich? Was will ich?
13	22 / 1	Entspannungsmomente
14	22 / 3 a	Die Nachbarn haben Besuch.
15	22 / 3 b	
16	22 / 7	Du siehst ja aus wie eine Pizza!
17	22 / 10	Die Belohnung
18	22 / 15	Ein Anruf im Hotel
19	22 / 16	Fragen an der Rezeption
20	22 / 18	Wie sieht's denn hier aus?
21	22 / 19	Heute kommt nichts dazwischen!
22	23 / 1	Was wird hier präsentiert?
23	23 / 4	Mehrere Generationen unter einem Dach
24	23 / 6	Wollt ihr wirklich umziehen?
25	23 / 7	Das ist die Zukunft!
26	23 / 11	Ich bereite eine Präsentation vor.
27	23 / 12	Ein Frühlingsgedicht
28	23 / 15	Vielen Dank für Ihre Aufmerksamkeit!
29	23 / 16	Praktisch!?
30	23 / Ausklang	Damals, als ich …
31	24 / 2	In der Teamsitzung
32	24 / 3 b	Eine Unternehmensversammlung
33	24 / 3 c	
34	24 / 5	TOPs und To do's
35	24 / 7	Fragen zum Unternehmen
36	24 / 8	Führerschein und Fahrzeugpapiere bitte!
37	24 / 10	Das wäre wirklich sehr freundlich von Ihnen!
38	24 / 11 a	Höflichkeit auf Reisen – sehr witzig!
39	24 / 11 b	
40	24 / 14	Alles übertrieben!
41	24 / 15	Voll schön!
42	25 / 3	Schluss mit der Langeweile!
43	25 / 4	Schon wieder in Facebook?!
44	25 / 6 a	Das geht doch nicht!
45	25 / 6 b	
46	25 / 7	Was denken Sie sich eigentlich?
47	25 / 11	Nichts als Ausreden?!
48	25 / 15	Über ein persönliches Gespräch freue ich mich!

Gesamtlänge: 76:36 Min.

Audio-CD zum Arbeitsbuch

Track	Lektion / Aufgabe	Titel
1	21 / 5	Nur manchmal …
2	21 / 17 a	Nur ein Märchen …!?
3	21 / 17 b	
4	22 / 6	Bestellst du mal bitte …?
5	22 / 8	Blauer Dunst: Pro und Contra
6	Das kann ich schon!	Ein Radiointerview verstehen
7	23 / 8	Argumente erkennen
8	23 / 9 a	Nein, danke!
9	23 / 9 c	
10	23 / 15	So lieber nicht! – Tipps für eine schlechte Präsentation
11	23 / 16	Folien und Notizen
12	24 / 3 a	Nachtschichten gehen nicht.
13	24 / 3 b	
14	24 / 5	Was ist wichtig?
15	24 / 13	Kleine Unterschiede mit großer Wirkung!
16	24 / 18	Wie war's?
17	Das kann ich schon!	Einer Besprechung folgen
18	25 / 1	Wiederholen Sie: etwas begründen
19	25 / 6 a	Immer den passenden Spruch …?!
20	25 / 6 b	
21	25 / 7	Politische Diskussionen
22	25 / 11	Wenn ich du wär'

Gesamtlänge: 36:47 Min.

Erfolg in Sicht!

Übungsbuch

Mit Erfolg zum
Zertifikat Deutsch B1

mit Audio-CD

Klett

978-3-12-676800-9
Übungsbuch + Audio-CD

978-3-12-676801-6
Testbuch + Audio-CD

Mit Erfolg zum Zertifikat Deutsch

Das bewährte Übungspaket am Ende der Grundstufe zur Vorbereitung auf das *Zertifikat Deutsch*.

Im Übungsbuch:

- Grammatik für den Prüfungsteil „Sprachbausteine"
- Wortschatz in einem Extra-Kapitel
- Leseverstehen und Hörverstehen
- Übungen zum Schreiben von Briefen, Faxen und Mails sowie zum freien Sprechen

Im Testbuch:

- zwei Modelltests und vier Kurztests
- Transkriptionen und Lösungen

Übungs- und Testbuch jeweils inklusive 1 Audio-CD!

Diesen Titel erhalten Sie in Ihrer Buchhandlung
oder im Internet unter **www.klett.de/daf-pruefungen**

Klett

Das Gegenteil von sprachlos!
Für Alltag, Arbeit und die Prüfung.
Ein Trainer, der anspricht.

- Übt abwechslungsreich und lebendig mündliche Kommunikation

- Gezielt nach Sprachhandlungs-
  feldern oder zur Vorbereitung auf
  Teile der mündlichen Prüfung (*Start
  Deutsch, Deutsch-Test für Zuwanderer, Zertifikat Deutsch*)

- Orientiert sich am GeR und am
  Rahmencurriculum für Integrations-
  kurse

- Als Ergänzung zu Ihrem
  Grundstufenlehrwerk

Übungsbuch + Audio-CD
ISBN 978-3-12-676230-4

Vom Wort zum Satz zum Text – klingt
leicht, ist aber besonders in der
Fremdsprache schwer.

- Übt die in den Niveaustufen A2 – B1
  geforderten Textsorten

- Fördert schrittweise die Schreib-
  kompetenz

- Orientiert sich am GeR und am
  Rahmencurriculum für Integrations-
  kurse

- Bereitet auf den Brief in den
  Prüfungen *Start Deutsch, Deutsch-
  Test für Zuwanderer, Zertifikat
  Deutsch* vor

- Als Ergänzung zu Ihrem
  Grundstufenlehrwerk

Übungsbuch
ISBN 978-3-12-676231-1